中国工程院院士
是国家设立的工程科学技术方面的最高学术称号，为终身荣誉。

中国工程院院士传记

刘源张自传

刘源张　著

人民出版社
科学出版社

内 容 简 介

中国工程院院士是国家设立的工程科学技术方面的最高学术称号，“中国工程院院士传记丛书”由中国工程院组织编写，本套典藏版包含 15 种：《陆元九传》《朱英国传》《刘源张自传》《汪应洛传》《陈肇元自传：我的土木工程科研生涯》《徐寿波传：勇做拓荒牛》《徐更光传》《杨士莪传：倾听大海的声音》《李鹤林传》《周君亮自传》《陈厚群自传：追梦人生》《汤鸿霄自传：环境水质学求索 60 年》《赵文津自传》《农机巨擘：蒋亦元传》《许庆瑞传》。

图书在版编目（CIP）数据

中国工程院院士传记：典藏版 / 陈厚群等编著. —北京：科学出版社，2023.4

ISBN 978-7-03-074964-2

Ⅰ. ①中… Ⅱ. ①陈… Ⅲ. ①院士–传记–中国–现代 Ⅳ. ①K826.16

中国国家版本馆 CIP 数据核字（2023）第 030486 号

责任编辑：侯俊琳 张 莉 唐 傲 等 / 责任校对：邹慧卿 等
责任印制：赵 博 / 封面设计：有道文化

科学出版社 出版
北京东黄城根北街 16 号
邮政编码：100717
http://www.sciencep.com
北京厚诚则铭印刷科技有限公司印刷
科学出版社发行 各地新华书店经销
*
2023 年 4 月第 一 版 开本：720×1000 1/16
2023 年 4 月第一次印刷 印张：359 1/4 插页：110
字数：4 788 000

定价：1570.00 元（共 15 册）

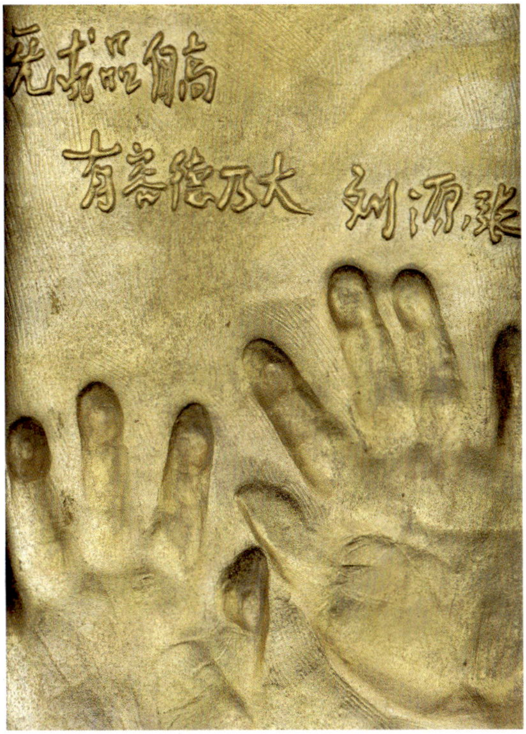
无求品自高
有容德乃大 刘源张

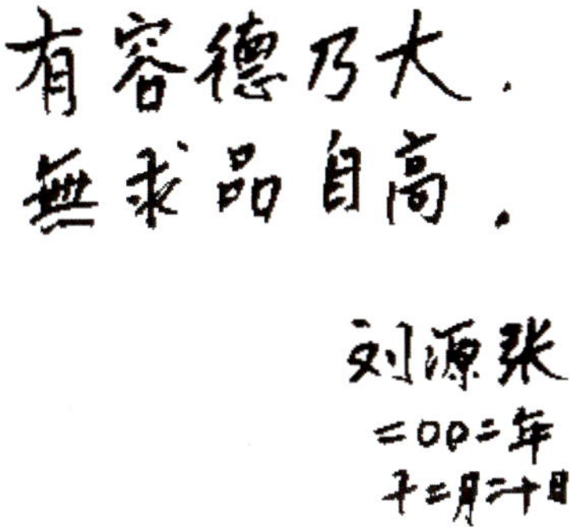
有容德乃大，
無求品自高。
刘源张
二〇〇二年
十二月二十日

①② 我的格言

③④⑤⑥ 书房里的工作时光

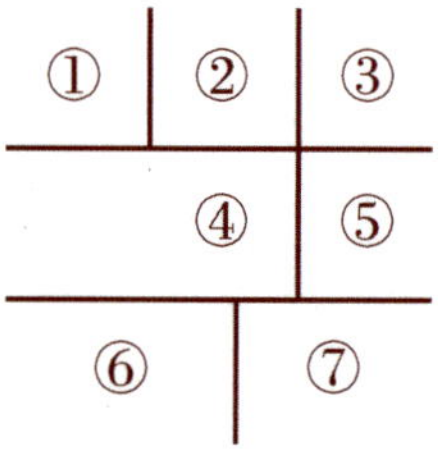

① 20 世纪 40 年代，日本留学期间肖像照
② 1956 年，回国后的第一张照片
③ 1979 年，被国务院授予“全国劳动模范”称号时的留影
④ 2001 年，中国工程院院士标准像
⑤ 2014 年 3 月 8 日，为出席美国质量协会“兰卡斯特奖”颁奖仪式而赴美签证的照片
⑥ 晚年的工作照
⑦ 2005 年 7 月 18 日，在住所 808 楼下

① ② ③
④ ⑤
⑥
⑦ ⑧

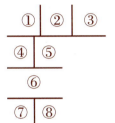

① 1945 年 5 月 6 日，在日本高松经济专门学校与中国留学生留影纪念（右三）
②③④ 留学日本
⑤ 1951 年，在美国加利福尼亚大学伯克利分校的学生宿舍前
⑥ 1953 年，和妹夫同骥兄横跨美国大陆的旅行途中
⑦ 1960 年 12 月，去长春第一汽车制造厂解决质量问题
⑧ 1964 年 1 月，到吉林省梨树县参加“四清”运动

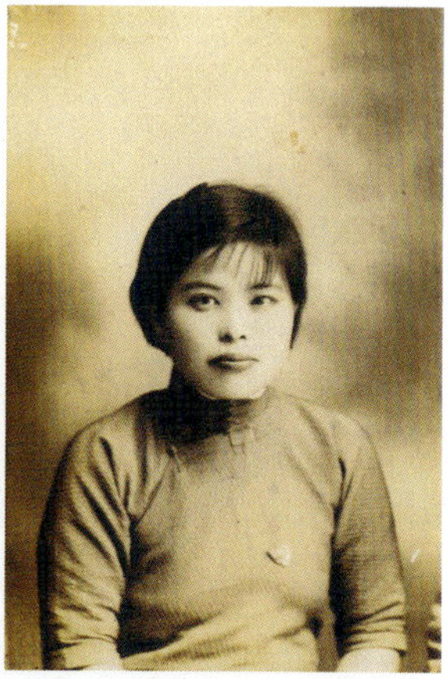

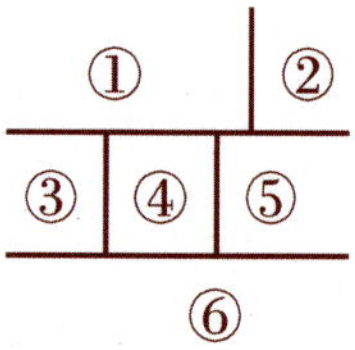

① 我的父亲（左三）　　② 我的母亲

③ 我（右）和弟弟妹妹　　④ 我离家后的弟弟妹妹

⑤ 1960 年，我、夫人（身孕大女儿）、母亲、妹妹和妹妹的大女儿林川在北京展览馆前

⑥ 1954 年，妹妹在美国加利福尼亚大学伯克利分校取得化学博士学位

① 1959年10月，与夫人张宁的订婚照

② 1959年，与夫人张宁在北京人民大会堂前

③ 1975年7月13日，刚出狱不久，与夫人张宁在北京香山樱桃沟花园

④ 1995年，七十岁生日，夫人张宁为我在家做寿

⑤ 1959年，与夫人张宁在她心爱的娘家齐家园永安里

⑥ 2014年3月8日，与夫人张宁的合影

①	②
③	④
⑤	
⑥	

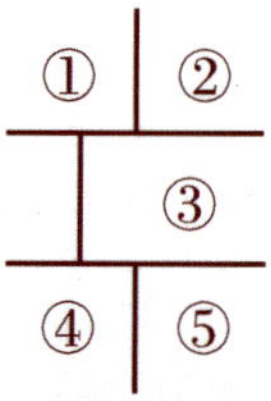

① 1964 年 5 月 13 日，摄于住所中关村 44 楼平台
② 1980 年 1 月，为庆祝国务院授予“全国劳动模范”光荣称号，全家合影留念
③ 2005 年，八十岁生日，家庭团聚，大女儿一家（左）小女儿一家（右）
④ 2002 年 11 月，和大女儿一家在夏威夷
⑤ 2006 年 7 月，和小女儿一家在上海大学乐乎楼

① 全国人大出席证，第六（1983年）、第七（1988年）、第八届（1993年）

② 1994年，佩戴着“全国劳动模范”和“全国优秀质量管理工作者”的奖章，作为全国人大代表出席新中国成立45周年庆典

③ 1995年，参加第八届全国人大会议

④ 2006年9月，和小女儿明儿一起参加在上海举办的国际论坛

APQO
ASIA PACIFIC QUALITY ORGANIZATION
WALTER L. HURD FOUNDATION

ARMAND V. FEIGENBAUM
Lifetime Achievement Medal

DR. YUANZHANG LIU

Given during the
17TH ASIA PACIFIC QUALITY CONFERENCE
Marina Bay Sands, Singapore
October 17 - 20, 2011

H. JAMES HARRINGTON
APQO Adviser & WLHF Chairman

CHARLES A. AUBREY
GPEA / APQO Chairman

SHAN RUPRAI
APQO President

①	②
③	
④	
⑤	⑥

① 2011年9月，荣获亚洲质量网组织颁发的“石川－狩野奖”，狩野纪昭颁奖

② 2012年10月，首获“复旦管理学终身成就奖”，基金会名誉会长李岚清颁奖

③ 2011年11月，荣获亚太质量组织颁发的“费根堡姆终身成就奖章”，费根堡姆终身成就奖证书

④ 2013年12月，荣获美国质量协会2014年“兰卡斯特奖章”

⑤ 2014年5月4日，小女儿刘明在美国质量协会年会上替父亲领取“兰卡斯特奖章”

⑥ 2014年5月3日，小女儿刘明在国际质量科学院年会上替父亲接受“荣誉会员”的证书

中国工程院院士传记系列丛书

总　序

20世纪是中华民族千载难逢的伟大时代。千百万先烈前贤用鲜血和生命争得了百年巨变、民族复兴，推翻了帝制，击败了外侮，建立了新中国，独立于世界，赢得了尊严，不再受辱。改革开放，经济腾飞，科教兴国，生产力大发展，告别了饥寒，实现了小康。工业化雷鸣电掣，现代化指日可待。巨潮洪流，不容阻抑。

忆百年前之清末，从慈禧太后到满朝文武开始感到科学技术的重要，办“洋务”，派留学，改教育。但时机瞬逝，清廷被辛亥革命推翻。五四运动，民情激昂，吁求“德、赛”升堂，民主治国，科教兴邦。接踵而来的，是18年内战、8年抗日和3年解放战争。恃科学救国的青年学子，负笈留学或寒窗苦读，多数未遇机会，辜负了碧血丹心。

1928年6月9日，蔡元培主持建立了中国第一个国立综合性科研机构——中央研究院，设理化实业研究所、地质研究所、社会科学研究所和观象台4个研究机构，标志着国家建制科研机构的开始。20年后，1948年3月26日遴选出81位院士（理工53位，人文28位），几乎都是20世纪初留学海外、卓有成就的科学家。

中国科技事业的大发展是在新中国成立以后。1949年11月1日成立了中国科学院，郭沫若任院长。1950—1960年有2500多名留学海外的科学家、工程师回到祖国，成为大规模发展科技事业的第一批领导骨干。国家按计划向苏联、东欧各国派遣1.8万名各类科技人员留学，全都按期回国，成为建立科研和现代工业的骨干力量。高等学校从新中国成立初期的200所，增加到600多所，年招生增至28万人。到21世纪初，普通高等学校有2263所，年招生600多万人，科技人力总资源量超过5000万人，具有大学本科以上学历的科技人才达1600万人，已接近最发达国家水平。

新中国成立60多年来，从一穷二白成长为科技大国。年产钢铁从1949年的15万吨增加到2011年的粗钢6.8亿吨、钢材8.8亿吨，几乎是8个最发达国家（G8）总年产量的两倍，20世纪50年代钢铁超英赶美的梦想终于成真。水泥年产20亿吨，超过全世界其他国家总产量。中国已是粮、棉、肉、蛋、水产、化肥等世界第一生产大国，保障了13亿人口的食品和穿衣安全。制造业、土木、水利、电力、交通、运输、电子通信、超级计算机等领域正迅速逼近世界前沿。"两弹一星"、高峡平湖、南水北调、高公高铁、航空航天等伟大工程的成功实施，无可争议地表明了中国科技事业的进步。

党的十一届三中全会以后，改革开放，全国工作转向以经济建设为中心。加速实现工业化是当务之急。大规模社会性基础设施建设、大科学工程、国防工程等是工业化社会的命脉，是数十年、上百年才能完成的任务。中国科学院张光斗、王大珩、师昌绪、张维、侯祥麟、罗沛霖等学部委员（院士）认为，为了顺利完成中华民族这项历史性任务，必须提高工程科学的地位，加速培养更多的工程科技人才。中国科学院原设的技术科学部已不能满足工程科学发展的时代需要。他们于1992年致书党中央、国务院，建议建立"中国工程科学技术院"，选举那些在工程科学中做出重大的、创造性成就和贡献，热爱祖国，学风正派的科学家和工程师为院士，授予终身荣誉，赋予科研和建设任务，指导学科发展，培养人才，对国家重大工程科学问题提出咨询建议。中央接受了他们的建议，于1993年决定建立中国工程院，聘请30名中国科学院院士和遴选66名院士共96名为中国工程院首批院士。1994年6月3日，召开了中国工程院成立大会，选举朱光亚院士为首任院长。中国工程院成立后，全体院士紧密团结全国工程科技界共同奋斗，在各条战线上都发挥了重要作用，做出了新的贡献。

中国的现代科技事业比欧美落后了200年，虽然在20世纪有了巨大进步，但与发达国家相比，还有较大差距。祖国的工业化、现代化建设，任重路远，还需要有数代人的持续奋斗才能完成。况且，世界在进步，科学无止境，社会无终态。欲把中国建设成科技强国，屹立于世界，必须接续培养造就数代以千万计的优秀科学家和工程师，服膺接力，担当使命，开拓创新，更立新功。

中国工程院决定组织出版《中国工程院院士传记》丛书，以记录他们对祖国和社会的丰功伟绩，传承他们治学为人的高尚品德、开拓创新的科学精神。他们是科技战线的功臣、民族振兴的脊梁。我们相信，这套传记的出版，能为史书增添新章，成为史乘中宝贵的科学财富，俾后人传承前贤筚路蓝缕的创业勇气、魄力和为国家、人民舍身奋斗的奉献精神。这就是中国前进的路。

宋健

序

中国工程院要求院士作传，我也在其中，题为《刘源张自传》，有两层含义。一个是我为自己写的传记，另一个是别人为我写的传记。不过，前一个部分也不是循规蹈矩，一板一眼地写出来的，而是写了一些我的亲属和师友。我想，这也间接写出了我自己。后一部分是许多报刊记者给我写的，虽然多有溢美之词，我还是感谢受领，不过，这本书就不收录了。

我过去写的几篇文章也收录于此，因为它们也涉及我的经历和感受，可以反映出我当时的思想。郭传杰同志曾经给我的《感恩录：我的质量生涯》写了一篇评论。我很喜欢他的文章，允许我把它收进来。最后，附了一个“年表”，这些记载也许可以为读者提供点参考。

我的一生太坎坷，太独特。不说别的，单说蹲监狱，我坐过日本宪兵队的留置所，我受过美国移民局一整天的审问，我在新中国的秦城监狱待了 8 年零 8 个月。前前后后加起来，差不多我有 10 年的时间是在牢房里度过的。人生能有几个 10 年！

16 岁去日本留学，直到 26 岁再去美国留学，我在日本生活了 10 年。我的青春留在了那里，我的亲友是在那里结交的，我的初恋是在那里完成的，我的思想是在那里形成的，不管中日关系时好时坏，但我总是想念在那里的日子。

所以，国内国外都有出版社找我，要我写传以供它们出版。有一家美国出版社甚至给我寄来一本 1986 年美国企鹅出版社的《在上海的生与死》，说是我可以参照。这本书是一位郑女士为叙述她在

"文化大革命"期间遭受的迫害而写的自传，出版当年被《纽约时报》连续3个月评为最佳图书。我读了一遍，主人公的遭遇跟我差不多。我对出版社说，给我一些时间，我复习一下英语再写，并且应允3年过后立即交稿。出版社竟然也答应了。然而，30年都过去了，我还是一个英文单词都没写，太对不住那家出版社了。

不过，2010年我写了一本，交由科学出版社于2011年出版，名为《感恩录：我的质量生涯》(简称《感恩录》)。当时适逢全国推行全面质量管理30周年，中国质量协会要我把在这30年里我经历过的事和遇到过的人写一写。我也愿意借此机会对这些人和事表示我的感谢，于是，写成了那本书。它自然不能算作自传，因为它只写了我所做过的一些质量管理的事情。本书收录了《感恩录：我的质量生涯》的"前言"，又添了几幅照片，加了一点注解。

现在的这本书同那本《感恩录》有同样的精神，我是怀着感恩的心情写下了我的亲属和师友，因而是我的另一本"感恩录"。那一本得到了中国科学院数学与系统科学研究院的资助，这一本则得到中国工程院的资助才得以出版问世。明注于此，以表谢意。

刘源张

2013年10月

目　录

第一部分　我的亲友

第二部分　我的思想

第一部分

我的亲友

我的外祖母

我于1925年1月出生在山东省的青岛市。父亲和母亲都出自中国封建式的大家庭。父亲家是山东潍县的大地主，母亲家是从安徽六安到外地上任的大官僚。父亲留学过日本，回国后当了军阀时期山东省政府的官员。母亲从家乡出来，到山东济南读师范。他们俩相遇、恋爱、结婚都在济南。因为都是新派人士，他们约定脱离大家庭，组织小家庭，选择定居青岛。到了青岛，父亲开了家汽车行，母亲当了小学教师。

父亲生性豁达，母亲柔弱处又有几分倔强。父亲的汽车行不过是有四辆跑市内和近郊的公交车的小本生意。我记得，小时候在家里经常看到一些和尚、道士。到了晚上，这些我搞不懂的三教九流的人们就到我家来了。父亲就从当天收上来的卖票钱中拿出一部分分发给他们。母亲管不了，只有勤勤恳恳地当她的小学教师。母亲教学的学校是一所设在四方的乡村小学。我就是每天跟着母亲坐着父亲的公交车去四方小学上学的。其实，在这之前我早就跟着母亲一起去上学了，母亲告诉过我，她在从学校回家的途中，动了胎气，到家后生下了我。

我的外祖母

关于父亲和母亲两边老家的人或事，我几乎一无所知。只是，父亲老家那边时常有亲戚来我家长住或短住。听他们讲，我才知道我有两个祖母，七个姑母。父亲是二房所生三女一男中的唯一长子。前房生的四个姑母我没见过，只知道她们都是没受过什么教育的乡村妇女。二房的三个姑母都是大学毕业的新女性。上学期间每到放寒暑假，她们就跑回老家卖田卖地，拿钱回学校。父亲从不过问，任凭自由。这三个姑姑我都见过，而且大姑带着她的女儿还在我家住过很长一段时间。两个祖母都来到我家，并且都是在我家由父亲送终的。另外我还知道，父亲在和母亲结婚之前有过一个妻子。我不曾见过，也不知道这位妇人那时是活着，还是死了，好像早已去世，因为她生的两个男孩儿在我家住过两三年，但从来没听他们提起过自己的母亲。与我同父同母的还有一个弟弟和一个妹妹。虽说是小家庭，一时这么多的人住在一起，吵吵闹闹，打打骂骂，我的童年就是在这样一个环境中度过的。现在，我一看到人多就头痛。这大概是那时留下的深层心理的影响吧。

这些人当中，我最亲的人是我的外祖母。她老人家离井背乡，陪读母亲，远路到了济南，又来到了青岛。在这样一个人情关系复杂的家庭里一直呵护着母亲，又一直资助着父亲的生意。我们三兄妹又都是她一手抚养起来的。外祖母识字知礼，对人宽厚，父母亲都尊重她的意见，家里的佣人都好像特别听她的话。她心灵手巧，会烧菜，又会做衣服。我们兄弟穿的长袍马褂、我妹妹穿的小裙子，都是她一针一线缝出来的。每逢过年过节，她都烧一些南方口味的菜肴。大块的粉蒸肉，一锅海带酥鱼，再加上她每年都腌的雪里蕻炒的肉丝，还有丸子汤，都让我们兄妹乐得合不上嘴。由于外祖母善于操持家务，我们这个家，不管是人多人少，都算是平平安安，丰衣足食。这所有的一切都多亏了我的外祖母在管着这个家。

小时候，母亲关心我们兄妹的教育。我记事的时候，妹妹还小，弟弟比我小一岁，母亲特别注意我这个长子的学习，没上小学就要我认字、记字；上了小学，嫌功课太少、难度太低，要我每天读《古文观止》中的一篇文章，还要背诵出来，背不出来，打手板。每天早上要写一张大字，四行小字，写不完，不给早饭吃。外祖母在一旁，总是激励我，要我好好写。但是，我最喜欢的是听外祖母给我讲那些二十四孝和大明朝朱皇帝的故事。至今我还记得外祖母教我唱的凤阳花鼓。不知怎地，那句“自从出了朱皇帝，十年倒有九年荒”一直在我心里记着。我特别喜欢夏天在院子里，躺在外祖母的怀抱里，望着天空，听她一边教我辨认北斗、天河，一边给我讲牛郎和织女是怎样分别又相会的。过年时，外祖母要我们兄妹向父亲母亲磕头，而父亲母亲又一定要我们先向外祖母磕头。就是这样，我感受着外祖母的慈爱。一到清明节时分，我们回不了家乡时，夜里，外祖母便领着母亲和我们兄妹到外面的十字街头烧纸，向着朝南的方向跪拜。现在我想，是外祖母她老人家传授给了我中华民族的传统。这些是我的根。

然而，我 9 岁那年快过年的时候，一场意外降临到我们家。外祖母离开老家时带了一笔钱，到青岛后她把这笔钱都存在一家私人银行。这家银行的利息比较高，许多老百姓都把钱存在那里。一天传来消息说，那家银行的老板携款逃跑了。外祖母叫我去看看究竟是怎么回事。银行在中山路的一个拐角上。我到那里时，看到门口的两扇大铁门紧闭着，中间还挂着一把锁，我看到许多人，大部分是上了年纪的妇女，有些在捶打着那扇大铁门，一边叫着一边骂着，还有一些坐在地上号啕大哭。这一幕场景，70 多年后的今天回忆起来，仍像昨天一样，清清楚楚。就这样，外祖母从家乡带出来的活命养老钱化为乌有了。当我把看到的告诉给外祖母时，我并没有发现她有什么异样。她坐在椅子上，没有哭，没有叫，一句话也没有说。我倒有些怕了。以后的几天里，家里来了好几个人，围着外祖母说话。

父亲为了安慰外祖母，提出来要把我过继给她当孙子。外祖母生有一男一女，女儿自然是母亲，男孩应该是舅舅。这个舅舅在他9岁那年生病去世，自此外祖母就成了无后的人。这在那个时代是天大的不幸。而且，靠以养老送终的积蓄竟然失于一旦，对她来说更是雪上加霜。我自小是她最疼爱的外孙子，她答应了。但是，外祖母家乡的族人不答应。他们派了代表到青岛来，说不能过继外姓的人，要打官司。父亲对他们说，把自己的儿子过继给她老人家做孙子，只是希望报答外祖母抚养自己儿子的恩德，一不要她家乡的地，二不要她家乡的钱。这样说，同时还立了字据，才算了结了。可是，家乡的族人最终还是把外祖母从祠堂除了名，从此不认外祖母是刘家的人。这个打击对外祖母来说比丢钱还要大得多。不过，外祖母挺过来了。我想，在她眼里和心中，我才是她最大的财富和指望。

转过年，我 10 岁了。在我就读的四方小学，一天，做教务长的赵老师把我叫到他的办公桌前，对我说："从今天起，你改姓换名。我给你起个名字刘源张。你是从张家过继到刘家去的。记住，中国的历史上有位大人物，他的名字是林则徐。"我没有考证过，林则徐是不是过继给他外祖母的，但我相信，那位赵老师是要我做一个像林则徐那样的人。自那天起，我记住了林则徐，也永远感谢我的这位赵老师。多少年后，我看到了赵丹主演的电影《林则徐》，一个画面是他的客厅墙上的一块匾，上写两个大字"制怒"。心想，这一点倒是我很像他。虽然我没有赵老师期待地做出林则徐那样的成就和贡献，但不管怎样我敢说，我从来没有辱没过"林则徐"这个名字。

从这一天起，我改称外祖母为祖母。1937 年 7 月 7 日，"卢沟桥事变"爆发，当年年底，日本的军舰逼近了青岛。祖母急急忙忙做了两件棉长袍，把我和弟弟叫到她身旁，一面给我们穿上，因为做得长了一些，又卷起一段用毛绳拦腰绑起来，一面对我们兄弟俩说："日本鬼子要打进来了，我们一家若是逃散了，你当哥哥的要好好带着弟弟跑，你当弟弟的要好好听哥哥的话。你们每个人的腰带里奶奶都给放进了5块钱，不要丢了。”妹妹那时才6岁，只好由母亲带了。幸好我们一家逃到青岛的乡下，没有离散。我记得，途中路过一条小河时，看见头顶上有日本飞机飞过。这是我第一次看见飞机。逃难的那段日子里，也是祖母管着我们一家省吃俭用度过来的。祖母的恩情说不完。

在乡下过了小半年，我们才又回到了青岛市内的家。日本鬼子已经进了市内，街道路口都站有日本兵，手持上了刺刀的大盖枪，路过的行人必须向他们先鞠躬才能过路。紧张的气氛笼罩着全市。祖母总是叮嘱我们兄弟不要上街。小时候我老是跟弟弟玩耍，妹妹太小，跟她玩不到一起。这个时候没有学上，待在家里，只有跟弟弟玩儿。我们把家里的椅子、板凳放在屋里地上摆成一行，当成火车，我当开火车的，弟弟当卖火车票的，拉妹妹来当坐火车的。妹妹不愿意来，我们就找祖母，告妹妹的状。于是，祖母就抱着妹妹来“坐”我们的火车。而今祖母早已离开了我们，弟弟又不幸惨遭车祸去世，妹妹也因病住到异国他乡她女儿家里，只剩下我这个开火车的还在开着我心里的那辆火车。

祖母和妻子张宁在北京

1941年，我考上了燕京大学，9月入学。12月8日，日本军队的宪兵队封锁了学校，学生都被赶出了学校。我回到了青岛，进了一家名叫斯宜的制药厂，当了一名学徒。第一个月拿到5元钱的工资，我用它买了块料子给祖母做了件衣服。万万没有想到，这竟然是我一生中能够孝敬祖母的唯一的一件东西。

1942年2月，我去了日本。我是在临上船时才把我要去日本的打算告诉祖母和母亲的。直到1956年11月回到青岛，我才重又见到了祖母和母亲的。这15年让祖母为我担了多大的心，等我自己有了孩子才稍稍明白。15年对祖母缺少侍奉，真是罪孽深重。这里，我要感谢我的同窗好友唐之曦。他是我高中时代的同班同学，后来学医，成了青岛市立医院的外科主任，被誉为青岛市的“一把刀”，同时又是山东省政协的常委。是他在我不在家的很长一段时间里，来我家对祖母问寒问暖、防病治病。我们全家大小蒙他照顾，此等大恩大德，我不能言谢。如今，我的唐大哥已经仙逝，我愿在这篇短文写上一句纪念他。

1957年1月，我正式到中国科学院力学研究所运筹学研究室参加工作。妹妹早在1955年8月已经从美国回到北京，在中国科学院化学研究所任副研究员。等我在1959年结了婚，1960年8月有了长女刘欣，祖母才肯到北京我自己的家来住。

欣儿不好哭，总是笑，祖母看着她高兴地说，“这孩儿真喜人”。1963年3月，我的妻子张宁又有了身孕，住进了北京海淀医院。眼看要生产了，祖母每天都趴在朝向马路的窗沿上看着窗外的路。妻子肯定是抱着新生婴儿从这条路上回家的。我知道，祖母是盼着抱重孙子了。一天，我接她们回来，老远就看见祖母趴在窗沿上。一进门我告诉祖母，是个女孩儿。她没说什么，但我能看出她失望的表情。不过，祖母还是尽量帮妻子照料我的小女儿刘明。

祖母在我家住的几年里，日子很平静。三年困难时期过去了，国民经济的调整有了成效，大家都觉得比较满意了。祖母坐在小沙发上从收音机里听她喜欢的戏剧。欣儿开始上幼儿园了。临到放学回家的时候，祖母就搬把小竹椅子到家门口的路上坐下，看着欣儿朝她跑来，扑到她怀里。欣儿笑，祖母也笑，我看着，心里也笑了。本来一切都是很好的。1964年9月，说要搞农村社会主义教育运动。

经过一个多月的培训，上边领导决定我所在的单位去吉林省梨树县。我告诉了祖母，她说，那可是个很冷的地方。祖母又一定要我把她用的狗皮褥子带上。

1964 年 10 月 3 日，我随单位的同志们出发了。我被分配到团结公社房身屯大队的第四生产队。工作原则是与农民同吃同住同劳动，工作任务是搞“四清”向农民宣传社会主义。我的具体工作是介绍大寨的先进思想和做法，外加负责培养和指导生产队的会计员。生活是苦的，劳动是累的，工作是忙的。唯一的感受是，土地是那样的肥沃，农民却是那样的贫困。同年 12 月 4 日，队上来了电话，要我即刻回北京。生产队的会计员尹顺套车送我到榆树台镇，到了那里却已经没有去四平的汽车了，晚上只好在镇供销社的红旗旅店住下，第二天再上路。12 月 6 日早上到了家，看到祖母睡在床上，她闭着眼睛，我喊叫“奶奶，奶奶……”，不知道祖母是不是听见了我的声音，好像祖母感觉到孙子在旁边似的。我一直守在祖母身旁，到了清晨，发现祖母走了。

呜呼，哀哉！祖母享年八十六岁，一生克勤克俭，洁身自爱，为刘张两家操尽了心。李密的《陈情表》中有两句话：“臣无祖母，无以至今日；祖母无臣，无以终余年。”好像是为我写的。然而，我真的为祖母侍奉送终了吗？

1966 年 8 月的一天，我记不太清，大概是 8 月 10 日，我忽然觉得天旋地转，一头栽倒在房间的地上。到医院检查，医生说可能是梅尼埃病。我从小没有抠耳的习惯，我的五官中耳朵是最好使的，怎么能有梅尼埃病？不是，是祖母来给我报信了。8 月 24 日晚 10 点多，我被抓进了秦城监狱，一去就是 8 年零 8 个月。祖母的在天之灵在关怀着我。不孝孙刘源张命笔哭祈，愿祖母安息。

我的父亲

我对父亲的记忆很少。这是我同他接触时日不多的缘故。

父亲姓张名祝三。我这里特地把父亲的姓写出来，是因为我过继到外祖母家，改姓了刘。我儿时问过父亲，他为什么名叫祝三。父亲告诉我，祝三是“三祝”，一祝多寿，二祝多福，三祝多子多孙。可怜，父亲这三个祝愿一个也没兑现。

父亲20岁时，遵家训，东渡日本留学习医，5年习医未成，却学到了一口流利的日语。回国后，他担任了当时山东省主席马良的翻译官。父亲祖籍山东潍县，因此这也算得上是衣锦还乡了。我所知道的父亲早年的情况就只有这些了。

父亲和母亲结婚后，辞官从济南迁到了青岛，我就出生在那里。我对父亲的记忆也就是从儿时有记忆时开始的。父亲高大英俊，这是我对他的最初印象，而这一形象一直留在我的心中。

父亲生性豁达慷慨。从我小时候听到的和自己亲眼看到的都能说明父亲的这种性格。父亲老家是大地主，我的三个姑姑都是新派女生，又都在南京或北平上的大学。她们回家，总是几亩几亩地卖地换钱花，作为长兄的父亲从来不管不问。我们青岛的家里，经常有些和尚、道士、牧师、神父之类的宗教人士来来往往，有时还有红万字会、天理教的人。不管是谁，父亲总是给些钱打发走。父亲对我说，咱们都信，哪一家都不能得罪。父亲就是这样的人。

回到青岛，父亲开了一家汽车行。那是青岛第一家公共交通巴士行。我记得，一共四辆车，每天在市内和郊区载客往返。每天赚来的钱就这样被父亲施舍了出去。那时，我在青岛郊区的四方小学

左侧起第三人为我的父亲张祝三

读书，每天坐着父亲的巴士去上学。我对汽车的兴趣就是那段时间养成的。50年后，第二汽车制造厂厂长黄正夏同志要我任公司顾问，我愉快地答应了。这是因为我想起了儿时的情景，觉得圆了我小时候的梦。

父亲对我的教育有些奇特。我没有看见父亲在读什么书。我读书的事，他全交给了母亲。母亲那时恰好在四方小学当老师，母亲和我一起去、一起回。可是父亲要我练习书法，他请了一位老先生教我，还找人给我刻了一方图章。这方图章我一直用着，可惜后来我不小心，磕碰了一个小角。家里虽然有几位佣人，但是父亲总是让我们兄弟打扫卫生，擦地板。擦地板时，不许我们用拖把，一定要我们用抹布，跪在地板上，我和弟弟并排着一点一点往前推着擦。父亲说，日本的海军就是这样从擦甲板开始一点点训练出来的。父亲常常领我们去澡堂洗澡，而且总是在清晨5点把我们叫起来去澡堂，说一定要赶在还没人去的时候去洗。我是多年后在日本学习生活时，才明白了父亲当年这个举动的道理。日本澡堂里澡池的水是流动的，因此可以经常保持清洁，中国澡堂里澡池的水是不流动的，洗澡人的泥垢都留在了池水里。这样，从父亲那里我学到了认真。

可是，我又最怕父亲带我们出去。凡是能走着去的地方，父亲总是让我们走着去，父亲要我们走在前面，自己跟在后面。父亲又总是对我喊叫：“抬起头，直起腰。”弟弟身体硬朗，真是抬着头、直着腰，我却像个老头儿似地走路。难怪我上初中时，同学们送了一个外号给我——“小老头儿”。但是，至今我怀念父亲的这声叫喊。现在的我，人老了，走路不免弯腰，却没人在我后面喊了。

我初中毕业的那年，抗日战争爆发了，父亲去了徐州。到今天我也不清楚，父亲为什么去的，谁叫父亲去的。不过，我知道，父亲在徐州发了大财，在青岛的八大关地区的太平角四路给我们购置了一所房产，让我们搬进去。但我并不喜欢这所房子，因为我要用煤烧暖房锅炉，倒不如原来在武夷路的家，一间大屋子里一个大火炉就足够暖了。而且，家里的老佣人都散了。从小带我们长大的季妈去世了，李大爷跟随父亲去了徐州，祖母的贴身丫鬟出了嫁。本来在我们家帮这弄那的伙计，自父亲离开青岛去了徐州后，也就都各奔东西了。母亲说，不再要佣人了，孩子们都大了，足可以照顾这个家了。2012 年的夏天，我回青岛，去看了看原来在八大关的那个家，竟然变成了一所会所，大门的门柱上有 *Boundless No.8 Club* 的标识。

一年，母亲要我去徐州看望父亲。父亲知道后，给我安排了一家旅馆住下。李大爷来看我，我告诉他，我要去见父亲。他却告诉我，父亲和一位日本妇人同居，那位日本妇人怕见长子的我，不让我去父亲的家。她让李大爷给我带来了许多钱，说要我带回青岛。后来，我听说，她给父亲生了一个女儿，名叫都子。弟弟生前老是嘟囔要去日本看看都子，我却没有这个兴趣。我知道，母亲越发寂寞了。母亲开始经常请客人到家里来打麻将。我不

60 多年过后，我儿时的家已经成为一所会所

青岛市太平角四路父亲为我们购置的家，拍摄于1942年1月25日午前8时，我动身赴日前。墙外的立柱是路牌

喜欢这种有赌博性质的游戏，老想把麻将桌掀翻，却始终没敢干，生怕伤了母亲的心。但是，自那以后，我很少见到父亲了。

1942年年初，我去日本上学，写信告诉了父亲。父亲立即给我汇来了400元日币。这在当时可是一笔不小的数目。之后他每月都汇给我同样数目的钱。每次我都是全数汇回了青岛，交给母亲，因为我已经从一位日本商人那里得到了学费和生活费的资助。从日本再去美国留学的15年，到1956年我回到祖国以后，我再也没有见到父亲。这么长长的一段时间里，父亲身上发生了什么，没人告诉我，祖母、母亲、弟弟、妹妹都对我只字不提。我纳闷，但也无处打听。

我有一位远房的亲戚，儿时他不时来我家看望我们。每次我都要他讲一讲第一次世界大战他去法国当劳工时的遭遇和见闻。这次，听说我回了家，他又来看我。谈起来，他告诉我父亲的一些事，我才知道父亲晚年的情况。

他说："你父亲是个好人！"仗打完了，日本投降了，父亲回到了青岛。之前，父亲在青岛的东镇盖建了一个平房的大院落，让穷人住进去，不收费。那里的人们请父亲去同他们住在一起。那位远房的老叔说，好像父亲也觉得不好意思住进母亲的家，就同意了大家的意见。人说，好人有好报。父亲总算有了一个自己的家。这对他，我想，是一种安慰吧。

然而，这一点点的好景维持时间并不长。"三反五反"的运动开始了，消息传到了父亲的耳里。旁人说，没事。父亲却忐忑不安，因为他知道地主是怎样挨斗的，也知道资本家的资产是怎样被没收的。再加上人们的一些胡说八道，他大概觉得没有活路了。一天，

2012年夏，同秘书魏蕾一起去看儿时住过的家。原来的房子改建成如今的模样，但依稀可见旧时的架构，门前景象大有改观，道路也修得整齐了

人们发现，父亲死在了一口井下。这是历史，这是命运。我不埋怨，我有话说。

弟弟是那样的厚道，妹妹是那样的勤奋，我是这样的老实。难道这些不是父亲的写照吗？父亲一生光明磊落，无愧于国家，无愧于民族。一些琐事，都是人之常情。如果世间一味苛求，有谁能活得下去呢。

附　　记：

1956 年我回国后，写家庭出身的材料，交到上边。过了一段时间，上边通知我，“三反五反”的事情搞清楚了。父亲不是反动分子，我的出身没有问题。那个年代，出身可是个大问题，出身不好，一辈子倒霉。

我的母亲

母亲刘菊华，儿时记忆中的母亲就是这样

为人写传，常规是从出生开始，我写我母亲却要从母亲的逝世写起。这是为了我们兄妹不孝所作的忏悔。1966 年 8 月，我们兄妹三人分别在北京和青岛被捕入狱，罪名是“里通外国的间谍”。于是，流言纷飞，四邻侧目，母亲见状，惊恐万分，旋即亡故。这些情况是我 1975 年出狱后回青岛，侍奉母亲的弟媳静纯告诉我的。

母亲姓刘名菊华，字逸秋。少年就学安徽六安，长大赴山东济南，就读于高等师范学校。母亲那时是进步青年，在济南参加了“五四运动”的游行。我记得小时候看见过当时场面的照片。她也就是在济南认识父亲的，他们相恋，结了婚。也是我小时候的事，“七七”事变，日本鬼子打进来了，作为国民党党员的母亲在家里急急忙忙烧弃一些文件和相片。因为太多，母亲要我帮忙。我一边烧，一边偷着看，好多都是父母亲来往的爱情书信。从中我才知道，母亲不同意回潍县老家结婚，坚持要脱离封建大家庭，去青岛定居，这样在青岛生下了我。

父亲忙，忙着做生意，不怎么管我的学习，都交给了母亲。母亲对我们兄弟的教育很用心，而且严格得很，又特别对我这个长子管教严格。我每天早晨的一张大字、四行小字是必不可缺的。下午从学校下了课，母亲就立刻要我读文章和诗词，用的课本是《古文观止》和《千家诗》，还要背诵下来。如今，那些文章、诗词我忘得差不多了，但那种文气好像留在了我的心里。外祖母则给我讲一些二十四孝的故事。我从母亲和外祖母那里继承了中华民族的文化传统，特别是那个“孝”字影响了我一生。我感谢我的母亲和外祖母。

左一穿深色旗袍的为我的母亲

我想，母亲之所以这样严格对我，是因为母亲是一位小学教师。到青岛后，母亲先是在青岛郊外的一所名叫四方小学的乡村学校任职。自己的儿子教育得不出色，怎样教育其他家长的孩子。母亲和我每天一早坐着父亲车行的交通车去四方小学，傍晚再回家。读完二年级，母亲让我跳班到四年级，读了一年，母亲又叫我跳班到六年级。因此，我只读了四年，就从四方小学毕业了。等我考进了青岛市立中学（简称市中），母亲已经转到市内的黄台路小学任教，我家也已搬到了齐东路，两地相距不远，满可步行。母亲不用每天坐公交车来回跑了。

那时的青岛市中是学生全员住宿制，我记得是马大叔扛着铺盖卷送我去学校宿舍的。马大叔是我家的一位远亲，在当时的山东大学做校工。山东大学和青岛市中都是利用第一次世界大战时期德国兵的营舍做宿舍。从齐东路到市中一定经过马大叔的地方，我总是中途在马大叔那里歇歇脚。马大叔这人老实又勤恳。抗日战争爆发后，在德国兵营的大学和中学都被勒令关闭，马大叔丢了工作。母亲出钱资助马大叔和他的伙伴在中山路上开了一家小饭馆。我还去吃了一顿叉烧包，让母亲知道后，痛骂了我一顿。母亲就是这样的人，讨厌占别人小便宜的人。这件事我永远记住了。

1937 年，青岛市中还没有复校，我进了礼贤中学读高中。这是德国基督教教会在青岛创办的一所学校，校长是留德归国的建筑设计师，有些名气。可是他很少来学校。负责管我们的是一位长者，有些古板。比如，晚上自习时间，我同同学正在下棋，他查房看见，狠狠训斥了我们一顿。其实，我们不是经常下，偶尔为之而已。这些都是闲话。母亲给了我一件长袍让我穿着去学校。那时这所学校的学生都是长袍马褂的打扮。但是，等我穿着它去上学时，同学们对我笑，笑得奇怪。原来长袍是有男女之别的，我穿的是母亲的旗袍。可能母亲来不及给我做件长袍，顺手把她的给了我。

我不喜欢礼贤中学，待了一年，我就转入刚刚复学的青岛市中的高中插班了。我很庆幸我的这个决断，因为我在这里结识了我一生中的挚友唐之曦。后来，我出国 15 年，其间全是已经成为名医的唐大哥照顾我的母亲和外祖母，负责她们的身体健康。1956 年秋，我归国后，第一次回到故里，母亲反复叮嘱我一定要去唐大哥家探望，并且道谢。母亲就是这样感恩的人。我就是从母亲那里继承了人要有感恩的心理和行动。70 年后，我写了一本《感恩录：我的质量生涯》，怀念我的母亲和外祖母，还有唐大哥。

1975 年摄于青岛鲁迅公园，经历了“文化大革命”中近十年摧残的我，和弟弟（右侧）、之曦兄（左侧）重逢

1957 年，我进入中国科学院力学研究所运筹学研究室，做了一名六级副研究员。每月工资 149.50 元，这在当时是很高的工资了，因为当时大学生毕业后的初任月工资不过 50 元。我就把母亲和外祖母都接到北京的我家中居住。1960 年，我有了大女儿。记得，大女儿上幼儿园，孩子不愿意去，两位老人也不愿意让孩子去。孩子刚走出几步，又跑回来，母亲赶快上前搂过来。孩子是她们的宝贝，怎能交给别人呢？我认为她们是这样想的。逐渐习惯了，母亲就陪着外祖母搬个小板凳坐在房前院子，等孩子从幼儿园回来。

母亲留给我们的最后一张相片

不久，在北京工作的妹妹有了第一个女儿，把孩子送到青岛老家让母亲抚养。于是，母亲又回到了青岛，留下外祖母跟我们住在一起。我有机会去青岛出差时，就会借机去探望母亲。我知

道，母亲离开外祖母，单独带孩子，很是不情愿。我发觉，母亲见到我时，流露出一种无可奈何的神情。我却无言安慰母亲。母亲已是六十几岁的老人，身体又不太好，还要为儿女带孙辈，但这就是中国的国情、亲情、人情。谁又能说什么呢？

好在我弟弟定民住在青岛，母亲和妹妹的大女儿都住到弟弟家，弟媳贤惠，既侍奉老人，又照管小孩，大大减轻了母亲的负担。我每月给母亲寄50元钱，算是我仅能尽到的一点孝心。1964年，我去吉林省梨树县团结公社参加“四清”工作，这以后，我再也没有见到过母亲。1965年，我回到北京，没过多长时间，出了一个“5.16通知”，又过了一段时间，我和妹妹在北京，弟弟在青岛，都被抓进了监狱。那近9年的牢狱生活里，我时常想，母亲怎么过日子呢？

1975年，我出狱，又知道了这么一件事：外祖母的骨灰盒从八宝山被挪走了，不知去向①，逝去的母亲也没有墓地。是呀！我是“特务”，我弟弟和我妹妹都是“特务”，哪里有资格为老人操办后事呢？问老天，这世上还有公道吗？儿哭泣，儿愤恨。唯有祝愿母亲在天之灵得到安息。

① 刘源张先生去世后，他的小女儿刘明对此处作的注解：关于父亲外祖母的骨灰安置情况是这样的：大约是1968年或是1969年，母亲张宁收到一封从八宝山寄来的邮件，通知父亲刘源张交纳他外祖母的骨灰存放费。这时父亲及他外祖母的其他亲人——父亲的妹妹和弟弟，已被抓入监狱，生死不明。母亲没工作，靠自己手巧、勤劳，为邻居们做衣服和织毛衣来维持这个家。母亲有一天带着我和姐姐到父亲妹妹家，和父亲妹夫林同骥商量的结果是，不再交付骨灰保存费，放弃父亲外祖母骨灰的保存。在那个人命难保的年代，母亲张宁和姑父林同骥一起决定放弃父亲外祖母骨灰的保存，我想一定是出于无奈。

我的夫人

夫人张宁，1933年生于南京，故名曰宁，原籍辽宁岫岩，父亲张鸿逵，母亲蔡桂芳。张蔡两家都是当地人士，张家穷苦，蔡家富裕。张家子聪慧好学，蔡家欣赏，于是将其女嫁与成婚。1989年6月辽宁大学出版社的《岫岩县志》中，有人物略传36人，其中有关张蔡两家的人物就有4人。本文中的一些记述正是源于此书。

张鸿逵毕业于唐山交通大学铁道工程系后，1929～1932年留学美国康奈尔大学研究生院，后又在美国（明尼苏达州）铁路实习，成绩卓著，受到导师和当地新闻的称赞。学成归国，历任京沪铁路轨道工程师，湘桂铁路总段长、副总工程师。抗日战争胜利后，受当时中央政府委托，到东北接收铁路，任东北运输总局工务处长兼沈阳铁路局副局长。在此期间，曾帮助过中国共产党的地下工作。新中国成立后，他被委任为沈阳铁路军事管理局总工程师、东北铁路工程部部长，使当时遭到严重破坏的铁路通过抢修，得到恢复通车。1951年1月任抗美援朝铁道工程总队队长，指挥抢修被敌机炸毁的铁路、桥梁，保证了铁路运输。1954年他离开铁道部，改任唐山交通大学铁道建筑系主任。

以上是我从《岫岩县志》的人物传略中摘取的段落。我同岳父的接触是从1960年开始的。那一年，我同张宁刚结婚不久，他到北京的社会主义学院学习，我请他到家里来吃顿饭。我特地买了瓶茅台，记得花了3元6角。这个价钱现在听起来真是太便宜了，要

后排从右数第二人为我夫人张宁的父亲张鸿逵

知道，当时一个大学毕业生的第一年的月工资只有50元。那个晚上，他给我讲了许多有意思的事情。让我最受感动的是抗美援朝时期他的一段经历。他负责鸭绿江大桥的通车保证。每次大桥被敌机炸毁，他都要去设计和指挥抢修。所谓抢修就是先要架设浮桥，让列车通过。火车司机害怕车辆太重，过浮桥有危险，因而往往不敢开车。我的这位岳父就一句话不说，跳下水去，身先士卒，号召抢修队的员工纷纷跳下水，大家一起用肩膀扛起浮桥。火车司机被感动了，开了车。火车平安地开过桥去，大家齐声欢呼。我边听，边想象那个场面。他最后说了这么一句话：什么是工程师，工程师就是要对自己设计、施工的工事有信心，更重要的是让使用工事的人对它有信心。跳下水当然不是真的去用肩膀扛起浮桥，这只是一种姿态，让火车司机对浮桥有信心。他的这句话让我终身受益，我在推广我的全面质量管理时，总是记起他的这句话。

很遗憾，“文化大革命”当中，受到我的牵连，他也在峨眉山被逮捕下狱，长达6年，身体遭到摧残，出狱后一直卧病在床。1978

年，我去峨眉山看他，他不同我说话。直到去世，他也不曾原谅我。他是 1983 年 3 月 6 日病逝的。我不知道他是否看到 1980 年 12 月 23 日《人民日报》关于我的冤案所作的报道。唉！受到我牵连的一共有 160 多人。真不知道，有多少人至死也不肯原谅我。幸运的是，我在他的病床前，认识了他的日本妻子田中照代女士。原来，在他东北任职期间，滞留在沈阳的日本人很多，有的加入了当地的研究机构，有的甚至加入了中国共产党，有的当了中国解放军的教官，也有的做了中国要人家中的仆从。田中女士就是在张先生寓所做侍女的。他们结了婚，后来她一直陪伴在他身边，为他生了三个女儿。我同我的夫人、女儿都很喜欢她，因为她对张家忠诚，对我刘家亲切。她的三个女儿同我的两个女儿情同姐妹，虽然她的中国话是东北口音，但讲得地道。岳父逝世后，她回到了日本。我们还同她保持着联系。愿她健康长寿。

岳母那边蔡家在岫岩是个望家。家长名蔡景云（1893—1953），字锦秋，满族。1923 年从北京大学法律系毕业后，任岫岩县立中学南校校长，半生从事教育，专心培育人才。1937 年抗日战争爆发，受同乡安徽省主席刘尚清邀请代理 6 个月黟县县长。后因省主席易人，他辞退县长职务，回北平经商。整个抗日战争期间，即使当局劝诱出任伪政权官员，他也不为所动，依然经营其小本生意。岳母是他的妹妹，自然受到良好的教育。岳父母结婚后，岳父在南京供职，妻子出生，故名宁。随岳父的工作调遣，岳母带女儿跟随岳父修铁路辗转大西南各地之后，又随岳父调任东北铁路局去沈阳住了一段时间后，他们最终定居到了北平。北平后改名为北京，我和张宁就是在北京认识的。

张宁从小走南闯北，阅历丰富，而且能歌善舞。那时在北平，有美国政府派驻的包括军人在内的各式各样的人士。岳父与他们交往，常有宴会和派对，总是带她一道出席，让她熟悉西方文化。久之，她成了惹人喜爱的座上常客。谈起这些往事，妻子很是得意，

1957 年，婚前的张宁

我总是一笑了之。2004 年，中国工程院在友谊文化宫举行的新春茶话会上，有海军文工团伴奏，我们夫妇献唱了一首《月亮代表我的心》。我是随之附和充数，主唱是她。我看到，台下观众一片欢乐。下台后，许多老同志纷纷前来致意赞扬，我才领略到她的才华。现在，她患上了记忆衰退症。人们告诉我，经常唱唱歌，可以减缓症状，于是我一有空，就跟她或要她唱那些往日的歌曲。但愿好的歌曲所拥有的魔力能够遂了我的心愿，让她不要忘得太快、太多。

岳父一家回到北京后，张宁进了慕贞女子中学。这是一所美国教会兴办并管理的学校，她在那里受到良好的西方教育。她向我谈起这个学校时，经常说的一句话是，那个学校的地板真漂亮。因为她老是重复这句话，我想我还是带她回学校看看。2012 年 7 月 14 日，朋友李新建驾车，我们去了崇文门后沟胡同的慕贞女子中学，但学校名称已改为 125 中学了。遗憾得很，学校已经改建得完全不是她记忆中的那所学校了。教室的地板全都换成了水泥地面，领我们参观的老师告诉我说，这是因为防火的要求。那位老师回忆道，拆下的地板全是美国的红松木，漂亮又结实，实在可惜。只是学校特地利用原有拆下来的木材修了一个楼梯。我摸着楼梯那个几乎一尺见方的支柱给她讲，漂亮的地板只剩下这点儿痕迹了。

2012 年，夫人张宁在北京慕贞女子中学留影

我们是 1959 年结的婚。登

记后，在宿舍的房间里，买了一点糖果摆在方桌上，请了研究室的党委书记和几位同事聚在一起，我们唱了《社会主义好》，接受了宾客的祝贺。这就是我们的结婚典礼。她愿望中的，她披婚纱，我着正装，站在一起的彩色婚照，没有实现。也好，我们的婚礼有时代的特色。老了，没法补救重照了。有一年，我们有机会游览沙家浜，在那里一间旧式宅子的正厅方桌前，我们坐在两侧的方椅子上，拍了一张婚礼照。老夫老妻，聊以留念吧。2009 年的 12 月，我们去了一趟香港，买了一架佳能牌照相机。之后，我们出去，我都用它记录下老伴的身影面貌，想把它当做留给女儿们的纪念。现在已有很多的相片，总想给她编辑一本生活影集，希望今年可以完成这一心愿。

张宁心灵手巧，还有极好的时尚眼光。女儿们从小到大穿的春夏秋冬的衣服都是妈妈设计、裁剪和缝制的。特别是一直到上中学，两个女儿的衣服、鞋帽都是一样的，穿戴起来，像一对双胞胎姐妹。“文化大革命”期间我被抓进秦城监狱。她用我的西服和毛衣当做衣料做成衣服，女儿们穿起来好看得很，活像时装模特儿。一时流言蜚语，说刘源张肯定是个特务，否则他们家哪会有那么多钱，给孩子们置办那样的穿戴。有意思的是，我出狱后，大女儿的中学开家长会，我去参加，班主任游老师在会后，专门留下我来单独谈话。他对我说，大女儿刘欣很聪明，又很好学，是个人才。但是他又说，他怕在她母亲的照料下，刘欣会成为修正主义的苗子，他要我多注意。我大吃一惊，回家来问妻子这是怎么回事。她哈哈大笑，说他们就是看女儿们的穿着不顺眼。我说，既然这样，修正主义就修正主义吧。多少年后，

1975 年夏，刚从秦城监狱出来的我和张宁在青岛

1966年夏，颐和园。我被抓进秦城监狱前不久。两个女儿身着妈妈精心为她俩设计和缝制的衣裙，活像一对双胞胎。当时这张照片还没洗印出来，相机里的胶卷和相机一起被公安局没收了。近九年后，当我从秦城监狱释放出来，没收的东西也都被退还回来时，十几岁的女儿们才第一次看到了她们幼儿时的模样

女儿们都成家立业。回家来时，她们的同学来家里看她们，聊起来，都说那时候她们真羡慕这对姐妹的穿戴。我老家有个说法，学会吃要3年，学会穿要10年。妻子的时尚概念难道是天生的？

但是，妻子有一样不行，就是做饭。这也难怪。她自小生活在富裕的家庭里，又是兄妹三人的老小。周围的人都捧着她，厨房这种地方根本不用她去。好在我对吃的要求不高，只要吃饱肚子，什么都可将就了。不过我的岳母厨艺很高，尤其是她做的春饼特别可口，薄薄的饼，夹上各式各样的青菜和酱肉，吃在嘴里，那种绝妙的味道，实在难以形容。妻子虽然也可以模仿着做一次，但毕竟没得到真传。现在想来，我已经有好多年没有这个福气了。回想起来，有些奇怪。我

我第一次请张宁吃饭，是在北京的莫斯科餐厅（1959 年）

1981 年秋，我和张宁同游日本京都清水寺

第一次请她吃饭，是在动物园旁的莫斯科餐厅吃的俄式西餐。西餐这东西，我不怎么喜欢，但是那时莫斯科餐厅的场所和氛围很好。那天她穿了一件粉红色的旗袍，色彩鲜艳，裁剪合体，我注意了一下，周围的客人都把眼光投向了我们这边。50 年后的今天，我还清楚地记得那天她的形象。如今，她也是年近 80 的老妇了，但人们都赞赏她的风度。这是不是要感谢当年慕贞女子中学的老师们呢？

现在，她患上了记忆衰退症。好在她身体还行，行动起来，不像她那个年龄段的老人。我出差，总带着她一起，她虽然行动没问题，但感觉她有些不自在。医生告诉我，记忆衰退的人换了环境，常有这种感受。这真是个难题，不带她去，我不放心；带她去，我又不忍心看她不高兴。我几次下决心，不出差了。但正应了那句话，人在江湖，身不由己，院士有个难以推卸的社会责任。女儿们都提出，要妈妈到她们那里过晚年。但她离不开我，正像我不愿离开她

2014年3月8日，我九十她八十

一样。人生就是这样，到了我们俩相濡以沫的时候了。

前几天，女儿们从远方打过电话来，说起了妈妈的记忆力。她们要我赶紧立下遗嘱，讲清楚妈妈的情况，不要留下给别人钻空子的机会，让妈妈在什么吃亏的文件上签字。特别是不动产，可能有时莫名其妙地变成了别人的东西。我真没想过这种事，社会和人已经变得这样复杂了吗？我是个简单的人，做学问我也是力图把复杂的简单化，讨厌人们把一些简单的东西，说得复杂，似乎不这样，就不是学问家了。尤其在我接近90岁的时候，自知余下的时间不多，更不愿意复杂化了。

我 的 弟 弟

我同父同母的弟弟只有张定民。他比我小一岁，身体比我强壮，性格也比我开朗。我记得，他 8 岁那年，我们称为张姨的母亲的干姐来家，看到弟弟，说他是菩萨转世。于是，张姨送来许多佛经，要弟弟天天朗诵。那么高深难懂的经文弟弟怎能读得下来，我随手翻了翻，也就搁到一旁了。

从左至右依次是弟弟张定民、妹妹张斌和我

弟弟张定民

弟弟要上初中的那年，正是抗日战争爆发的 1937 年。青岛的中国人中学都暂时停课，不收新生。父亲就把他送进了日本人的中学。

开始他虽然听不懂日语，过一段时间，逐渐习惯，就一直上到毕业。日本的中学是五年制，等他 1942 年毕业的时候，我已经高中毕业，并且在燕京大学上学了。当年的 12 月 8 日，太平洋战争爆发。之后不久，我去了日本。

我是从青岛港上船去日本的门司港的。确切的日期我记不得了，但印象里那天风和日丽。我随身的行李只是一个铺盖卷，里面有祖母给我缝制的棉袍。弟弟扛着我的行李，一路送我进到了港口内的码头。那时的港口是开放的，人人都可以自由进出。我和弟弟就常在港口从码头跳进海里游泳。这段路没有公共交通车，弟弟扛着行李和我一路走过去。那时我们的家在太平角四路，是有一段路可以坐公共汽车的，但大部分的路段还是要步行。

临上船的时候，弟弟对我说，哥哥，你要早点儿回来呀。我上了船，在甲板上看着离去的弟弟的背影，他好像是在哭泣。离家前，

1943～1944 年，只有弟弟一人在家侍奉祖母和母亲

弟弟张定民在“天下第一关”的山海关前

我跟母亲说，我就去三个月，很快就会回来的。为什么是三个月，这里有一段事情要交代清楚。我从北平回到青岛以后，常去母校青岛市中探望老师。一天，校长王筱芳看见我，把我叫过去，说了这样一番话：日本宪兵队来学校，要送一两个学生去日本上学，目前，上大学的上大学，工作的工作了，你闲着没事就去一趟，反正让你两三个月就回来。我看他一脸为难的神情，就答应去跑一趟。我这讲义气的脾气这次害了我。这一去，15 年。

15 年里发生了种种的事情，弟弟的情况怎么样，我是回到青岛的家才知道一些。从弟媳静纯那里了解的，从报刊上搜集的，从朋友处听到的，加起来大体上我可以描绘出弟弟的情形。

太平角四路是个比较偏僻的地方，偶尔日本兵闯进大门，幸亏弟弟会说日本话，三言两语就打发走了，才不至于出什么事。1943～1944 年只有弟弟一人在家侍奉祖母和母亲。幸好还有唐之曦大哥帮助照顾祖母和母亲的健康。父亲远在徐州，弟弟去看过父亲一次，了解到父亲的情况挺好。不久，一家平安地迎来了抗战的胜利。我这个哥哥对家和亲人没能尽到的责任全由弟弟一肩扛起了。

1946 年，弟弟 20 岁，考进了青岛大学水产系。1949 年 1 月青岛大学南迁，随从的教师大部分没有北归，因此一些高年级的课程无法开课，学校决定让这些学生改去复旦大学就读。4 月 1 日，三年级的弟弟从青岛去了上海。在那里，弟弟认识了日本人大槻洋四郎和大槻一枝。大槻先生当时在复旦任教。他本是水产专家，因其在大连培育、放养海带成功，被人称赞。女儿大槻一枝生在中国、长在中国。父女二人对中国有着深厚的感情。弟弟师从大槻先生，又与一枝过往甚密，然而，当时的上海市水产局局长却看中一枝，强与其结婚，断绝了她与弟弟的来往。1980 年 10月，弟弟作为“中国高等院校海洋科学考察团”的一员赴日访问，还曾特地去看望了大槻先生。

1951 年，弟弟从上海回到了青岛，开始了执教的生涯。他先在

1976 年 2 月，颐和园。我出狱后的第一个春节，弟弟一家来北京和我们共庆新春

青岛大学水产系，后来在中国海洋大学，从讲师到教授又升职为系主任。弟弟治学严谨，指导有方。1956 年我从国外归来，工作、居住在北京，一直到 1986 年的 30 年间，都没有跟弟弟好好聊过。弟弟过于尊重我，我也过于爱护他，没有真正跟弟弟交过心。现在想起，全是我这个做哥哥的罪过。并且，我那冤案竟也牵扯到了弟弟，平白无故让他坐了 6 年的牢房。

1953 年，弟弟与葛静纯结了婚。祖母和母亲从此得到了更加细心的照顾。以后，他们有了一个儿子，又有了一个儿媳。儿子很孝顺，儿媳是夫唱妇随，对老人做到了无微不至的关怀。1986 年 6 月 28、29 日弟弟来北京，在我家住了一宿。这竟然是最后一面。

弟弟一生从事中日友好事业，不遗余力。在青岛居住过的日本人回日本后，组织成立了青岛同乡会。弟弟成了这个组织的热心支持者。他们组团到青岛来访问，总是提出要求，请弟弟帮忙，弟弟也从不拒绝。1986 年 7 月，青岛同乡会组团来青岛访问。弟弟那时正在山东烟台一带作水产方面的调查研究，闻讯立刻乘车赶回青岛。

弟弟乘的车是一辆面包车，他坐在驾驶员右侧的座位上，不料，行至文登附近，为躲避什么，车子来了个急刹车。弟弟的座位上没有安全带，他就一头撞向前面的大玻璃窗。而那时的窗上的玻璃还不是不易粉碎的钢化玻璃，于是，大块的碎玻璃像一把尖刀插进弟弟的胸膛。人们急忙把弟弟送到附近的医疗站，包裹了一下，再往文登的县医院送去。到了医院，医生们束手无策，弟弟断了气，当时是 7 月 22 日下午 4 时许。

中国海洋大学开了追悼会。校长、教授们、学生们都来了。我作为家属站在那里，接受悼礼，眼睛充满泪水，看不清谁是谁。我亲爱的弟弟就这样走了。

2012 年夏，弟弟定民家。从左到右依次为侄儿张英杰的女儿湛堃、张英杰、弟媳葛静纯、我、张英杰夫人小燕

我 的 妹 妹

我的妹妹名为张斌。我们兄妹三人，弟弟比我小 1 岁，妹妹比我小 5 岁，我们兄弟二人跟她玩不到一起。但妹妹可是我们家的宝贝，爸爸、妈妈都叫她小三宝。妹妹从小娇生惯养，却不柔弱，而是勤奋好胜。她上小学时的情况我全不知道，因为我正上初中，住宿在学校，只有星期天在家，也轻易见不着她。妹妹上的中学是天主教会设立的圣公女子中学，地点就在天主教堂的旁边。我只记得，妹妹穿着藏青色的百褶裙去上学，一副高傲的样子。妹妹刚上中学，我就离家去了日本，都不知道她是怎样长大的。

妹妹去了美国，从青岛的家里知道我在日本的住址，写信给我，这才开始了我同妹妹的联络。她要我也去美国，要我把在京都

妹妹张斌

大学的成绩单寄给她。不久，妹妹告诉我，我的入学通知下来，签证所需的保证人也替我找好，就等着我上船了。我把这些事告诉了悦子，她说，那得要给妹妹买点礼物带给她。悦子领我去买了一副世界有名的 *MIKIMOTO* 珍珠项链，并且约摸着妹妹的身材定做了一件旗袍。我带着这两件礼品去了美国，妹妹高兴得不得了。隔了近 10 年见到妹妹，她长出息了，长成我都快不认得的美丽大姑娘了。

近 10 年没见的妹妹长成了快让我认不得的美丽的大姑娘

妹妹在伯克利校园是个有名气的学生，勤奋、活泼。在实验室里经常工作到很晚。有一阵子，都是我晚上去实验室找她，同她一起回宿舍。我们那时住在同一个长老教会的学生宿舍里。男女生分别住在两栋相邻的小楼里，吃饭时聚在男生这边的餐厅，几个人一张桌子，要一个人轮流为大家作饭前祷告。我都是在轮到我之前的一两天准备祈祷文，到时候把它背诵出来。两个人一间宿舍，我的同屋是个大学二年级的学生迪安·塔珀（*Dean Topper*），每天晚上我让他教我英语，但他总是教我些俚语、脏话，我对他说，我要学

从左到右依次为我、Henrietta、吴锡九、张斌、朱丽中

好的英语，他反而说，这些字和话你不会，英语地道不了。我没有正规地学过英语，我的英语都是这样自学，勉勉强强应付过来的。过了两年，他要毕业了。之前他对我说他毕业后去委内瑞拉工作。正好这时，我有了一位美国朋友，她叫贝蒂·威特尼，代替他成

在长老教会学生中心门前，我与迪安·塔珀

了我的英语老师。她总是要我开车拉她出去玩，所以伯克利的一些游览地，我都带她去过。

妹妹在伯克利的朋友圈子挺大。她的朋友仿照她对我的称呼，也叫我大哥。不论年龄大小，我成了大家的“大哥”。同学的舞会和演出都要我参加。不会跳舞，也得跳；不会演戏，也得演。一年，同学会组织一次演出，演胡适的《回家》，说的是一个留美学生跟一个留美女生结了婚，回老家，却发现男的在家乡早已有了妻子，这样一个故事。我演的就是那个留学生的父亲。第二天，我接到一个电话，自称是《自由之声》，说看了我的演出，听了我的带山东口音的台词，希望我去他们电台做播音员，待遇从丰，而且可以面谈。我一听，说了声谢谢，就挂断了电话。没过几天，旧金山移民局传

最右侧为我在美国最后三年认识的女友贝蒂。本来只是我们几个留学生去滑雪，她非要跟着来，弄得我还要照顾她

我去审讯了一天，问我是不是共产党，我家里人有没有共产党。

演男留学生的是吴锡九。他比我小好几岁，称我大哥，我欣然接受。他的夫人是朱丽中，她舅舅是日本京都大学文学院的哲学教授，我见过他，并且挺熟，再加上我扮演过锡九的父亲，因为这层关系，我很喜欢这对夫妇。他们都热爱祖国，锡九回国进了中国科学院半导体研究所；丽中进了心理所，积极参加祖国的建设工作。但是，那时对他们不公平。“文化大革命”结束后，锡九提出要回美国，理由很简单，陪他的两个女儿去读大学。他家的两个女儿同我女儿小时候常在一起玩耍，我很了解她们。大的叫优如，在我“理论联系实际”运动中工作的北京清河毛纺织厂做挡车工，小的叫晓如，在家闲着。两人都因为出身不好，不被允许报考大学。时任副总理的方毅知道后，来劝说他留下，锡九当时的回答给我留下深刻的印象。锡九说：“我是爱国才回来的。我在半导体所工作，一不让我参加芯片的研究，二不让我去苏联访问学习，三不让我的女儿们考大学。我去美国，只是想给女儿们一个学习的机会。我的心还是留在祖国。”方毅当即批准锡九一家回美国。锡九身在美国，却依然做着为祖国服务的工作，并且写了本自传，赞扬祖国、期待祖国。锡九就是这样的人。

追求妹妹的人很多。有一个美国白人学生是个富家子弟，他让他爸爸来伯克利看过妹妹，随即向妹妹求婚。妹妹来征求我的意见，我只说了一句话，“妹妹，我们要回家呀！”妹妹立刻婉拒了那位年轻人。现在我懊悔，我办错了这件事。妹妹26岁拿到加利福尼亚大学伯克利分校（*UC Berkeley*）的博士学位，是伯克利分校化学系史上最年轻的博士。然而回到祖国，没过几天好日子，就遭遇一场惨祸。

“文化大革命”开始，妹妹受了我的牵连，被抓进了监狱。陈伯达的老婆来审讯，一上来就破口大骂，骂妹妹是美帝的“特务”。妹妹生性刚烈，脱下鞋朝着陈伯达老婆扔了过去，口说，“你才是特务”。陈伯达老婆大怒，给妹妹带上了手铐，在秦城监狱的6年没有

妹妹穿上博士服的那天，我刚刚完成了我的博士论文

1974年春节，弟弟和妹妹出狱后的第一个春节，两家合影于北京。我此时还被关在秦城监狱。后排左起依次为林同骥、林川、张定民，前排左起依次为林方、葛静纯、张斌、林伯阳、张英杰

取下。吃饭、喝水全凭一张嘴和几颗门牙，手腕磨破，长好，再磨破，又长好，又磨破。这使得妹妹精神失常，又被送进安贞医院关了两年。

打倒“四人帮”后，妹妹被释放出来，我去看她，两条手腕上留有深深的疤痕。妹妹继续去中国科学院化学研究所工作，研究所的党委书记来家里告诉我，妹妹连烧杯都拿不稳，要我想办法劝说她不要再去实验室工作。我请所里给她买架当时很简陋的电子计算机，让她学习计算机搞化学计算。方毅了解到她的情况，特地批准并劝说妹妹回美国休养。1989 年 7 月，妹妹和妹夫来我家辞行，去了美国。

我去美国看望妹妹。见到她住在女儿林方在波士顿附近的小镇贝德福德（*Bedford*）的家，女儿和女婿待她很孝顺，虽然她唠唠叨叨，但他们不以为扰。林方家占地颇大，房后有大片土地，妹妹在那里开垦了一小片地，种种青菜。本来一切很好，妹妹一生自立自助，不愿在女儿家白吃白住，去一家商店当起了雇工。一天，她在上班路上，精神恍惚，从人行道错走到车道上，恰恰被疾驰而来的小轿车撞着，又恰恰被一位路过的律师看见。律师主动帮她打官司，要到了一笔赔偿。不过，我觉得她更加唠唠叨叨了。

1993 年我赴美出差，顺便去贝德福德探望妹妹。妹夫林同骥请我在当地很有名气的牛排馆吃了顿牛排。谁料，同骥在当天晚上就去世了。家人翌晨叫他下楼吃饭，发现他已无疾而终。我参加了追悼会，去墓地低头致哀。林方告诉我，打算先刻一座小墓碑，以后再刻大的，对，让妹夫等等。在追悼会上，在墓前，我注意到妹妹始终无语，人到伤心处，恐怕都是如此吧。我也无言相慰，只对她说了一句：“有事，告诉大哥！”

2010 年的 2 月 24 日，妹妹来到北京，处理她在中关村的房屋。来到我家，她已经显得老态龙钟，跟妻子张宁抱在一起，满脸是泪。妹妹总是想念我这个大哥和大嫂，每年圣诞节前，她都给我寄些美元来，每次我都如数退回。她给我寄来的巧克力我都舍不得吃。3月3日妹妹离京返美，来家辞行。我难受得很，也许此生再也见不到了。2013年1月25日，我接到妹妹儿子林伯阳的电话，电话里第一句话是，“大舅，你先坐下”！我还没搞懂是怎么回事，第二句话竟然是，“妈妈走了”。我一屁股坐到椅子上，半天没明白过来。妹妹走了，弟弟早就走了，只剩下我这个大哥了。哀哉！

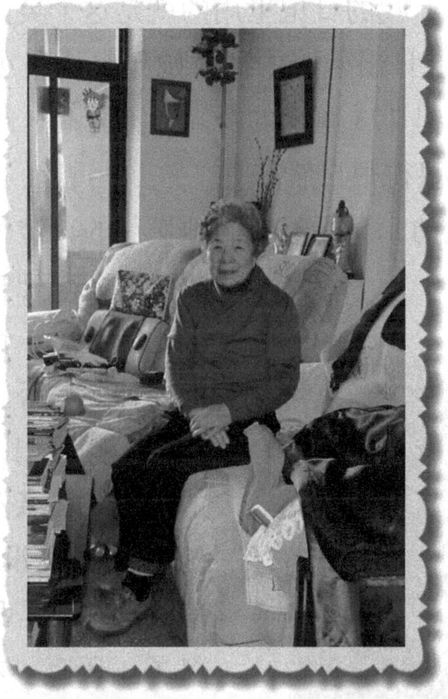

2010年3月3日，妹妹离京返美前，来家辞行。这成了我和妹妹的最后一面和给妹妹的最后留影

我与悦子

悦子姓山口，山口悦子是她的全名。她有一个英文名 *Jean*。最初认识她的那一年，我的日记里用的就是这个英文名字。她是日本人，1927 年 3 月 20 日出生于中国。她年龄比我小两岁，身高比我低 6 厘米。我那时是 173 厘米的身高，不算高，也不算低。她同我站在一起，彼此都显得很自然。

我怎样认识她的，又是怎样同她交往的，这是一个很长很长的故事。我想把它们都写下来，但又觉得老了，怕力不从心了，可能要挂一漏万。好在我还保有当年的一些日记，一些悦子写给我的信和我与亲友唐之曦诉说关于她的事情及没有寄出去的几封信。这些就是我写这篇回忆的材料了。还有一本悦子送我的书，日本新潮社 1987 年出版的藤原作弥著的《山口淑子——李香兰 我的前半生》[①]，里面有悦子小时候的照片和几段有关悦子的记载。

京都市左京区北白川小仓町 15の5，贝塚茂树先生的家，是我京都大学时代寄宿的地方

1946 年 4 月，我考进日本京都大学的经济学部，住进了京

① 李香兰，本名山口淑子。

都大学教授、中国史专家贝塚茂树先生的家。条件是，我负责做先生家公子贝塚启明的英文和数学家庭教师。一直到我离开日本回国，先生和夫人都为我保留了二楼上的一间摆有床铺的西式房间，从二楼房间窗户看出去，就是马路对面的京都大学人文科学研究所。它使我感到无论在日本走到何处，我总有个家，可以随时回去。地址是京都市左京区北白川小仓町 15 番地，在文教区域内的富人区。一所日欧混合式的洋房，带有大约 1/6 足球场大的园子，墙边有一棵高大的喜马拉雅松树。夫人告诉我，房子是她父亲作为嫁妆送给女婿的。周围一些较好的房子都被美国占领军征用作为军官的宿舍了。先生的这所房子因为有战胜国国民我的居住，就被免予征用了。悦子没有来过，我在山口市认识的几个女孩子都前前后后来这里看望过我。

我在贝塚茂树家的大门口。从贝塚家二楼房间看出去，就是马路对面的京都大学人文科学研究所

说到山口市，有些话要把它写下来。1945 年 8 月 15 日，日本战败投降。10 月，我从被美军炸毁了的四国岛上的高松市迁到不曾受灾的山口市。那时我已经从高松的学校毕业，来山口市是帮助一起迁来的其他中国留学生，学籍顺便挂在山口高等学校（当时日本的高等学校是进帝国大学前必经的学校）。闲暇时，就借用学校礼堂舞台摆着的钢琴练习弹琴。一天，我走在市中央大街上，忽然听到从一家房子里传出钢琴的声音，抱着喜悦与好奇的心情，我敲开了大门，钢琴声停住，迎接我的是一位姑娘。我说明来意，她让我进

家，见到她的父母和一个妹妹、一个弟弟。好像他们也好奇，怎么闯进这么一个小伙子。当他们知道我是中国人，他们更奇怪了。他们一直把我当成了日本人！主人是位私人开业的医生，这种人大抵是有钱人，所以才能够在战败不久维持这样一种优雅的生活。于是，我成了他们家的常客，可我不曾在这里吃过饭，原因很简单，那时的食品是配给制的，口粮不多，而我有同盟国国民的特别配给。其实，我给中国同学们的帮助正是，负责每月向当地美军司令部办理特配手续。他们家里姐姐和弟弟年龄相差近 10 岁，玩不到一起。现在有了我这个大哥哥，姐姐总是要我陪她去不远处的市公园散步。她待我像个大哥，我待她像个小妹。美好的姑娘，美好的关系，美好的记忆。不料，插进来另一位姑娘。因为常去美军司令部，我认识了一位在那里当翻译的青年人。他是位基督徒，每逢星期日，他要我跟他去教会做礼拜。去了，遇到一位胖姑娘，母亲是位虔诚的教友。互相认识后，她常来我们留学生宿舍。我们租了一家民房的二层楼做宿舍，每个人的房间只隔有一层薄薄的纸障，根本不隔音。过了不到一个月，胖姑娘跑到我房间，开口就说，要我同她结婚。隔壁房间的同学听得清清楚楚，偷着咯咯笑。这一下，我可真急了。说开后，姑娘哭着离开了。如今住在上海的青岛同乡、也是留日时期的同学赵世英就在隔壁听完这个全过程。奇奇怪怪的事我遇见不少，这样奇怪的倒是头一遭。有喜有悲闹剧式的生活结束了。1946 年 3 月，我离开山口市，去了京都。我待如妹子的姑娘到京都来看望过我一次。以后，我未再见过她。想来，她现在该是一位老太太了，我遥祝她幸福。

1946 年 4 月，我考京都大学的原因很简单，只是因为山口离京都近。同学们劝我考东京大学，我嫌远。再说，我喜欢京都大学的自由学风，讨厌东京大学的严肃气氛。入学那天，校大门口挂的牌子赫赫然然地写着六个大字“京都帝国大学”。1947 年 4 月，奉美占领军司令部命令，学校把这块由来已久的木牌子取下，在大门口把它焚烧了，换上了新牌子“京都大学”。我算是“京都帝国大学”最后一期的学生了。焚烧的那天，一群日本学生聚集在大门口，围着正在燃烧的木牌子，手拉手地转着圈蹦跳，又哭又唱。我感到他们是对“京都帝国”的眷恋。这也难怪。1868 年明治维新，1877 年颁布政令，建立改制大学。1887 年将维新前幕府时代建立的开成学校与东京医学校合并，成为东京帝国大学，以培养治国人才为己任。1892 年日本国会 21 名议员提出建立京都帝国大学，以培养科学人才。1897 年议案通过并实施，于是京都帝国大学正式建立。当时皇族成员三笠宫殿下报名入京都大学，成为新闻。我就是在 1949 年 3 月毕业于这样一所大学的。

从 1945 年日本战败投降到 1964 年《旧金山对日和平条约》签订的 20 年间，日本处于美国占领军的统治之下。日本作为一个国家只有很少的主权，警察权不全，贸易权没有。美国宪兵凌驾于日本警察之上，外国商人垄断了日本的国际贸易。我就是在这种环境中，在 1949 年的 7 月，去朋友李智仁与廖人寿创办的贸易公司工作的。所谓贸易，其实就是走私。从美国进口或者直接从美军在日本的剩余物资中购买砂糖和咖啡，再出售给日本人的商户，这样可以躲避关税谋求暴利。我是想赚几个钱去美国上学，他们是因为我能讲几句英语，就给了我一个从横滨港口押运货物回东京仓库的任务。工资自然很高，一个月不过两三趟，很清闲。这个时期，我亲身感受到了日本人的无奈和悲哀，也看到了外国商人的得意和欢乐。我的一个同学于克俭，在东京的一家贸易公司任职。公司老板姓李，不是别人，正是溥仪在《我的前半生》中提到的给山口淑子起名香兰的李际春将军的后人。克俭说要给我介绍个姑娘，就是在这家公司帮忙的悦子。这是 1949 年的 8 月，盛夏还没有过去的季节。公司在大森，我从水道桥坐 *JR* 线向东走差不多要 1 个小时。来回要两个小时，但为了见悦子，我从不嫌路远。

悦子和我的交往是从滑冰开始的。那时，东京刚刚修建了一个

在李香兰家门前

滑冰场，开业还不久。我请她去溜冰。我溜冰的本领不过是能够直行和后退，别的花样一概不会，悦子却是初学。因为那里全是年轻人，活泼的年轻人，本来我这不大活泼的人受到场内气氛的感染，也变得活泼了一点儿。我领着她加入正在转圈的滑冰队伍，随着音乐的曲调滑了起来。我看她滑得挺累，就停了下来。她的身材很好，滑起冰来是很好看的。她不愿滑，我不勉强，我们一起的滑冰只这一次。那天是 1950 年 1 月 26 日。后来，她从大森搬回阿佐谷大姐家，我没有再请她去滑冰。这次是从水道桥坐 *JR* 线向西走，差不多也要一个多小时，我仍是不嫌远。我喜欢散步，喜欢爬山。每次悦子来找我，或是我找她，我们就出去散步。东京郊外有个叫武藏野的小山坡，是她和我喜欢去的地方。我们并排躺在山坡的草地上，手拉手仰望天空，互不言语，觉得我们和天地融为一体，享受着一种幸福感。不知不觉，我们加深了认识，产生了爱情。1949 年 12 月的一天，悦子带我去位于阿佐谷的家并拜见了大姐淑子，得到了大姐的祝福。

悦子没有上过大学。因为高中毕业后，她就一直作为助手，随大姐的电影拍摄到处走动了。她有两个早已夭折的姐姐，所以她与大姐年龄相差十几岁。她底下还有一个妹妹、一个弟弟。悦子聪明、伶俐又勤奋，大姐最亲近、最喜爱的只是悦子。悦子好学，又是在文艺圈里，但是读了不少文学类书籍，又去法兰西学院读过夜校。这个学校是法国政府设在海外的旨在宣传和教育法国文化的学校。为了工作人员的方便，这所学校特别开设了夜校，地点就在东京的四谷，离我居住的留学生宿舍神田寮不远。每天晚上，我去四谷地铁车站等她，见到后，陪她去学院上课，我则留在学院的图书室看看书。下课后，我陪她坐地铁，送她到阿佐谷的大姐家。回到宿舍已是 11 点多了。一路上，我没有多少话，她也没有多少话，我们默默地并排走着，到了家门口，说声再见，然后分手，近 4 个月的时间，我陪她读完了一个学期。

悦子常来的我的宿舍——神田寮

悦子常到宿舍来找我。我的宿舍房间很小，一张单人床，一个书桌，一把椅子，她来了，我俩只能紧紧地挤着躺在床上，互相亲吻着说话。她总是傍晚来，上法兰西学院的时候，有时提前到我宿舍，我们再一起去学院。冬天的一个下午，她打电话说要来看我。我到宿舍大门口等候，不一会儿，她踏着雪地穿过宿舍前面的小公园，小跑儿似地直奔过来，白大衣，黑皮鞋，太美了。外面是雪地，不好出去。我们就坐在房间里聊起来。她问我，读没读过歌德的《少年维特的烦恼》，有没有少年维特式的烦恼。我根本没读过，只好说烦恼是有，是不是维特式的不知道。她又问，那读没读过《浮士德》。说实话，我没读过，只好说，听说过。接着她又问，你愿不愿意为你爱的人出卖灵魂。这次，我倒有了主意说，灵魂没了，怎样全身心地爱我爱的人。她听了笑了，说没想到有这样的回答。三个小时简直成了一场考试。几天后，我去书店买回了《浮士德》，1949年羽田书店出版的，阿部次郎翻译的三卷本，说明上说是为纪念歌德200周年诞辰。我在书的扉页上留有一行字，“一个晚上，悦子问我关于浮士德的事，穷于应对。因此购求此书。1951.2.4。自日光归来”。这本书一直摆在我书房的书架上，看到它，就好像看到了我的悦子，想起了那个晚上的情景。

悦子出生在中国辽宁省的奉天（现沈阳市）。上的小学是中国人的小学，说东北口音的中国话。上中学时，随父母迁往北京，家在辟才胡同，我的留日老同学罗漾明的伯父家也在辟才胡同。他从山西老家来北京上学，就住在伯父家里。他曾告诉过我，李香兰出门上街，总是戴墨镜，不愿意让人认出来。悦子在北京的几年里，经过苦练学成了悦耳的北京话。但我跟她讲话，从来不用中国话，因为自知我的山东青岛调没法跟她的北京话比，所以干脆用日语。而且我的日语比较纯正。她曾对我说过，跟我谈话，一点“疎外感”（即生疏感）都没有。我真要感谢早年教我日语的绪方隆夫。当然，她会讲英语和法语，不过，我的英语比她强，我的法语却远不如她。

所以这两种语言我们只开玩笑时说一两个词。汉语、日语、英语、法语夹杂起来，乐趣也不少。语言是沟通思想的工具，对于我俩而言，语言是传达爱情的工具。悦子和我就是这样相爱着的。但是，我们的爱情是苦涩的，现在我写这些往事时觉得甜蜜，当时却很痛苦。母亲给我的信上说不要我娶日本媳妇，并且强调这也是祖母的意思。我不能向她求婚，但也不能对她说不结婚。她才 23 岁，我想等等再说吧。我给之曦兄的没寄出去的信上，有这样的话：一个晚上，在送她回阿佐谷的家的路上，我用半带询问的口气，提起我想结婚，但又想去美国上学的打算。这时已经快到她家门口，她听了，急忙小跑地进了大门。不过，我从她的背影看出来，她在哭泣。那以后，我常常问自己，不以结婚为目的的恋爱是不是罪恶呢。我那半年的日记记下的几乎全是我的痛苦心情。那半年最后一天的日记里我写道：悦子对我说想离开东京像普通人一样找个工作。我明白，她这话里是有缘故的。

悦子在李先生的公司帮忙，这是因为她父亲与李先生的父亲是拜把的兄弟，李先生找悦子帮忙，实际上有同她相好的企图。这件事悦子并不瞒我。李约她去名为美松的舞厅，每次悦子都对我讲明白，说她感到十分为难。我基本上不会跳舞，既然如此，我就约她去美松跳舞。跳交际舞应该是男方带领女方，我倒成了悦子带领我。不管怎样，这一切很愉快。悦子因为她大姐的关系在文艺圈有许多熟人。一次，悦子请我去看在三越剧场的一场演出，给我介绍了当时名动京城的话剧演员小泽荣先生。一次悦子打电话来，要我去为当时走红的奶油小生池部良拍摄的一部电影充当群众演员。想起悦子曾经告诉过我池部曾向她求过婚，我实在不愿意去见这位池部，便婉言谢绝了。有那么多人向她求婚，而我又迟迟不开口，难怪她想要离开东京了。每次我给住在阿佐谷她大姐家的悦子打电话，接电话的总是大姐的随从厚见俊子大嫂，她的第一句话又总是，“悦子小姐等着你呀”。我知道，大嫂是在撮合我和悦子的婚事。我真恨我的优柔寡断！再加这个时期，正在美国上学的妹妹每隔不多久就写信给我，催促我快去美国，并且说她已经给我找好了签证所需的保证人。我逐渐下了决心，去美国。

悦子常来神田寮找我，有时来得晚些，坐到深夜才回家，但从不在我宿舍过夜。她大姐的家教是很严的。1950年2月10日，约悦子在美松跳舞，散场后，我开着老廖借给我的小轿车送悦子回阿佐谷的家，不料车子在她家附近陷入了泥坑动弹不得，我只好在她家住宿。睡在楼下的客房，没一会儿悦子从楼上跑下来，蹿进我的被窝。悦子和我抱在一起，不停地亲吻。啊，我初恋的吻！那以后，我经常在悦子家住宿。厚见大嫂看在眼里，希望我和悦子赶快成婚，因为她知道，有许多人在追悦子。1987年10月28日悦子写给我的信中，说她同厚见大嫂通电话时，厚见大嫂还再三要悦子代她向我致意。那时厚见大嫂已经82岁，住到千叶县去了。我不知道，她现在是否依然健在。我心里有对她的怀念。一个晚上，我住在悦子家，她用她家的钢琴弹了贝多芬的《月光曲》，弹奏的好坏我不关心，我喜欢她那如似月光般的心灵。11月，去美国的前夕，我去悦子家告别，她留我住夜，我就睡在她家楼下客厅的沙发上。深夜三点多，悦子忽然跑下来同我睡在一起，偎依着我哭泣了，一直哭到天亮。我没有可说的话，我知道，这一去怕再也看不见悦子了。我成了负心郎，人人厌恶的负心郎。

悦子和我去汤河原住了两天。这是我动身赴美之前的事。我的一位日本政治家朋友在那里有一处别墅，他请我去散散心。汤河原的温泉风吕（澡堂）是有名的胜地。悦子从温泉泡澡出来，特别地美丽，我从来没有见过那样的美丽。一次应悦子邀请，去她们家友人 *Harry Rybock* 先生家做客，看到过悦子穿游泳衣照的彩色相片，已经是美丽极了。这次汤河原的她更有了一种“色气”（日语，意思相当于英语的 *sexy*，但词义更含蓄一点，也就更加迷人一点儿），真使我惊奇了。到了美国以后的几年，我有过几位女友，但一想到悦子，我对她们就一点兴趣都没有了。悦子和我一起在影院看过美国电影《蝴蝶梦》，扮演女主角的是我喜爱的电影明星琼·芳登，悦子真像她，漂亮、文雅、温柔。我现在很少看电影，无从知道银幕上有无长相举止像悦子的女演员。反正对我来说，悦子是独一无二的。

悦子给我讲过一些有趣的事情。悦子在北京的时候，做过国立艺术专门学校（简称艺专）的模特儿，常去徐悲鸿家做客，而且都是徐先生用轿车接她去，每次去时，徐太太的脸色都不正常，弄的悦子害怕。她那时不过 18 岁。抗日战争胜利后，在北京的日本人都被遣返。有位日本画家不想回日本，但又无人照顾。悦子和妹妹诚子就住到了这位画家在艺专内的寓所。生活很苦，都是艺专的老师们捐赠一些食品之类的东西给她们，但是不允许她们姐妹走出校门。这样，买什么东西只好求看校门的工友帮忙。其中有位工友很亲切，愿意替她们出去买东西，提出只要一件谢礼，要悦子答应，每次买完东西拿回来，都要悦子在他脸上亲一下。这真是趣人趣事。我刚认识悦子的时候，她 22 岁，已经懂得一些人情世故。我想象，20 岁前的悦子一定是一个惹人喜爱的单纯的小姑娘。

悦子给过我许多相片，有的是从杂志上剪下来的，有的是冲印的黑白和彩色的照片，有的是她跟我的合影。“文化大革命”期间，这些相片连同我的日记都被公安人员抄走了。过后，日记虽然被退还，相片却全没退回。我的那本记载悦子的半年日记的扉页上本来贴有悦子的相片，退还给我时，我一看相片没有了。当时我在没有相片的空档上，写了这样一句话：“这张悦子的相片，公安部没有退还。”现在，她年轻时候的相片，我一张也没有。不要紧，她的形象已经深深刻印在我的心里了。有意思的是，日记的每页上边都有用红铅笔划的页数。日记是用日语和英语掺和着写的，公安部的人是不是拿去找人翻译了？好呀，翻译出来，倒是一本用心血写成的言情小说，比不上《红楼梦》，也不敢去比，不过精神是近似的，感情同样是真实的。奇怪的是，在秦城监狱的 9 年审讯当中，问官们竟然一句话也没问过悦子和我、李香兰和我的事。大概他们看了我的日记，全明白了我们的关系，就不用多问了吧。

悦子和我最终分别了。1950年的11月末。她和我的一年零两个月的交往是一年零两个月的折磨。她折磨我，我折磨她。折磨当中，有快乐，有痛苦，有悲伤，有绝望，更有剪不断的思念。1956年8月，我回到了一别15年的家乡，后来又是20多年。1981年的9月，我去日本出差，12月在东京重新见到30年互相没有见面的悦子。这是一段难忘的经历，我要好好地把它写下来。

悦子看到了11月13日《朝日新闻》刊登的我来在日本名古屋的联合国地域发展中心工作的消息，打电话到工作单位找我。我一听，是悦子的声音，头脑好像被人猛击了一下，昏沉沉地愣在电话机旁。她说，要到名古屋来见我。我立即对她说："不要来，我去东京看你。"因为我正和妻子张宁一道住在联合国中心为我们租下的公寓，怕悦子来见到妻子，我不好处又不会讲话。趁公务闲暇的时间，12月1日，我去了东京，住进赤坂见伏附近的东急饭店。事前我从名古屋打电话给她，约她到旅馆相见。下午，她如约来了，依然还是那样年轻、美丽，穿着一身合体的藏青女西装，脚上是一双黑亮的半高跟皮鞋。12月初，东京不是很冷，她也就没穿大衣。房间很小，悦子和我照例手拉手并排躺在床上。我发觉，当我稍稍用力拉她手的时候，她露出痛苦的表情。我问她怎么回事，她说刚动完切除部分胸部的手术，左手一扯就痛。可怜的悦子，我在她脸上亲了一下。悦子向我诉说了她这30年间的种种经历。悦子陪她大姐去过北美、西欧等许多国家和地区，在瑞士见到了著名喜剧演员卓别林。她说，她现在养着12只猫，每天忙着侍候这些猫打发日子，想忘掉过去，因为一想到过去，她就泪流满面。家里有佣人做饭、干杂务，用不着她动手。我没敢问她先生的事。1982年1月12日悦子写给我的信中，提到她先生是日本风筝会的会长，3月可能到北京，然后去潍县（今山东省潍坊市）参加风筝节。知道这些，就够了。

悦子在我的房间一直度过一个下午，只有中间的一小段时间，悦子跟我到神田那个小公园走了一圈，神田寮没有进去。傍晚，我请他在饭店的餐厅吃了一顿牛肉火锅。在旁侍候的女服务员一边忙着添菜加肉，一边问悦子，“太太，您看行吗”？悦子听了，小声对我说：“我若是您的太太，该有多好。”看着她说这话时的凄然表情，我什么话也说不出来，五脏六腑好像都在翻腾。吃了饭，我送她回世田谷区的北乌山。坐地铁，中间要换一次车。临别时，悦子递给我一盘磁带。我看着她走进了家门口，伫立在那里，久久惆怅，难以离去。心想我还能见她几面呢？ 12 月 20 日，我和张宁回到了北京的家。我告诉妻子在东京见了悦子的事。她责问，为什么不请她到名古屋的家里来。这样落下了埋怨。我打开磁带听，是当时著名歌星五轮真弓的专辑，专辑中的第一首是《突然，你》。那种缠绵的日语情调的歌词让我难忘。

突然你回来了，
背向着我，说，不要再见面吧。
虽然你说过，没有我你活不了，
但这是不是要分手的一句套话？

啊，这一年，我自由自在，像个风球，
但是回头看，只有那风，吹来吹去的。
你的温柔，你的爱情，
才明白是我最眷恋的。

忧愁已经成了我的身子，
葡萄色的指甲油再相称不过了。
如果说年轻，什么都可以得到原谅的话，
那么，虽然春天晚了些，雪堆可就要融化了。

啊，我等着你真心说，回来吧，

我等着你把伤了的心愈合。

如果我能等到你说，你等我，

我会像以前一样，跟你一起活，跟你一起活。

小女儿明儿看我那副沉湎于这首歌的样子，弄清是怎么回事后，替她妈妈抱不平，把这盘磁带毁掉了。日语歌词的原文是我边听边记录下来，抄在给之曦兄的信上，所以才能留下来。

大女儿欣儿去找赵世英，问爸爸以前的恋人是不是李香兰的妹妹，妈妈是不是生气跟爸爸闹翻了。老赵批评我去东京见悦子，事前应该向张宁讲清楚。如今成了一件讲不清楚的公案。大女儿、小女儿相继写信给我，骂我对妈妈不忠。哎，怎么说呢？

悦子同我最后一次见面是 1988 年 6 月 14 日。我在东京的新宿三丁目的一家俄国餐馆请她吃饭。她忽然对我说，今后不要见面了吧。我明白，我答应了。见面是痛苦的，不如不见。吃完饭，我送她回世田谷北乌山的家。到了站，像从前一样，我陪她走到她家门口，看着她走进了家。我伫立在那里，惆怅不已，久久不能离去。心想，今后还能见面吗。回到旅馆，我给悦子写了一封长信，没有发出去，意思是向她说，她真是个“别扭女孩”。

悦子写给我的信，我还保留着 10 封，1981 年 12 月至 1987 年 12 月，封封皆是泪痕。悦子也说，她是“泣虫”（日语，哭鼻子的意思）。现在，该哭干了。我是有泪往肚子里咽的人，但也没泪可咽了。我们都老了，前面已经没有多长路可走了。只有回头看，看一看那走过来的路和那走在路上的男男女女。世界真是多彩，值得留恋。2011 年，我已遵守不见的诺言有 22 年。之前的几年，有过机会去东京出差，我都忍着不给她打电话。2004 年用一个月的时间，我去日本，走遍了年轻时候去过、住过的地方，唯独没有去东京。

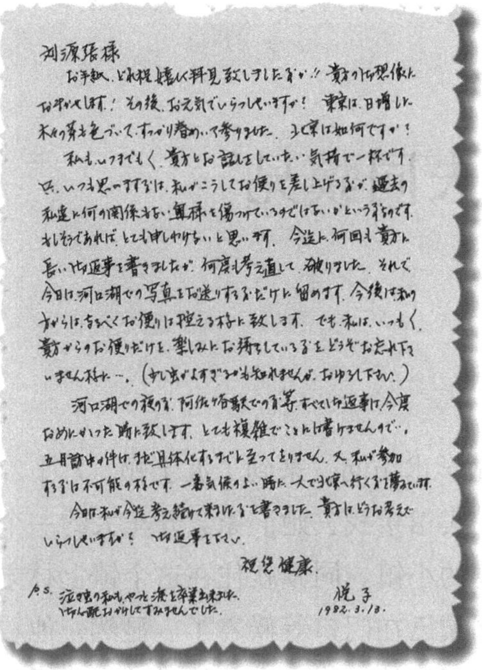

刘源張様

お手紙、どれ程嬉しく拝見致しましたか!! 貴方の御想像にお任せします! その後、お元気でいらっしゃいますか! 東京は日増しに木々の芽も色づいて、すっかり春めいて参りました。北京は如何ですか!

私もいつまでもいつまでも貴方とお話をしていたい気持で一杯です。只、いつも思いますのは、私がこうしてお便りを差し上げることが、過去の私達に何の関係もない奥様を傷つけているのではないかという事なのです。もしそうであれば、とても申しわけないと思います。今迄に何回も貴方に長い御返事を書きましたが、何度も考え直して破りました。それで今日は河口湖での写真をお送りすることだけに留めます。今後は私の方からはなるべくお便りは控える様に致します。でも私はいつもいつも貴方からのお便りだけを楽しみにお待ちしていることを、どうぞお忘れ下さいません様に……。(少し虫がよすぎるかも知れませんが、おゆるし下さい。)

河口湖での夜のこと、阿佐ヶ谷駅での言葉、すべて御返事は今度お目にかかった時に致します。とても複雑でここには書けませんので…。

五月訪中の件は、まだ具体化するまでに至っておりません。又、私が参加することは不可能の様です。一番気候のよい時に一人で北京へ行くことを夢みています。

今日は私が今迄考え続けて来たことを書きました。貴方はどうお考えでいらっしゃいますか? 御返事を下さい。

祝您健康。

悦子
1982.3.18.

P.S. 泣き虫の私もやっと涙を卒業出来ました。御心配おかけしてすみませんでした。

左图为 1982 年 3 月 13 日，悦子的来信；右图为悦子在信中提到的在汤河原给我照的照片

2011 年的 12 月 24 日我托荒井利明给她送去了新年礼品红茶和糕点，都是她喜爱的食品。2012 年 4 月 12 日，我收到荒井的电子邮件，说他把我的《感恩录》给悦子寄去了，并且收到了悦子的回信，说“看了这本书上的相片，想起年轻时的事，眼泪不停地流”。悦子又哭了！都老太婆了，怎么还哭呢？

附　　记：

2013 年 8 月 4 日荒井利明作为日本新闻工作者代表团成员应中日友好协会邀请来华访问，顺便来家聊天。他说，6 月间与悦子通电话，听悦子说，她生了三次大病，好了后下肢无力。悦子要荒井告诉我，她忘不了刘先生。

纪念妹夫同骥兄

最后一面

1993年的夏天，我去美国做学术访问，来到了波士顿。7月23日傍晚，张斌带着林方到我住的宾馆接我去她们家。开车大约一个小时的路程，到了名为贝德福德的小镇。同骥就住在这个镇上林方家里。车从林家前院开进去，同骥已在门口等候着了。显然，他看见我很高兴。一进门，他就问起了我的工作，来美的目的。我听得出来，他有些寂寞。是呀，他来到这里，两年了吧。这期间，我想，没有什么人跟他谈学问，谈他一生喜爱的力学，谈他向往的马列哲学。不过，他的生活应该说是可以的。女儿、女婿都很孝顺；张斌虽然有点唠叨，但毕竟老夫老妻，相濡以沫了。

林家的房子比一般的要大得多，特别是那前后的两个院子。林方告诉我他们家总共占地一英亩，看起来开阔得很，四周好像没什么遮挡的高大建筑，猛一看，感觉可能有小十亩地。二楼上有个很大的阳台，同骥经常到这里坐一坐。在阳台上看过去，是他们家后院的一片地，张斌在那一角种了点蔬菜。同骥的一个外孙子，我去的时候还很小，前院后院跑来跑去，欢声笑语，想必让同骥享受了一些天伦之乐。

第二天，同骥要请我吃饭。晚上，他们一家子和我去了一家名为 *Hill Top Steak House* 的西餐馆，吃了一顿牛排。我记得，同骥没有吃多少，反而他看我吃得很来劲，他给我讲起这家饭馆牛排的来历、部位的讲究。大家吃喝得挺高兴，回到家，同骥可能有点累，就早早上楼去睡了。我跟其他人聊了一会儿，也上楼到客房睡下了。翌晨一早，我辞别了林家，去了纽约。

7月28日中午过后，我接到了张斌的电话。她告诉我，同骥于当日上午去世。我立即赶回贝德福德，得知那天晚饭后同骥感到胃有些不适而早早上楼睡觉，等到转日清晨，大家以为他感冒，就让他多睡一会儿。中午，喊他下楼吃饭时，没有应答。女婿上楼一看，同骥已经睡着走了。林方一直哭着向我诉说，她本应该想到，胃部的不适感可能反映心脏的问题，如果想到这点，就医诊治，就不会如此了。我只有劝说他们节哀，同骥是无疾而终，是他一生修来的福气。

7月31日，同骥的另一对儿女林川、林伯阳，以及在美国的林家亲戚都赶来，参加葬礼。就在这一天，同骥长眠于贝德福德的一所墓地里。墓前树立一块小碑，林方告诉我，像样的大方的墓碑需定做，要一段时间，等做好运来再重新立上。我站在墓前，低头自语：同骥，我有好多事情还没来得及感谢你呢！

1993年7月24日晚，和同骥在波士顿的Hill Top Steak House西餐馆。没想到这竟然成了我和同骥的最后合影

亦亲亦友亦师

同骥是我的妹夫，这当然算是至亲。但是，我看重的是，同骥又是我的益友和良师。1956 年 8 月 25 日，我从美国转道日本回到了祖国。那时正是党的七大召开的日子，我和同船回来的人士一道留在天津的惠中饭店学习。填志愿时，我写的是长春第一汽车制造厂。同骥告诉了钱学森先生这个消息。9 月 11 日钱先生写信给我，要我到北京来。10 月 22 日我从天津住进了北京前门外的永安饭店，于是才有机会见到了钱先生。他要我留在新建的力学所运筹学研究室，我就留下了。之后的 52 年，我一直是中国科学院的职工。可以说，同骥改变了的命运轨迹，而这种改变对我来说，最终是值得庆贺的。

妹夫林同骥与妹妹张斌

我是研究和应用产品质量的理论和方法的，要用到一些数学知识来描绘、分析，预测、控制质量现象的各个方面。我的数学知识

中國科學院力學研究所

刘源張先生：

昨天才听到力学研究所的林同驥先生说您已经回到了祖国，让我們表示对您的欢迎！

我們也要表示欢迎您到力学研究所来工作，因为据林同驥先生介绍，您的专門学识是对我們的“运用学”(Operations Research)组一定能起很大的作用的。現在在北京清華大学已经开办了运用学专业，今年招了30名一年级学生，再过两年就要开始教授运用学方面的专門课程。这个教学任务也要力学研究所的运用学组来负担。当然，运用学组此外还要进行这方面的各个研究問题，所以我們极希望您能来所参加这个工作。

力学研究所运用学组現在高级研究人員很少，少到只有一个人，他就是许国志先生（许先生在今年五月分的科学通報有一篇介绍运用学的文章），许先生是工程出身而在美国得了数学的博士学位的人。但是我們在月内将再来一位计量经济学家(Econometrician)，周华章先生，周先生是美国芝加哥大学的博士。此外运用学组只有三位大学生水平的研究人員。我們的人力是很弱小的，但是我們对运用学的发展前途有极大的信心，认为是社会主义经济必不可少的。

地址：北京西郊中關村　電話：二七局二三四號

中國科學院力學研究所

总之，我們極希望您能到力学研究所来工作。我們已经向中国科学院的干部局提出您的名字，争取您到我們这里来。我想在这一点上張斌和林同驥先生是完全支持的。

此致

敬礼

钱学森
1956年9月11日

地址：北京西郊中關村　電話：二七局二三四號

是随用随学，不成体系，因而在一些复杂的计算上往往犯愁。遇见这样的问题，我就去找同骥。他很理解我长在直观、短在推导的数学修养（如果我有数学修养的话）。他总是先画图来启发我，然后再教我逻辑的思考。在这个过程中，我发现同骥对马列主义哲学很感兴趣，他的几本马列著作的书上画有许多红线。20 世纪 50 年代我在伯克利读书时，曾在学校的东方图书馆做过临时工，顺便看了一些马克思、毛泽东的书，对其有些一知半解的认识。于是情况往往是，他给我讲了数学，然后他就要我同他谈谈哲学。久之，这好像成了习惯。现在想起，我总觉得，他给我的多，我给他的少。

一次旅行

1953 年的暑假，同骥要到美国东边普罗维登斯大学任教之前，先到伯克利来看张斌。他见到我说，他刚买了一辆新车。我说我帮他开。就是这样，我俩做了一次从美国西海岸经北路到东海岸的汽车旅行。一路上的美国风光、工矿企业、水利设施、名胜古迹，还有那美国的种族歧视，我们都饱尝了一通。这些暂且不表。我庆幸认识了林家的几位兄弟，他们都给留下了难忘的回忆。林同炎，世界土木权威，我在伯克利时就已经知道他在加利福尼亚大学任教。我没有跟他谈过什么话，只是后来中国改革开放之初，为了来华签证他给我写过几封信。我想讲的倒是下面几件事。

途中我们到了堪萨斯州。同骥的一个弟弟林同光，在当地大学的医学院是一位高超的心脏外科大夫。我们进到他家，看见一位秀丽的美国白人姑娘，她是同光的未婚妻。同骥介绍我时，称我为大哥，她也就称我大哥了。第二天，同光通知我们，她家姐妹邀请我们去吃牛排。堪萨斯州的牛排就像北京的烤鸭，到了当地不吃牛排非礼也。但是，我却犯了愁。她们是三姐妹，我们是三兄弟。她们三姐妹从同光的未婚妻的身材判断，身高肯定都在 170 厘米以上。我们这边，我最高，也不过 173 厘米（注：现在由于上了年纪，身高变矮了）。按照美国的社交礼仪，她们是要穿高跟鞋着长礼服，并且要我们每人挎着她们各自的手臂步进餐厅的。拿破仑是个矮个子，当时宫廷的贵妇人哪个不比他高？不怕。等她们开敞篷车来接我们时，我发现三姐妹全都穿的是很薄的平底鞋。什么是礼仪？是体贴，是不让人为难。她们是多么善良的美国姑娘。40年后，张斌给我的信中说，同光在洛杉矶开了私人诊所了，他太太还问起大哥怎么样。

1953年夏，和同骥兄在波士顿

林同骅是同骥的叔兄，也是位有名的教授。我记得他家是在底特律，我们在他家也住了几天。他家的老小刚是个小学生。一天下午，这个孩子哭着回了家。一进家门，同骅就问怎么回事，问是摔倒了还是碰着了。孩子回答说，跟别的小孩打架打输了。同骅火了，说“你给我出去打，打赢了再回家”。这孩子二话没说，扭头出去了。不一会儿，孩子进家，大声喊叫打赢了，一副光彩自豪的样子。当时，我悟到了，我们华人在外国讨生活，没有这股子劲怕是不行的。我在美国住了近五年，这样的或类似的事例我知道不少，但与林家无关，就不在这里写了。附带说一下，我在底特律顺便买了辆二手车，寄存在同骅家。回程我先到此地取了车，经南路开回了伯克利。这一路又是另一番滋味，领教了美国交通警察的厉害。

一个谜和一首诗

1956年12月，我正式到中国科学院力学所报到，单位分给我一套两居室的宿舍。直到1959年8月结婚前，我几乎一直住在同骥家里，吃也由他家包管。这中间也有好多事情令我记忆至今，于此谨录其二。

同骥有一位英国留学时代的同学韩元佐，是当时一机部机械研究院的院长。1957年春节后不久，韩先生夫妇领着他的老岳母来家看望同骥。老同学见面谈得很热闹，我陪老人家坐在一旁，没什么好说的，有些尴尬。韩先生注意到这个情况，对我说他岳母会看相，要我请她看看。我本来不信看相、算卦之类的江湖把戏，但借这个事由也好跟老太太聊聊天，就把手伸过去请她给看一看。她端详了几分钟，说我10年后有场大灾难，但不碍事。我听了，心中暗笑10年后的事谁还记得住，再说不碍事的灾难又有什么关系。当然，我还是珍重地向老太太表示了感谢。“文化大革命”开始还没多久，“5.16”通知一出，我就被抓进了秦城监狱，一蹲就是9年，倒是没有什么大碍出来了。在监狱的日子里，我时常想起这件事，暗自决心，如果我出去了，我一定去拜访这位老人家，向她好好学习相术。等我真的出狱回到家时，得知老太太已经去世。

另一件事。同骥的大哥是林同济，一位著名的学者。新中国成立前，他曾是南开大学的法律教授，新中国成立后是复旦大学的英文学教授。他早已与夫人离婚，单身在家侍奉老母亲。“文化大革命”开始前，我出差上海，总是抽时间去看望老伯母，跟同济大哥也就亲近熟悉了。我很钦佩他的文采，无论是中文还是英文，都堪称上乘。每次见他，我们的共同话题自然成了中英文的翻译问题。我从他那里着实学了不少。“文化大革命”结束后，我去上海看他。那段时间，我刚出狱不久，“罪名”没有“结论”，我还拖着个“特务”嫌疑的尾巴，许多人对我是唯恐躲之不及。同济大哥见到我，高兴得很，没问什么，当场给我题赠了一首诗：

撑住残秋是此花，
天教香不断中华；
休将寂寂东篱畔，
平白看为隐士家。

他的用意很清楚。借写菊花，夸奖我，鼓励我。夸奖我不敢当，鼓励我领受。他不要我丧气，他不要我自弃。这首诗，我一直挂在我家客厅的一面墙上，有事无事我总盯着读它一遍。同骥，同济，在他们老家的福建话是音韵不同，用普通话读起来，没有区别。感谢同济，也就是感谢同骥。

同骥改变了我前半生的命运，同济拨正了我后半生的命运。缘乎，运乎。

同骥兄，谢谢你了。安息吧！

我的大女儿

我 的 话

小时候过年。除夕夜，吃完了饺子，是相互说团圆话的时间了。我们兄妹去祖母的房间听她给我们讲故事，祖母说，我们家出过一个大人物，就是我的曾祖父。这个人小时候一天夜里去出恭。那时，厕所在宅院的一侧，他提着灯笼走进去，刚蹲下，看见一个头长得很大的小人儿走过来，站在他前面。他就把灯笼放到这个小人儿的头上，还说了一句，“小鬼小鬼，你好大头”。那个小鬼回了一句，“老爷老爷，你好大胆”。我的大女儿刘欣，出生的那天，我到医院去，看见刚刚抱出来的欣儿有着好大的头，还带着尖儿。一问才知道，原来是被拉出来的缘故。看见大女儿的大头，忽然想到我曾祖父看见过的大头。这总算一种缘分吧。等到大女儿学讲话的时候，我就教她说，“大头大头，下雨不愁；人有雨伞，我有大头”。她非常高兴地把这句话唱到了她进小学的时候。如今，她长大成人，又成家立业，我看她头也没那么大。

欣儿出生后 140 天。她头大，又很爱笑，很招人喜爱

欣儿出生的那年正处在三年困难时期，妻子为了给她筹措牛奶和鸡蛋，费尽了心思和体力，骑着车子跑到远离中关村的八里庄找老乡讨换。不知道是因为喂得饱，还是因为天性，欣儿不好哭，老是对着人笑。家里的老奶奶、老娘，常常来家看她的舅爷，以及远亲近邻都喜欢她。我说，我给大女儿起的名字起对了。欣儿长到3岁，身体非常健康，身高和体重都在一般以上。她又好跑，又好动。我想给她找个小板凳，让她坐坐，最好是个轻点儿的，好让她搬得动。我借出差的机会，从上海给她带回了一把小藤椅。她有了自己的座椅，高兴得很，搬来搬去，坐下起来，起来坐下，家里的两间屋子成了她的运动场。

跟欣儿几乎同时出生的有她的小表姐，我妹妹的二女儿小方。不过，她们见面并互相认识怕是在她们都长到3岁的时候了。在那之前怕是见面也不认识吧。我的祖母在我家看着欣儿，再到妹妹家去看看小方，喜不自胜。就在她3岁的那年，我的二女儿降生了。

1975年10月，中间张口大笑的是妹妹的二女儿小方，穿同样衣服的是妹妹的大女儿小川，她们俩中间的是我的大女儿欣儿，右边穿白上衣的是我的小女儿明儿

好像是新生儿给我们带来了好运。我们搬到了单位分配的新房子，从两间屋变成了三间屋。欣儿瞪眼看着她的小妹妹，很奇怪似的。妻子在厨房的台子上，用大脸盆盛上水给小娃娃洗澡，她就跑来要帮忙。

这些就是天伦之乐吧！第二年，我被抽调去吉林省梨树县团结公社搞“四清”。年底，祖母去世，我赶回家奔丧，一星期后，又赶回去搞“四清”。转过年，我又去沈阳为一机部办“工艺能力”学习班，两个月后回到北京，忙着作总结。一晃眼，1966 年，“文化大革命”之初，红卫兵开始频频到我家来了。我的这份上有老下有小的“天伦之乐”就此永远结束了。

不料，还不止于此。记得，一次红卫兵来家，看见还差一个月满 6 周岁的欣儿，指着她说，等她长大，再来清算她。还没等这群小孩子长大来清算欣儿，一群大汉子就早早在这年把我拉进秦城监狱“清算”我了。等我重又见到我的欣儿，她已经是个 15 岁的高中生了。

大女儿刘欣（15 岁）

妻子的话

我在监狱里的八年零八个月，家里发生了多少事，孩子们是怎样长大的，都是妻子一点一点告诉我的。

我刚回到家的第二天吧，欣儿偷偷问妻子说，爸爸怎么那么丑。我走时，欣儿太小，不记得我 40 岁时还算清秀的模样，看到 50 岁的我，一脸臃肿、目光痴呆、言语不清、坐立艰难的形象，感到非常意外吧！近九年的独身牢房、两年多的日夜审讯，还能有什么别的后果呢？同样，对我来说，欣儿也是一个大大的惊奇。回到家的当天，我看见站在妻子旁边、比妻子高的姑娘，心想这是欣儿吧。伸出手同她握了握手，嘴里嘟囔了一句，“你好”！惹得妻子大笑。独房关得太久，人际关系不通了。

1977 年春，我出狱后两年，一家人去颐和园。欣儿是个朝气蓬勃的高中生，明儿很乖

上面说过那个小鬼和老爷的故事。欣儿则是头大胆大兼而有之。妻子给我讲过好几个欣儿的胆大故事。“四人帮”当权的年月里，欣儿姐妹出去到宿舍大院的道路上，经常受到邻居家小孩儿的欺负，骂她们、打她们。妻子不愿意让孩子受到更大的心灵伤害，不许她们出门。为了补偿，妻子带着她们去公园玩耍，去香山爬山，去游泳池游泳，尽量让她们正常地成长。一次，去颐和园，她们母女走到了后湖的一座拱桥上。妹妹问了一声，姐，你敢往下跳吗？欣儿二话不说，扑通一下就跳进了昆明湖。妻子吓坏了，好在欣儿水性不错，浮了上来。那年，她 10 岁多点儿。

让我听了以后心里特别难受的是，欣儿 7 岁时的一件事情。我被关进监狱一年半多的时间了，工资早就停发了。妻子从和我结婚，生了欣儿，身体一直不好，就辞职回家了，因此也就没有了收入来源。母女三人只靠卖家当过活，像样的家具、我的衣服，都卖光了。妻子没有别的办法，只好向姥姥求救。但是，日夜都有人监视着妻子的动静，并且严命她不能出门。妻子只有让欣儿带上一封信，要她去东郊建国门外的齐家园姥姥家，并告诉她怎样坐车怎样转车，又跟她约好回家的时间。欣儿听话，出发了。临到约定的时间，妻子带着欣儿的小妹妹到中关村汽车站去等欣儿。看见欣儿从车上下来，向她们跑来，母女三人抱在一起。欣儿说，都带回来了，妻子放下了心。姥姥把钱缝在了欣儿穿的小棉袄袒子里面，还有一封信。信上姥姥训道妻子太鲁莽，怎么把 7 岁大的孩子支出这么远的路，万一走丢了，一家子还要不要活。

欣儿胆大，说话也冲。我是“反革命大特务”，妻子自然是“反革命大特务”的家属，要进学习班，要扫大街，还要被拉去批斗。这种日子过了 3 年，一位好心的管学习班的姓庞的警察叔叔，了解到了妻子家里的窘境，告诉她，父亲工资停发期间，孩子们还是有生活补助的，并且代为向中国科学院数学研究所办了手续。一个孩子每月 12 元。于是，每个月去所里领补助的任务就交给了欣儿。一次，欣儿带着她的小伙伴到所去领钱，恰恰是午休。所的会计趴在办公桌上睡午觉。会计不高兴，要她下午来。欣儿说，下午还要上学，不能迟到，硬逼着会计把钱给她。也许是，那位会计看她人小，不跟她计较，就把钱给了她。应了那句“不打不成交”的老话，此后那位会计对她很是客气了。

妻子告诉我好多欣儿孩童时的事情，其他的我还会写在其他篇章。这里只写她头大胆大的事情。

我看到的欣儿

欣儿一出生，我就看到了。我离家9年后回来了，欣儿也长大懂事了，这是以后我看到的。

我回到家，欣儿已是北京大学附属中学高一的学生了。学校知道刘欣的父亲回来了，她的班主任，一位年轻教师，找我这个家长谈话。他说，刘欣很聪明，好学习，在班上成绩总是数一数二。我听了，当然很高兴，连忙说，都是老师们教导有方，我非常感谢。忽然，他转变了语气，一本正经地对我说，在她母亲的影响下，刘欣会成为修正主义的一颗大苗子，希望做父亲的你要注意这件事。这位老师最后解释说，这就是他为什么找我谈话的原因。刚刚出狱，我心存余悸，慌忙回家向妻子细说这次的谈话的情形。“四人帮”不是打倒了吗，怎么还要如此警惕修正主义？咱们家怎么会出什么修正主义？妻子又气又笑，说他们看欣儿的穿着不顺眼吧。原来是，孩子们的衣服都是妻子自己做的，姥姥的旧大褂，我的旧毛衣，妻子自己的旧衣服，都拆开来重新做成衣裙，织成毛衣，给孩子们穿上。妻子自己的设计别出心裁，无论是款式，还是色彩，都很“洋气”。孩子们穿上，惹人喜爱。两个孩子穿着一样，人们还误认她们姐妹是对双胞胎。妻子的结论，这就是修正主义！我说，那就修正主义吧。

欣儿上高中的时候，谢天谢地，下乡插队的事取消了。然而，学工学农还有，有时还得在工地过夜。妻子心疼，给欣儿准备这准备那，要她带上。欣儿都不要，说不怕。三年光景，这样的情形有三四次，还是四五次，我记不清了。反正每次她都是毫发无损地回到家。每次回来，都给她妈讲讲工地上干活儿的情况。欣儿长的白嫩，嘴又甜，工头儿总是给她分配一些轻活儿干。我听了，对她说，这不太合适吧。欣儿辩解道，爸，您放心，我会干活儿，不会偷懒。她说，那次在颐和园拉埋电缆，她个儿高，主动跑到最前头，去肩扛拉起，带头儿往前走的。一次去农村帮忙收割，她先把同学用的镰刀收到一起，都给它们磨了一遍，再发给同学们。这件事被老师和村干部看在眼里，就经常安排一些为大家服务的一些比较轻的活儿让欣儿干了。

欣儿上高三那年的年底，托胡耀邦同志的福，我家换了房子，搬进四间一套的又大又好的宿舍。姐妹俩有了属于她们自己单独的一间屋子。我又用补发下来不久的工资给她们买了一架钢琴。姐姐要考大学，不怎么弹，因此，这架钢琴成了妹妹的专属。于是，我又去买回一台录音机给欣儿，让她练习当时流行的《英语900句》。院里给搬进这种宿舍的研究人员配备了沙发、书柜、桌椅，这个家从此才真正变成了我们自己的家。在这之前，我们原有的三间屋子是由三家合住的，一个小厨房，摆着三家的蜂窝煤炉，做饭时，三家必须轮班进去。这次总算脱离了苦海。搬进来的第一天晚上，姐妹俩高兴极了，但忽然找到我说，爸，如果再有人进来住，咱们留哪一间。怎么回答这个问题呢？谁能保证将来会怎么样？我只好说，就留这间最大的客厅吧。欣儿说，客厅连着书房，能行吗？所幸直到今年，妻子和我在这个家已经住了28年，还没有人要挤进来住。姐姐在1981年离开了家，妹妹在1985年也离开了家，都远远离开了家。单位和朋友都劝我们搬进新盖的有电梯的院士楼。妻子和我都婉谢了，不搬了。这个家有着我们许多的回忆，我们俩在这个家还能感觉到欣儿姐妹在家时那几年的欢乐气息。

离家的欣儿

1979年，欣儿考进了北京大学计算机科学系，住进了学校的学生宿舍，只有周末才回家。再加上我那几年几乎天天在外面下厂，跟孩子们见面的时间越来越少。她们戏称这个家只是爸爸的中转站。尽管这样，看到姐妹俩相亲相爱的样子，妻子和我都感到说不出的幸福。妻子这时总是说，大姨活着该多好。孩子们的大姨是和我同时被抓进监狱的，我活着出来了，她却病死在里面。大姨自己没有孩子，她是那样疼爱这两个孩子。可怜的大姨！

2010年春，欣儿要回加拿大，又要分别了

欣儿快念完大二的时候，影院放映了一部电影，叫《芙蓉镇》。妻子和我去看了。描绘的是“文化大革命”时期发生在那个小镇的故事。片子的末尾有一个场面，是一位半疯的老人走在小镇的街道上，敲锣喊叫：“文化大革命又要来了。”妻子一看急了，说要把大女儿送到国外上学。就这样，在欣儿念完大二的时候，我们把她送去了日本。我心想，欣儿胆大，能闯。

欣儿在日本的学习和生活都很好。她先学了一年日语，然后重新考入了日本的名校东京工业大学的经营工学系。毕业后不久，她去了加拿大的温哥华，又在当地的哥伦比亚大学读了一年，然后创业定居下来。就这样，我们夫妇跟大女儿一年能见上一次面，就算很不错的了。虽然欣儿已是快 50 岁的人了，但是在我的眼里，她还是那个给我们有声有色讲述大清国篮球队出国比赛的有趣故事的那个高中生。

2013 年 7 月初夏女儿刘欣与母亲在楼前的合影

我的小女儿（一）

我的小女儿跟我的大女儿在性格上很不一样。从小到大都如此。她们小时候，姐姐常去外边找小朋友玩耍，妹妹却总是紧紧跟在妈妈身边。看到姐姐那副顽皮的样子，再看到妹妹那种可怜的神情，我就对姐姐说，你要领着妹妹玩儿，对妹妹说，你要听姐姐的话。我们只有这两个女儿，我们从心里祝愿，这对姐妹永远相亲相爱。

1975 年，我出狱后的第一个春节，一家合影于颐和园。我站在后面，旁边站的是侄子张英杰

1976 年我从秦城监狱出来，所里给我补发了 9 年的工资，这可是一笔不小的数目。我买了一架钢琴和一台录音机，姐姐用录音机学习《英语 900 句》，妹妹用那台钢琴学习弹钢琴。英语我可以当姐姐的老师，钢琴我请东方歌舞团的一位钢琴家来教妹妹。不过，我

在 19 岁那年也学过一点儿，弹完了《拜尔》的入门课程。所以，不管是姐姐朗读 900 句，还是妹妹弹奏钢琴的曲子，在我耳里都是天籁之音。再看见妻子高兴的样子，我心里充满了幸福感。过去的种种苦难都已云消雾散。

恢复高考后的 1979 年，姐姐考上北京大学的计算机科学系，住进了宿舍。1981 年妹妹也考进了北京大学的化学系。同年，我应联合国地域发展研究中心的邀请，去日本的名古屋赴任，妻子同行。家里只有妹妹一人看守我们这个家。虽然姐姐有时也回家来看看，毕竟还是多亏了妹妹的照料。到了 1981 年 9 月，我们把姐姐叫到东京，她考进了东京工业大学的经营工学系。1981 年年底，我们经香港回到北京，看见我们的家由小女儿侍弄得很整洁。

1985 年，妹妹从北京大学化学系毕业，工作分配到中国农业科学院。妻子对我说，还是把妹妹送到日本去吧。因为前几年的时候，她看过刘晓庆主演的《芙蓉镇》，被片子的末尾的一个场面吓住了，所以她要我把大女儿送去日本。现在，她又要我把小女儿也送去日本，说不能亏待小女儿。于是，我去农业科学院要回妹妹的档案，给她办理了出国手续，把妹妹也送进了东京工业大学做研究生。我在日本作研究、作报告，有些收入，可以用来补贴姐妹俩，所以她们的学习和生活都没受到委屈，又有日本朋友帮忙照顾着，妻子感到很放心。不过，两个女儿都远离我们这个家，妻子有些寂寞了。我总是找机会带妻子去日本看看女儿们。然而，没过几年，姐姐去了加拿大，妹妹去了美国，离我们更远了，也不像去日本那样方便了。

现在，她们都已成家立业，有了自己的儿女，有了自己的事业。我已不太熟悉她们的生活了。我记得的还是她们小时候在家里的情形，特别是妹妹、我的小女儿。大女儿有点大大咧咧，对一些事情不放在心上。小女儿却对任何事情都细心对待。一年前，她在给她好友的一封电子邮件写道："小时候，父亲不在家，我对他也没有任何记忆。经公安局搜查及几度腾房后，家里的东西仅仅剩下了生活必需品。虽然如此，却能在家里看到有几样东西留有着父亲的痕迹。比如，一个内藏八音盒的浅灰色的闹钟，是父亲1956年从日本回国时带回来的。八音盒里面的音乐就是这首《少女的祈祷》。几岁的我会不停地拨着这个闹钟，就想不断地听这首曲子。妈妈有时还嘱咐我，千万不要让别人听见，以免被批为听‘靡靡之音’。也许是因为这个闹钟，我从小就喜欢八音盒，可直到离开中国时，中国还没有八音盒卖。出国前，爸爸的日本朋友送给我的八音盒，我到现在还保存着。后来，我在日本还给妈妈买了个带八音盒的娃娃。”这样的事她都记得，我却早已忘记了。

我在1966年被抓进秦城监狱时，小女儿才刚刚过了三岁，我的面貌、形象，她当然不会记得。等我从监狱出来时，她已经是小学的高年级学生了。姐姐已经是中学生。姐妹俩看见爸爸回家来，都高兴得很。几天过去，我和妻子领着她们姐妹去了趟颐和园，那天的颐和园，天空是那样的晴朗，景物是那样的怡人，我们一家是那

1975年5月25日，我出狱后六个星期。我眼中欢快的张宁和已长成大姑娘了的欣儿和明儿

样的欢快，是那之前和之后都再也没有过的感受。小女儿却有另一番感触。一次，她给我的一封电子邮件里写道，“我记得，科学院是 1978 年年底给爸爸和姑姑开的平反会。记得那天会后，我们一家四人手拉着手走在服务楼到 44 楼的那条回家的路上。我当时 15 岁，有生以来第一次觉得能够挺胸昂首，一身轻松地大步向前。30 多年过去了，当时的感觉依然记得”。就这样，我的小女儿保持了我家的尊严。

小女儿在美国自费在一家专门制作纪念影册的公司出版了一册影集。上面记载着从 1963 年她出生到 1985 年她离家去日本 22 年间我们一家人的许多照片和我们夫妇写给她的信件、留给她的便条。刚收到这本影集时，妻子身体还很好，她总是拿起影集细细观赏。如今，过去了这么多年，妻子的记忆力逐渐衰退，只能她看，我在一旁解说了。我希望，让她看看这些旧照片，让她想起那不算遥远的过去的好时光，这也许可以对她的记忆力有好处。然而，看着看着，她忽然问我，妹妹去哪里了？我告诉她，妹妹去了美国。她好像明白，又好像不明白似的。我们曾在小女儿的家里住过一段时间，妻子忘记了。我有许多影集，有工作的、旅游的、开会的，但我最喜欢、最珍重的影集就是这一本，因为那里面有我不在家的 9 年时间中妻子和女儿们的照片。

1989 年 10 月 15 日，小女儿和福士达夫在东京举行了婚礼，一场非常隆重的婚礼。我家的壁橱里保存着婚礼的全部记录。今天我写这段事情，还特别找出来看了看。明儿和达夫的博士生导师——两位化学界国际知名的日本教授都出席祝贺，这真是新郎新妇的荣幸。明儿和达夫是先后在东京工业大学专攻化学的博士生，达夫取得了博士学位，明儿因为结婚中断了学业。几年后，她们举家迁往美国明尼苏达州的明尼安波利斯市，是因为达夫就职的明尼苏达矿务及制造业公司（*Minnesota Mining and Manufacturing*，3*M*）的总部就在这里。小女儿又进入明尼苏达大学卡尔森管理学院读人力资源

1989年10月15日，日本东京。我和张宁在明儿和达夫的婚礼上

和工业关系，在这个专业上，明尼苏达大学是全美最著名的学校。毕业后，她进入一家美国公司从事人事管理的工作。她经常出差，每到一处，总给我们传来在当地拍摄的照片。我总是把妻子拉到我的计算机旁边，让她从计算机上看看这些照片。我不甘心、不愿意让她不认得她的两个宝贝女儿。

上面说的那本影集，小女儿是用英语写的注解，妻子看不懂，所以要我来解说。2008年，明儿回到北京的家中，发现这是个问题。于是，她重新用计算机打印了一本影集。封面的标题是《献给妈妈和爸爸，明的爱和感谢》。1985年以前的和2005年以后的照片，还附有长篇的中文解说词。这回，妻子读起来，我守在旁边，发现她有时会心地笑，有时脸上有困惑的表情，我就帮她解释明白。在《2005年夏 上海》的一页上，小女儿写道，她终于也走上了和我一样的管理之路。那个夏天，她应上海质量协会邀请，向上海质量协会的会员单位介绍美国州政府和企业推行六西格玛管理的经验。明州大学有个朱兰中心，她肯定是在那里学到一些知识，认识一些同行的。再加上她的工作经验，大概在当地也小有名气了吧。国际质量科学院的院长 *Watson* 博士，为了壮大科学院和补充新人，推荐她为候补院士，但她却没答应，说自己资历还浅。在这个领域，她总是把我和她比。我的小女儿就是这样的人。

小女儿有一个女儿，是在北京协和医院出生的，是我和孩子的舅舅把新生的婴儿从医院抱回家的。之后一直由妻子喂养照料，两岁多时才由明儿抱回日本。我给她起了个名字叫敦子。这个“敦”字取自《易经》的“临”篇，曰：“敦临，吉、无咎。”爷爷盼望外孙女，一生敦厚、无恙。她的日本国护照上用的就是这个名字。然而，她们一家移居美国后，加入美国国籍，她的美国护照上的名字变成了 *Ashily*。不过，我这个外孙女在我们的心目中永远是敦子。自幼她爸爸教她日语和汉字，她妈妈也同她有时说汉语，因此她在汉语上有点儿底子。她每次来北京，住在爷爷家，我们都用汉语说话。在她考入大学后，休学一年，转入北京大学的外国留学生班，学习了一年多汉语。回去后，居然在她的大学里当起了临时的汉语老师。她自小学习钢琴，师从一位俄罗斯籍的钢琴名师，已经弹到专业的水平。她把她弹的曲子录成一盒磁带送给了我，这让我很高兴。渐渐的，她成了懂事的孩子。有一年，她来北京，回去时背了一架琵琶。我们送她去机场，望着她的背影，心里祝愿她一生欢乐。

小女儿给我们的电子邮件有时也说给我们敦子的情况。一封是这样写的：“敦子一年比一年大，我渐渐地把家里重要的事情，向她说明，特别是那些有意义的物品、物品的历史和内含的人情，我都告诉她，希望她记住这些故事。妈妈小时候的故事，都是在我几岁时妈妈讲给三姨时，在旁边听到的。我当时太小，听不太懂，也搞不清年代。现在想搞清楚，想听妈妈给我讲，却不可能了。”在明儿那本自印的影集里还有这样一段话：“1987 年初夏，我出国后一年零一个月第一次回到了北京。到家的第一个夜晚，我悄悄地打开了我卧房的壁橱，吃惊地看到两年前临走时整理好的书籍等，都原封

敦子背着新买的琵琶高兴地回美国

不动地放在那里，没被喜好清除东西的妈妈触动过一下。后来，我听邻居说，妈妈在我走后的半年里，不敢走近我原来在家的卧房，和邻居聊天时，只要一提到我的名字，妈妈就会流泪。”看着这样的文字，我真心酸又害怕，怕记忆衰退的妻子会真的不认得小女儿了。

2012 年 1 月 22 日是旧年的除夕，明儿和达夫回到家来，一直住到 2 月 3 日。两个星期 14 天中，各种活动忙碌、紧凑。大年初一，达夫在家下厨，给我们做了一顿可口的晚餐，还有他特地从美国带回来的啤酒。初二，所里的同事来家拜年。初三，明儿下厨，再加上外卖的菜肴，又是一顿丰盛的晚餐。初四，达夫在家帮我把计算机做了一些调整，新换了路由器和无线上网。初五，明儿去看她的同学。这些天来，一有空，她就和同学们联系见面。初六的 1 月 28 日，孙长鸣设宴在丰泽园为明儿和达夫接风，大舅和舅妈作陪，席间，大舅用俄语演唱的一曲《莫斯科郊外的晚上》让大家兴奋不已。

明儿在美国就预定了北京东华门大街的木棉花酒店，要我们和大舅、舅妈去和她们一起聚会。28 日晚我们就住进了这家自然、时尚、简约、亲切的酒店。的确是这样，很舒适。达夫和我住在一个房间，一同观赏了几部日本的时代剧。其中一部题名为《武士の一分》，夫妻之情被描绘得令人十分感动。其余的时间，我就带领达夫游逛东华门大街，有的胡同我让他进去看看居民的住居情况。正好路过南河沿，在欧美同学会的大门前留了一张合影。明儿除了外出会友外，会一直陪着妈妈聊天。临走的前一天晚上，2 月 2 日的晚上，明儿烧了一盆热水，给我洗脚，并给我换上她从美国带回来的拖鞋。第二天，我们在楼下大门口送她们上车去机场。难道，聚会只是为了离别吗？什么时候，他们会和敦子一起回来看我们真的不知道了。

左侧是大舅和舅妈夫妇，中间是我和妻子及明儿、达夫，右侧是孙长鸣夫妇

我的小女儿（二）

一个胖娃娃

小女儿出生那天恰巧是西方的愚人节4月1日。我们的小女儿可不是忽悠出来，而是妻子真正生出来的。祖母一直趴在窗户前，望着楼下门前的路。我知道，老人家盼望这次是个男孩。等到妻子抱着新生的婴儿从妇产医院回到家，进了门，祖母急忙上前接过，发现是个女孩儿，脸上露出失望的神情，但只不过是一刹那的时间。她就立刻忙碌起来，给妻子送水倒茶，给婴儿弄这弄那。看见祖母高兴的样子，我放心了。不管是男是女，都是祖母的亲生骨肉。

一个胖娃娃明儿

口里吃着大拇指的明儿

小女儿出生的年份是1963年，灾害缺粮的事情过去了。不像大女儿出生的1960年妻子要想办法到处去张罗鸡蛋、牛奶之类的婴儿食品。在这一点上妹妹比姐姐幸运得多。喂得足，长得胖，站在婴儿床上，手扶着栏杆，口里吃着大拇指，那副形象太惹人喜爱了。常常是，早晨我看着看着就忘了上班的时间。晚上妻子给小女儿洗澡，大女儿总是跑过来要帮忙。大概她看见澡盆里的胖娃娃，觉得很有趣吧。

“文化大革命”中的事

转眼到了1966年，出来一个“5.16通知”，说要抓走资派和里通外国的反动分子。我还没弄懂什么意思，就被抓紧了秦城监狱。一关就是八年零八个月，期间我记忆里的小女儿只是那个站在婴儿床上的小胖孩儿。

等到我从监狱出来回家的途中，发现一切都大变样了。在路上我第一次看到了手扶拖拉机。但是，让我吃惊的是，街上怎么有那么多的孩子。进家一看，更让我吃了一惊，家里那三间屋又住进了另外两家，都是所里的同事，真是有些尴尬。高兴的是两个女儿都长大了，大女儿已是高中生，小女儿是初中生，都健康、聪明，又都对她们的妈妈很孝顺。加上姥姥，一家五口，住在一间屋里，其中只有一张大床，一张桌子，两个板凳，还有两个落地柜子。到了晚上睡觉时，妻子、姥姥和我三人睡在大床，两个孩子睡在那两个并排起来的两个柜子上。虽然如此拥挤，我却觉得乐融融的，天伦之乐莫过于此。

麻烦的是，一间小厨房，摆着三家的蜂窝煤炉，做饭要轮班进去做。而且，三家的蜂窝煤都分别码成堆，放在厨房外边的小阳台。各家都在自己的蜂窝煤堆上用石灰画上记号。三家的人都时而去阳台看上一眼，查一查煤堆上有无异常情况。小女儿就成了执行这项任务的我家的代表。姐妹俩都是亲生的，但性格却大不一样。姐姐心粗，妹妹心细。我从来没见大女儿去过阳台，她说她不愿意穿过那本来已经狭小，现又被三家的蜂窝煤炉挤得更加狭小的厨房过道。

近九年的时间，女儿们是怎样成长起来的，妻子指着照片一一给我叙述了她们姐妹的变化，让我知道了妻子的苦心，姐妹的自强。有一件事让我心碎。一天，小女儿哭着向妈妈说，学校不让她加入少年队，她带不上红领巾，说是因为爸爸是“特务”。妻子听了，即刻去学校理论，她对小女儿的班主任说，不管大人怎么样，孩子是无辜的。看到妻子的执著，学校终于答应了妻子的请求。有一张相片，是小女儿戴上红领巾后，在颐和园和小朋友们一起跟张春桥的合影。红领巾，那个时代，它是儿童的骄傲。

大学生的生活

回到家里，小女儿要上高中了。我却忙着东奔西走，很少在家，也顾不上女儿们的事情。中国新闻社的记者郭键，写了一篇报道，题目是“中转站的家”。说的是，我的女儿们抱怨，在家里很少见到爸爸的身影，这个家简直成了爸爸工作的中转站。这是我的自私自利吗？不是。从 1966 年蒙冤进秦城监狱，到 1979 年中国科学院给我平反，前前后后 15 年，妻子和女儿们过着屈辱的生活。我必须拼

1981 年 5 月 18 日，和正在准备高考的明儿在我们家 808 楼的门洞前

命工作，取得骄人的成绩，还她们一个有尊严的生活。

所以，大女儿、小女儿考大学的时候，我没有给她们任何帮助。不过，凭借她们自身的条件，我相信考进北京大学不会有问题。果然，小女儿在1981年进了北京大学的化学系。她本来报考的是生物系，一分之差，被录取到了化学系。照例，她住进了学生宿舍。好像她住不惯，还是经常回家来住。这倒使得妻子很高兴。大女儿正是在这一年从北京大学的计算科学系中途退学，去了日本就读东京工业大学的。有小女儿常在身边，妻子不会那么寂寞了。

大学生的明儿经常回家来住。她给我们在我的书房留下了这张合影（1982年4月）

等到大学毕业，小女儿被分配到中国农业科学院工作。但是，她提出她也要去日本找姐姐，进同一所大学。我们只好答应。我去中国农业科学院要回她的人事档案，给她办了出国手续。那个年代，私人出国，不管目的是什么都是一件很难的事情。我恰恰担任着中国科学院归侨联合会的会长，利用归侨子女的身份，给她办了手续。当我们送她到北京机场时，我看见妻子依依不舍的样子，心里十分难过。这时，我才体会到了1942年年初我去日本时祖母的那份悲伤。现在，出国飞来飞去十分普通。可是，70年前乘船去日本，远涉重洋，对我那年事已高的老祖母来说，简直就是生生离别的感觉。

结婚，成家，工作

1988年，小女儿在日本订了婚，夫君是她同校的博士生福士达夫。第二年，我们去日本东京专门为他们办了婚事。婚礼上，明儿的导师轻部教授——一位国际权威的化学家，对我说，婚期如能推迟一些，明儿就能拿到博士学位了，太可惜。妻子却是很高兴。她高兴这场婚事办得很是风光。她疼爱她的小女儿，说要回北京再办一场婚事。于是同年，请他们回来，在颐和园的听鹂馆又举办了一场中国式的婚礼。这次，我把我的一位美国朋友 *Al Dien* 请来参加。这成了一场中、日、美的国际活动。妻子很满意。真是可怜天下父母心！

达夫在日本3*M*公司任职，工作勤奋，做事认真，取得了很好业绩，并有多项专利。因此，于1993年被调往美国3*M*公司。公司总部设在明尼苏达州明尼安波利斯市。明儿随即入该市的明州大学

明儿一家在敦子的高中毕业典礼上（2009年）

人事管理系学习。该系在美国属于顶尖，而且朱兰研究中心亦设于此。小女儿在此攻读获益良多，奠定了她日后工作的坚实基础。毕业后，进入明州政府任职，然嫌其官僚作风，不久转入企业工作。在几个企业历练之后，于2012年被可口可乐公司聘为*Operational Excellence Leader*（大概相当于我国企业中的全质办主任）负责公司下各工厂的质量管理和监督。华裔人士在美国公司内能突破“玻璃天花板”成为高管，实属不易。当然，责任不轻，既要处理各种质量问题，又要搞好全公司的供应链管理。我为我的小女儿感到骄傲。她给我寄来了她在一间工厂的办公室里的照片，很有意思。一个大房间，中间是办公桌，一边是会议室，另一边是一扇大窗户，看下去，就是工厂的车间。这样到处出差，跑工厂，也真难为她了。但转念一想，她老爸当年不就是这样吗？

思　念

小女儿恋家，想她妈妈，经常回北京。这次在可口可乐公司供职，打电话说工作太忙，挤不出假期回家。我们听了，也只好如此。但这更叫我们想起她回家住过的情景。妻子记性不好，她就跟妈妈说长道短，以勾起妈妈的回忆。每次回来，她总是端着热水盆给我洗脚。从美国打电话回来，也总是嘱咐我，要放松，不要惦记这惦记那。而她自己呢？达夫患上胃癌，胃被切除了1/3，她要细心护理。这种心理负担已经不小了。大女儿对我们说，让我们一起为妹妹全家祈祷，愿她们平安。

《我的小女儿》附记*

不知道父亲为什么写了两篇《我的小女儿》。

《我的外祖母》是父亲在“我的亲友”系列中最早写的，大概是2007年底或2008年初写的。紧接着父亲就写了《我的大女儿》，而《我的小女儿》却迟迟不见出炉。连我在北大的同班同学、好友刘梅笑（父亲的“大事年表”中曾多次提到梅笑来家看望他们）都望眼欲穿地期盼着，但却终于安慰我说：“你心思太重了，谁敢随便写。”

那些年，我一直等着父亲写《我的小女儿》。知道不好写，心想也许等不到了。到了2012年的夏天，我已经在心里说服了自己：最珍贵的东西，就让它留在心底吧。虽然这样想，可是有一天给父亲打电话时，还是忍不住地问了一句，又把梅笑说的话告诉了他。父亲笑着说：“是啊，是得好好想想才能写。”

一个多月过后的2012年6月14日，父亲就给我寄来了《我的小女儿》。我读完好失望。一是因为文中有几处与实际有不小的出入；二是文中多处、大篇幅地引用了这些年来我给父亲的书信，好像不是父亲在写“我的小女儿”。特别是文章最后一句，“什么时候，他们会和敦子一起回来看我们，真的不知道了”。一股悲哀的情绪，更加让我对远在万里的年迈的父亲和病重的母亲放心不下。虽然知道好友梅笑也一定等着看《我的小女儿》，但我却没有给她转发过去。不想让她感觉到，哪怕只是一点点，父亲消沉的情绪。我装着没事似的，写给父亲回复：“爸爸：写得很好！谢谢！”

半年多过后的2013年2月26日，我发现电子邮箱里有一封父亲的题为“散文”的邮件。打开一看，是一篇完全不一样的《我的小女儿》。我心里“咯噔”一下：父亲真的老了，怎么居然忘了《我的小女儿》已经写过了？！这篇《我的小女儿》没有引用我的任何信件，一字一句地描述了父亲记忆中的“我的小女儿”的从小到大。

* 应刘源张院士的小女儿刘明要求，将本文附于此。

我没敢问父亲为什么又写了一篇，是不是忘记了半年前写的了，怕伤了他的自尊心。只是高兴地回复父亲，《我的小女儿》写得真美，轻松愉快，充满了青春的活力，感谢他给了我这么一篇美丽的“回忆录”。

而今天，当我在父亲过世后，重读第二篇《我的小女儿》时，我却突然发现，这篇《我的小女儿》像上一篇《我的小女儿》一样，哪里是什么轻松愉快，依然是字里行间倾注了父亲对我的无比思念，让我泪流满面。

至于两篇《我的小女儿》中与实际有出入的地方，出于对父亲的记忆和阐释的尊重，我决定不作任何修订，只是有两个关键的地方，我想作一点儿补充。

第一，《我的小女儿（二）》中写道，我在东京的婚礼办完后，妈妈又把我们叫回来，在北京给我们又办了个婚礼。我的婚礼是办了两次，但父亲把顺序记错了。我是1988年结的婚，当时我和我的丈夫达夫都在读学位，付不起在东京举行婚礼的昂贵的费用，打算将婚礼仪式推迟到下一年，也就是1989年，当我们俩都就职以后。母亲知道后，说这怎么行，要给我们在北京办婚事。为此，我在1988年两次回北京，和妈妈一起筹办婚礼。左邻右舍的看着我长大的老邻居们，也都好兴奋，出出进进，人来人往，好不热闹！于是，1988年10月8日，正值北京秋高气爽之时，刘家来自中国、日本、美国三国的亲朋好友，齐聚在北京颐和园的听鹂馆，为我们祝福。父亲记错了我两次婚礼的顺序，想必是对父亲来讲，这顺序是无管紧要的。可是对我来说，它却是至关重要的。在我长大成人的过程中，无论我走到哪里，父母始终就是这样，一直是我的温暖的避风港、坚强的后盾。今年（2014年）一月，我和女儿敦子回家给父亲祝寿，女儿翻出我当年在北京举办婚礼的老照片。我看着照片上的一张张熟悉的笑脸，突然意识到，当年参加我婚礼的人们，有一半已经不在人世了，不禁唏嘘。没想到两个多月后，父亲也离开了我。

第二，《我的小女儿（一）》中写道，我们一家移居美国后，加入了美国国籍，因此我女儿舍弃了外公给她的名字“敦子”，改名为“Ashily”。我现在好后悔，为什么2012年我读后没向父亲解释清楚事情的来龙去脉呢。2009年时，考虑到年迈的父母也许有一天需要我回北京长时间陪护，拿着绿卡、长期不在美国境内，移民局会找麻烦，于是全家换成了美国国籍，以求出出进进方便。记得我2009年夏天回家时，还特地告诉了父亲，让他放心，说换成了美国国籍，以后万一我需要常住北京，也不用担心美国移民局找茬了。没想到我的一片苦心却伤了父亲的心！女儿敦子从来没有改过名字，始终是敦子（Atsuko）。但由于美国人不会发 Atsuko 的音，所以在学校用的是小名“Ashlee”，而学生登记表和成绩单等正式文件上都是“敦子（Atsuko）”。即便是小名，为了保持东方人命名的特性，我给敦子的小名起为“Ashlee”，而不是西方人常用的拼法“Ashley”。显然，我的这番苦心也没有得到父亲的认可。得知外公病危的消息后，敦子怀揣着23年前外公给她起名时写的字条，从美国赶回北京。在悼念外公的挽联上，她写道：“命名之念，不负期待。”

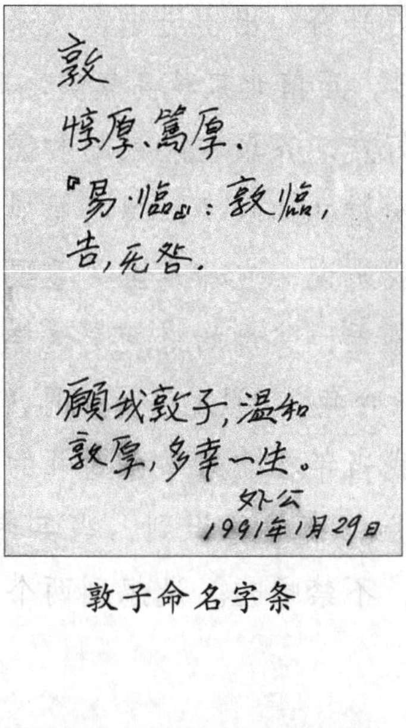

敦子命名字条

今年一月我回北京时，看到父亲自己印出的《刘源张自传》，他的两篇《我的小女儿》都放在书中了。我还是没敢问父亲怎么会写出了两篇，只是心里好高兴父亲确实意识到了他写过两篇。

是父亲忘记了自己已经写过一篇《我的小女儿》，还是真的感觉到第一篇写得不够好，又重写了一篇呢，我永远也不会知道了。但我想相信，父亲不是老了、健忘了，而恰恰相反，清清晰晰地在两篇《我的小女儿》上，双倍地寄托了他对我的无限思念。

明　儿

2014 年 4 月 24 日

唐大哥小传

我的一位同班同学唐之曦是我敬爱的朋友。我称他为唐大哥，因为他比我年长 3 岁。我一直使用这个称呼，所以，为他作传，也用这个称呼。所谓小传，是因为我掌握的材料太少，只能够写一小传。名称虽叫小传，在我心里，却是大传。

1939 年，我在青岛上了青岛市市立中学的高中，班上的一位同学名叫唐之曦。第一印象使我佩服的是他那健壮的体格，和令我羡慕的他那双半高筒黑皮鞋。班上有图画课，老师是一位在青岛颇有名气的国画家，我不会画，而且那时我也不喜欢国画，就总是请唐之曦代笔，他也从不拒绝。这样，我们逐渐熟悉了起来，知道了他来自烟台的经营轮船公司的富裕家庭。我忘记了他家公司的名号，现在的山东烟台海运公司的前身可能就是他家的公司。班上还有一位同学，名字是赵经甫，他家也是财主。一个唐，一个赵，他俩总是争个第一或第二名，我避而远之，期末考试有个第三就心满意足了。不过唐之曦还有一门绝招，他会日语，而且还不错。不知他是怎样学的，反正我是不学，抗日怎能学日语，这一肤浅的认识就是高中时代的我。

等我去了日本，母亲一次来的信上说，唐大哥常来家问寒送暖，祖母偶有小恙，也是唐大哥来家诊治。我才知道唐大哥已经学医有成，成了青岛市的“一把刀”。我写信感谢他，他回信说，他结婚，有了一个儿子，要认我做干爸。我说好，咱们的关系更亲密了。之后，我从美国经日本回到了青岛的家，见到了唐大哥和唐大嫂，以及他们的两个儿子。

后排左起是唐大嫂（殷丽明）和唐大哥（唐之曦），
前排左起是唐国强和唐国建

两个孩子还小，我看见他们兄弟俩提着暖水瓶去街上的摊位打啤酒，觉得奇怪，一问才知，这是当时青岛的生活习惯。

唐大哥多才多艺，不仅医术高明，而且能文能画。我到他家里去，他就和我谈诗论词。上海古籍出版社出版的上下两册的《唐宋诗举要》和《诗人玉屑》就是他赠送给我的，扉页上有他的签名和时间，至今仍放在我的书架上。他画的一幅题名为“德国建造留下来的青岛火车站”的油画送给我，挂在我家的客厅墙上。

唐大哥不太到北京来，一次来了，到我家来坐了一会儿。谈起来才知道，他是陪他的一名青岛高官病人来北京住院。那位高官睡在床上，要他睡在床前地上。唐大哥没说什么，我却有一肚子窝囊气。唐大哥在青岛是出名的医术高、医德更高的大夫，竟然受此待遇。然而一想，那个时候我们都是臭老九，能有什么话可讲。

哪一年，记不得了，国强进了青岛市话剧团。唐大哥跟我发牢骚，说：孩子学不了医，倒也算了，去当戏子，简直有辱家门。我对他说，行行出状元，不能轻视演员。开始时，国强只赢得了个

1962年初，我和张宁回青岛，和唐大哥及他的两个儿子国强和国建在唐家院子外

1975年夏，青岛中山公园。我出狱后不久，和唐大哥重逢

“奶油小生”的称号，但自从在电视剧《三国演义》中演了诸葛亮，就改变了观众的观念，演艺界也承认了他的演技。唐大哥也对儿子刮目相看了。国强特地来我家送来了《三国演义》全部的*DVD*。其实，我也做出了少许贡献。从青岛话剧团转入解放军八一电影制片厂时，我曾对他说，当演员，外表固然重要，但内心更重要，要加强修养，还要学习外语，这样才能打下牢固的演技基础。国强听话，在青岛跟一位旅居当地的美籍华人老太太学起了英语。

唐大哥晚年患上糖尿病，每次我去青岛看他，他只能在床上同我谈话。我对他说，你这个医生不能为你自己想个办法。唐大哥笑着跟我说，恰恰是当大夫的治不了自己的病。这话的深意直到现在我也搞不懂。我把我同悦子的事告诉了唐大哥，他听了，很感兴趣，建议我找国强谈谈，要他搞出一个剧本，再由他出演我这个角色。我心里也很赞成，但一直没说出口，因为我怀疑到哪里去找演悦子的女演员呢。

唐大哥在青岛有个妹妹，嫁给一位银行职员。我去青岛，也经常去看他们。后来她患上阿尔茨海默病。她是我接触到的第一位阿尔茨海默病的病人。当时我就奇怪，怎么还有这种病。我问唐大哥，他回答道，我们不清楚的病多着呢。我的妻子近来也患上来这种病，但我无法告诉他了。因为唐大哥于1997年11月17日因糖尿病导致心脏病发作而逝世了。我赶到了青岛，见到了唐大嫂，只能在他遗像前深深鞠了躬，心中默默念道：“你走了，我没谁能说心里话了。”

唐大哥在青岛的家是我的避风港，也是我的诊疗所，更是我的谈话室。1956年，我从美国回来，去青岛省亲最先去的是唐大哥家；1975年，我从秦城监狱出来回青岛休息最先去的也是唐大哥家；1995年，我当选为国际质量科学院院士后回青岛最先去的还是唐大哥家。

我的两个女儿从小就和唐大哥的两个儿子玩在一起。唐大嫂老说咱们两家结成亲家有多好。可惜我女儿她们没有这福气。国强写的一手好字，刘明硬是要国强给她写了一幅字，刘欣只知道邀请国强和国建去温哥华时到她家做客。如今两家的孩子们都各自成家立业，再次凑在一起欢欢笑笑的机会怕不会有了。人生就是这样的吧。

我的第一所大学与司徒雷登

1941年9月，我从青岛考进在北平的燕京大学。从青岛考入燕京大学的只有赵经甫和我。12月8日，太平洋战争爆发，当天一早，日本宪兵来到学校，勒令老师、学生一律在3小时内撤离。就这样结束了我短短3个月的大学生活。时间虽然短，却是我人生中的一个转折点。我从一个大孩子变成了一个成年人。我穿着棉袍、棉裤、布鞋进的城，看见了西装革履的大学生，自惭形秽。在欢迎新生的仪式上，有个名叫“拖尸”的节目，我也是躲得远远地观看。原来这个节目就是把几个新生抛进学校的一个水池，什么意义不知道，大概是开玩笑。“拖尸”乃是英文的*toss*，进燕京大学我学的头一个英文词的音译竟是这个“拖尸”，实在不吉利。果然应验了，老师、学生都被日本宪兵拖出去了。

最前面的是我，当时15岁

三个月中的三件事是我对燕京大学的回忆。因为燕京大学是我在国内上过的唯一的一所大学，我珍惜这些回忆，我怀念这所大学。特别是那三个月，正处于抗日战争的艰难时期，燕京大学的抗日战争精神吸引了无数学子来到北平，又从北平奔赴延安。我到燕京大学不久，斯诺离开学校，去了延安。我没有见过他，只听同学告诉过我，燕京大学曾有这样一位老师。

第一件事。燕京大学有校长，但它的教务长更有名气，更有威望。他就是司徒雷登。每届新生入学，他都站在校园内他家的门口，与这些学生握手，表示欢迎。我就是在那一天，排队依次与他握手的。我发现他个子比我高，身体瘦，衣着普通，眼神犀利。他给新入校生做了一场名为《我的人生观》的报告，从头至尾用的是中国话，着实让我吃了一惊。洋人能用汉语作那样一篇哲理高深、语言流畅的讲演，已是匪夷所思。不但如此，而且他给我的印象简直就是一位乡村老夫子的模样。后来 1956 年回国，读到毛泽东写的《别了，司徒雷登》，又是一惊。怎么，司徒雷登竟是那样的人？ 20 世纪 50 年代初，我曾去波士顿的哈佛大学内的哈佛－燕京学社参观，看到有关司徒雷登的经历介绍，才知道他是美国基督教传道士的世家出身，生于杭州，学于美国，教于中国的一位友好人士。2005 年 5 月 15 日，星期天，我从中央电视台 9 频道的 *Up Close* 节目里，看

司徒雷登 (John Leighton Stuart, 1876—1962)
1876 年 6 月生于杭州；
1904 年开始在中国传教；
1919 年起任燕京大学校长；
1946 年为美国驻华大使；
1949 年 8 月离开中国；
1962 年 9 月 16 日逝于美国华盛顿

到一位美籍华人退休将军 *John Fuh* 的采访对谈。将军的父亲曾是司徒教务长的秘书，两家过往甚密。根据将军的说法，司徒雷登因为长期居住中国，没有美国的社会保险。并且退休以后，司徒雷登也没有从美国国务院领到退休金或任何补助，而是靠一家私人组织每月给他的 600 美元生活。司徒一生俭朴，全然不在意物质享受。看到这些，我更是一惊。原来他是这样的人。毛泽东的《别了，司徒雷登》是篇政治文章，对于评论司徒的一生，不足为凭。

第二件事。在燕京大学，我初次接触到学术自由的氛围。燕京大学当时对新入学的一年级学生不分文、理、工，进工科的只称工预，着重一般的教养课程，以培养其良好的读书方法和健康的生活习惯。英语课则是根据入学考试时的分数差异分成不同档次的高低班。我被分到 *A* 班，算是最高的一班。教英语的是一位美国人女教师，很认真，也很严厉。很抱歉，我没有记住她的姓名。她教导学生的英语发音时，总拿着点燃的蜡烛放到离学生的口巴不远的地方，训练有气和无气的 *p* 和 *b* 的正确发音。我从小在做礼拜的星期天到美国人牧师家中学读《圣经》和唱诗歌，听惯了美式英语，又从她那里听到标准的美式英语，特别高兴，也就更加用心学习。教国语课的是郭绍虞老师。郭老师是著名的中国文学家，除了教材的教学，他还给学生安排不同的课外作业。他给我的作业是《战国策》的文字注释和训诂考证，这锻炼了我欣赏古文的能力，至今我感谢我的这位老师。教历史课的是齐思和老师，我选修的是西方现代史。每次上他的课，看到他略显肥胖的身躯穿着蓝布大褂，用英语讲课的情形，既感到异样，又肃然起敬。这几位老师的教导使我对文化和语言的联系有了初步的认识。至于上物理课的实验实习，写实验报告，要求数据准确，文字工整，又让我初步体会到了科学态度的意义。所以我说，我从一个孩子变成不那么孩子了。

第三件事。那天早上，离开学校的时候，校园内一片忙乱。学生们都在收拾行李，然后三三两两朝校门走去。我没有什么多余的东西，一个柳条箱足够我装了。正要提起箱子走时，我最后留恋似地往校园再环视了一遍。忽然看到，一个女学生好像很茫然的样子站在不远处，我走过去，一看，俊俏的女生手里抱着一件毛皮大衣，行李散落了一地，站在那里，无可奈何的样子。我放下箱子，帮她收拾，帮她拿起，送她出了校门，又帮她雇了一辆大车，目送她上车向西直门方向渐渐离去。70 多年过去了，我依然清楚地记得那天的场面。只是，仓促之间，彼此连姓名也没问过一声。

我这从小讲义气的脾气就是这样不顾前后，不计得失。倒也好，我这一辈子并无大碍地走过来了。

我是千真万确的燕京大学的学生，我希望现在的北京大学（原燕京大学）承认我的学籍。

摄于 1942 年 10 月，左边是燕京大学正门，右边是燕京大学办公大楼

我与绪方隆夫

绪方和我成为朋友有一个很有意思的缘由。1942 年 2 月，我来到了日本的长崎，住进了一户人家。日语称为“下宿”。同一下宿的

70 年后的 2012 年，我又回到了长崎，不认得了。
那时山这边没有什么房子

另有三个日本学生，绪方就是其中的一个。他们都住在楼上，我一个人住在楼下。一天，吃了晚饭，我在屋子里的小桌子上写信。我是由一位在青岛经营橡胶企业的日本商人安田理雄，出资送我来长崎读他的母校长崎高等商业学校（ 1943 年改为长崎工业经营高等学校，1962 年改为长崎大学）的。我写信，就是向他报告平安抵达。我当时日本话不行，只是靠着日文中的汉字猜测全文的含义。从学

校图书馆借出信函大全之类的书籍，选择其中汉字多的模仿起来。我正写着，绪方从楼上下来走进我的屋子，看见我在桌子上写的信，大喊了一句日本话，我并没听懂，只觉得他那副惊奇的样子挺吓人的。他慢慢地跟我解释，说我写的文字是一般日本人都不会写的候文体，一种早期日本人使用的文章写法，明治维新以后废止了的写法。他说，他佩服我这个连普通的日本话都讲不好的人，竟能下这种苦工夫学习候文。从这时起，绪方成了我的良友益师。我说的日语他都为我纠正错误，教我区别敬语和非敬语的使用。对一件事或一个人，我想说但不会说的话，就去找他问该怎么说。他都细心地给我指点。

1942 年的长崎高等商业学校（现长崎大学）全是木材建筑，
照片中的建筑为木制礼堂。

终于，我们成了无话不谈的好朋友。只是一开始时，他的话多，我的话少，逐渐随着我的日语熟练起来，倒成了我的话多了。一次，我问他，日本人为什么老是欺负中国人。他好像叹了一口气说，你看看地图，朝鲜半岛就像一把匕首，插向日本的九州，握这把匕首的是中国。九州是日本人向北一直统一建国的出发地，也是中国元朝大军进攻失败的要地，所以，日本的丰臣秀吉前后发动过两次夺取朝鲜半岛的战争，但都被中国明朝的援朝大军击退。明治维新后的再一次战争才把朝鲜半岛划入日本的版图。他说的都是历史的实际，我无话反驳，可总觉得不是滋味。不过，跟他这么一说之后，我们就更加无话不谈了。

那个年代，在日本粮食是实行配给制的，一日三合二勺的大米只能勉强不饿，要干重活是绝对不够的。于是，绪方带着我经常换下宿，因为刚住进去的头一阵子饭菜还足，过不几天就减量了。发觉到这种情况，我们就换下宿。一次，我们住进刚刚换的下宿，女主人在旁给我们添饭时，我看她总是给绪方的多，给我的少。这倒无所谓，因为每次绪方回熊本乡下的家，再回长崎时，总给我带回一小皮箱的年糕，足够我补贴吃两个月。这家下宿的男主人当兵打仗去了，剩下女主人一个人开这家下宿。有几个年轻人住在她那里，也可给她解解闷。

绪方的家是熊本县的富农，他带我去过熊本游览。在藩侯割据的日本，熊本藩是个重藩，藩主修建的熊本城是一座坚固的城堡。绪方做导游带我去的第一站就是这座熊本城。石头砌的城墙，石头垒的地基，之上是木材建造的房屋，的确是值得参观的古迹。他又带我去西乡隆盛剖腹自杀的地方，给我讲西乡一生的经历，讲的慷慨激昂，声泪俱下，使我感受到了熊本人对他们这位心目中的英雄的思念。他还带我去了他乡下的家，给我讲解日本农家农舍的结构和特点。从这时起，我对熊本产生了一种亲近感。70 多年后，妻子的日籍母亲回日本定居，就住在熊本，更使我多了一层想念。

1943 年 6 月，我被长崎的宪兵队抓进了监狱，说我是中国共产党的“特务”。原因简单的可笑，我喜欢爬山，绪方带着我爬了长

1942 年在长崎上学时学校组织我们这批留学生去熊本的
阿苏火山口游览（后排右二是我）

崎周围几乎所有的山，有几座山望下去，就是三菱造船厂，停泊着在太平洋战场被损坏待修理的军舰。我哪里有这等本领！他们给我做了一场考试，带我上到宪兵队楼上的一间屋子，从窗户望出去，就是长崎港。他们指着一条停在港口的货轮，问我它有多大，我说一万吨吧。他们又问，为什么是一万吨。我说，它很大，所以是一万吨。他们看我只有这点常识，也就不再问什么了。他们对我没有用刑，和同牢房的一个朝鲜人每次审讯回来都瘫痪在地上，满手鲜血，显然是被用了竹签插进手指甲的极刑。1943 年我被抓进长崎宪兵队监狱时，一个晚上一个宪兵指着自己的头问我是不是因为这个进来的，我没理他。第二天晚上他又来了，说他是十八银行行长的儿子，从长崎高等商业学校毕业的。我还是没搭理他。又一个晚上，他拿了一袋子烤鱼，从狱房的下边的小门递给我。我记住了他。事隔 70 年来到这家银行的支行时，我又想起了他。

但是，令我伤心的是绪方来探监，隔着铁栏杆他对我说了一句

2012年秋，长埼。在十八银行门口的留影

“请不要隐瞒”（ご腹藏なく）。我不知道，这句话是他的真意，还是授意被迫的。我哭了。1944年1月，他们释放了我。回到下宿，我看到小桌子上摆着一封信，是绪方写给我的。信上说，他已应召入伍，即将开赴前线；他祝我平安健康，并且留下了他的部队番号。

第二次世界大战结束后，日本的报纸每天都报道日本军人复员的消息。一天，我看到报纸上登出一条纪事说，绪方那个番号的部队在乘船开往太平洋上一个岛屿的途中，被美军的潜艇击沉，整个部队丧生海底。2004年11月22日，我在访日期间，回到了长崎大学，目的是查问绪方的下落。在大学内名为琼林会的同学会办公室，我查到毕业生名簿，绪方的名字列在战死者的一栏。当时他不过21岁。

我庆幸，绪方没有到中国战场。

1942年的长崎大学旧舍。

左边是学校正门；右边是通往体育馆的道路，这条路在樱花季节特别美丽，走在路上，偶尔踏着落地的樱花，有一种说不出的悲哀

《申辩》：一位不知姓名的老师

我在长崎高工读一年级时，刚刚念完预科，已经听得懂一些日本话了。上英文课的教材是柏拉图写的《申辩》。那位英文老师的姓名我早已忘记了，但他授课带读时的音容笑容却还历历在目，我始终忘不了那时上英文课的情景。那位老师一进教室，就带着我们这帮不大的学生朗读课本的字句段落，然后再翻译给我们听。他的英语发音不能说特别正确，因为我从小跟美国的一位传教士学习英语，听惯了美国人的口音，再来听这位日本老师的不大地道的英国式的英语，总有些不入耳。不过，他朗读起来，那样认真，有时又简直是慷慨激昂，倒使我肃然起敬了。这篇文章的英文简洁有力，而又朗朗上口，我很喜欢上这位老师的英文课。

1943 年是太平洋战争爆发后的第二年，日本军队正打得节节胜利的时候，那位老师为什么挑选柏拉图的这篇文章做教材，是我那时候一直想弄明白的问题。1951 年我去伯克利分校读书后，在书店里看到了一本麦克米伦出版社的金色财宝丛书之一的《苏格拉底的审判和谢世》，其中就有这篇《申辩》。我买了下来。以后的岁月里我时常翻阅它，每次读它，都有一点儿体会。久而久之，我好像明白了那位老师挑选《申辩》做教材的缘故了，对他上课时带领学生朗读课文时的心情，我好像也了解了。

他是不是想借这篇《申辩》，来抒发自己对战争的不满，但又不得不服从国家的动员，那份无可奈何呢？ 1943 年的日本，大街小巷充满了打倒英美的标语，一般的老百姓陶醉在初战胜利的喜讯里。日本的特别高等警察、日本宪兵队之类的特务情报机构，加紧了对共产党员和不同政见人士的搜捕。但是，就在这个时候，却有一些日本人抱有怀疑的态度。尤其是像我那位英语老师，有着在英美国家学习、生活经历的日本知识分子，更是焦急。他们虽是这么想，但不能讲。于是，他们只有找个事项，借题发泄他们的想法了。

柏拉图写的纪念他老师苏格拉底的文章，正好是这样的材料。苏格拉底是以不敬神和毒害青年的两项罪名被起诉，以致最后被判死刑的。苏格拉底一生述而不作，弟子代老师书写的《申辩》，语言动人，文字优美，是一篇转述苏格拉底的哲学和德行的传世名作。从希腊文译成英文，也是出自名家之笔。苏格拉底以前的希腊哲学研究的主题是宇宙和物体，苏格拉底关心的却是人和社会。《申辩》叙述的正是苏格拉底在这方面的观察和思索的结果。神是什么，虔诚的含义什么；毒害青年和教育青年的差别在哪里。苏格拉底用他的丰富思想和精辟语言逐一驳斥了检察官对他的诉状。1943 年的我还不懂这些事情，只是听那位老师朗读的几处语句，就有一种说不清楚的感动。

当审判结束，苏格拉底被宣告死刑时，他有一段解释死亡的辩词。苏格拉底说，死亡不过是到另一个去处的旅程。他用来证明这个命题的逻辑，提出了“好人”这一概念——好人是不怕死的。我的老师读完这一段英文，再用日语翻译出来给我们听时，当时我并没有完全听懂。以后的年月里，当我有了一些人生经验时，再来读这一段，才有了一点理解。苏格拉底的这段话是《申辩》的最后几节。全文的结尾用了这样一句话，“现在到了我们该走的时候了，我去死，你们去活。死或活，哪样更好，神知道。而且，只有神知道”。那时十七岁的我这个大孩子，当然不会去考虑死的事，如今八十七岁的我这个老人，再来读这段话，却有了切身的感受。那位老师读这几句话时，他那深沉悲怆的语调，还清晰地留在我耳边。死是谁都避免不掉的，所以没有必要怕死，倒是应该考虑怎样生。我一直没有好好考虑这个问题。我在秦城监狱待了九年，最后才有了我的人生观。一句话，活着不要为自己，要为别人活着。孔子说：“五十而知天命。”在秦城监狱最后的一年我恰好 50 岁。

悼念近藤良夫兄*

2011 年 4 月 4 日大早，收到 *Hesam Aref Kashfi* 先生从伊朗传来的噩耗，近藤良夫先生于 4 月 1 日逝世。良夫兄出生于 1924 年，比我大一岁。在这篇悼文中，我称他为兄，而不称先生，是有我的理由的。我想，他也不会反对。他和我同年考入京都大学，同年毕业。不过，他进的是工学部，我是经济学部。他是从在京都府的第三高等学校毕业进的京都大学，我是从位于山口市的山口高等学校到京都来的。本来互不相识，由于一个很有意思的机缘，我们认识了。

他酷爱爬山，一入校立即加入学校的登山队，开始学习滑雪。这是为了爬山所做的必修课，然后就出去到处爬山了。我也喜欢爬

1997 年，我在香港接受新港大学博士学位时与近藤良夫的合影

---

* 本文发表于 2011 年第 4 期《上海质量》。

山，日本在第二次世界大战投降之前，我在长崎上学，同日本学友每逢周末就去爬山，几乎爬遍了长崎周围的山峰。日本佐世保宪兵队长崎分队把我抓进监狱，审问我的一个问题就是，我为什么爬山。因为，我爬过的一个山的山坡底下正是三菱造船厂，在我眼里，就是一些从太平洋战场拖回来的，正在修理的损伤破坏的大大小小的军舰。我进了京都大学，于是，带着怀旧的情绪，去大学的登山队看望了一下。当时的京都大学校方鼓励登山，新生一入学，各种运动组织都来宣传介绍，招募预备队员。在京都大学登山队一个类似办公室的地方，其实只是队员临时集合的地点，我见到了包括良夫在内的一帮人。他们见到一个中国留学生到他们那里，有点好奇，问我是否要加入登山队。我跟他们开玩笑说，不敢了，并且把我在长崎的遭遇作为理由披露了一番，惹得他们对我连声道歉。所以中国实行改革开放后，良夫立即给我来信，要我帮他联络从中国一侧登珠穆朗玛。这封信我还保留着。他那时是京都大学工学院院长兼京都大学登山队队长。今天，刚刚知道良夫已经走了，想起这些往事，我眼中含泪视线变得模糊不清，我已经写不下去了。

他在质量管理事业上同中国的来往，我已经写在我的《感恩录》里了，在这里不再重复。我只希望，我们又好又快地做强我们的产品，才是对包括他在内的帮助过我们的外国友人的感谢。这里，我只想写写跟他有关的一些大大小小的事情。

再说说爬山。我喜欢爬山。在日本的那些年，到处找山爬。下面这张照片是 1945 年 11 月 25 日摄于高松市小豆岛兰霞溪，穿和服的是藤井阿姨。我们这批中国留学生在她开的饭馆包伙。她待我们非常亲切，尽可能不让我们饿着。日本刚投降不久，吃的穿的奇缺，我穿的那身是不带军衔的美军军装。1979 年，我 54 岁，正在第二汽车制造厂帮忙，同第二汽车制造厂的人们一起爬了武当山，遥远的路途碰到不少的虔诚道教信徒，身穿白衣，有一位竟然在嘴下巴将一根铁钉似的东西从一侧穿透到另一侧。我们一直登上金顶，就在金顶下面的一个

在日本爬山

低处，看见一位老妇蹲在那里。她对我们说，她已经没有力气了，这两步路她是如何也爬不上去了。我二话不说，扶起她，硬把她连推带顶送上了金顶，受到第二汽车制造厂人的夸奖。2007年，我已经82岁，从缆车下来，一直步行爬了黄山，一路上对面下来的游客都对我伸出大拇指，好像是夸我这老汉的勇健。这两次的爬山，路上我都是默默想念日本长崎的大小山峰，还有我的登山向导绪方隆夫和日本京都大学登山队队长的近藤良夫。我的两个好友，一个早在1944年，一个刚在2011年，都走了。

一天，良夫要我去他家做客。他家门前有一条沟，沟里流水，好像一条小溪从他家门前流过。客人踏着架在小溪上的石板进出，会感到一种清爽。告别时走出他家门口，他在小溪那边，我在小溪这边，互道珍重。我顿时认识到了他的自然观，他爬山，他带领人们爬山，不是为了征服自然，相反是亲近自然。他的自然观养成了他的人间观（日语“人间”即是“人”的意思，人间观即人生观）。他的人间观造就了他在质量管理上的“以人为本”的哲学思想。在全世界质量管理的权威当中，他是最尊重“人”的一位。这是公认的事实，有据可查。

每年他都同他夫人联名写贺年信给我，这件礼仪的事情上我总是落后于他。一年，他信上说感到身上有些不适。我也没有多想，只是寻思哪年有了充裕的时间，去日本多待一些时间看看他，还有其他一些至亲好友。如今，这竟然成了永远的遗憾。明年吧，我去京都，在他墓前献上一束花，再把我的《感恩录》留在那里。祝祷上苍保佑，让我完成这件心愿！

2011 年 3 月 11 日，日本发生了地震，引起了海啸，又出现了核泄漏。我给东京的友人都通过电子邮件进行了慰问。那天狩野纪昭正在印度访问，回到东京给了我报平安的回信。京都的友人那里我就没有挂在心上。我真后悔，怎么这么大意。2001 年 11 月 3 日他送给我一本他写的《*QC*百话》①，今天我把它又阅读了一遍。在这100篇短文里，他提到了许多人的名字，中国人只有我一个。许多场合，许多机会，他都记着我，惦念着我。有几件事我在我的《感恩录》里说过，这里我想介绍其中他写的一篇关于地震的短文。1995 年 1 月 17 日日本发生了一次大地震，史称阪神大地震。之后，日本国内提出了许多应对地震的想法和措施，其中最重要的是标准和手册的制定。对此他写道：标准、手册固然重要，但是这些都是针对已经发生的事态的总结，如果认为有了比较详尽的标准和手册，就可万全，那还是不够全面的。这些总结是以概率的量化写成的，好的总结可以降低概率，却不能使概率成为零。人们总要有“意想不到的肯定会发生”（日本根据历史资料制定了一个地震防波堤高度为 10 米的建筑标准，孰料这次日本东北部的大地震造成的海啸波最高竟然超过 39 米）的意识。关键是培养有这种认识的政府和企业等组织的负责人。这样的负责人在发生了意想不到的事情后，也不会惊慌失措，可以镇定应对（这

① QC 是 quality control 的英文缩写，中文译为“质量控制”。

次日本东京电力公司的领导就没做到这一点)。为了能够做到这一点，组织的负责人要努力学习，熟悉标准和手册的内容，并且要思考标准和手册可能没有概括到的事情。他的这个意思反映了他的一贯思想，诸事人是根本。近藤良夫就是这样的人。

良夫兄走了，我失去了一位老同学、老朋友、老兄长。我纪念他，为了纪念，为了最好的纪念，我想，就是写下他的一个重要思想：人是根本。

良夫兄，安息吧！

我的新西兰朋友彼得·卡瓦耶

1946年，盟军登上了第二次世界大战投降后的日本。当地华侨翘首期待中国军队的到来。但是，左盼右盼，始终不见踪影。部分华侨在京都会馆与当时任国民党驻日代表商震将军见面，质问他为何不带军队来。我正在京都大学上学，参加了这次集会，亲眼看到将军的窘态，也亲身体会到弱国的无奈。

新西兰作为盟国之一，也派出少量士兵进驻山口市。去京都前，我曾在山口市住过4个月。我们这批当地的留日学生组织了一个篮球队，经常找新西兰士兵的篮球队比赛。我是中方球队的一员，彼得·卡瓦耶（*Peter Cavaye*）是新方的队员。说实在的，他和我的球技都不怎么样。不过正是那句话，“友谊第一，比赛第二”，赛球的

中国留学生队和新西兰士兵对赛球后的合影。

后排左侧第一人是彼得，前排中间的是我

过程中，彼此熟悉了起来。

Peter 比我大两岁，入伍前是一位中学语文教师，因为职业习惯，他经常校正我的英语，俨然成了我的私人英语教师。他非常熟悉莎士比亚的剧作，时常带领我朗诵 *To be, or not to be* 这样的诗句。虽然现在我已经记不起那整段的句子，但是依然记得起那时他打着手势提醒我背诵的情景。新西兰的英语没有英国本土的浓重口音，倒是接近美国的英语。所以，尽管我有大英联邦臣民的朋友，但是我一点也没学到英国的口音。

Peter 回国后，给我寄来了一件呢绒大衣，这在当时的日本是很少见到的。真是，穿在身上，暖在心里。他还经常给我写信，问我的情况和说他的近况。就像他自己说的，他的字迹很难辨认。这是有原因的，下面再说。然而，自从我去了美国，半工半读的忙碌生活掐断了我同他的音讯。

1991 年作为亚太质量组织主席，我第一次访问了新西兰的奥克兰市的新西兰质量协会。在欢迎晚会上，认识了几位当地名流以及他们的夫人。聊起来，我说我有一位新西兰的朋友，可惜我已经不知道他的下落了。那几位热心的夫人连忙向我询问他的名字。没过几天，她们告诉我，她们找到了 *Peter* 的通信地址。就这样我与 *Peter* 又重新恢复了联系。中间的时间整整过了半个世纪。

在几封信中他告诉我这么长的时间里他的经历。十分多彩，成就不小。既从政，又从商。他还作为大英理事会（*British Council*）的一名理事，他长时间在世界许多国家当过英语教师，传播大英帝国的语言和文化，并以此功劳博得封爵的荣誉。我真为他高兴。

1992 年 12 月，他给我来了一封信，这是我们恢复联系后他的第一封信，信中他详细地写了他的生活和家庭。他中风过一次，虽然恢复了过来，但写起字来，手还是有些颤抖。不过，他相信我能看懂他的信。他在英国伦敦结婚的妻子 *Dot* 已经病故，在香港娶了一位菲律宾女子 *Ceba*，一起开了一家酒馆。他还特地告诉我，他的酒馆订购了大量的青岛啤酒，因为他知道我的老家在青岛。他说酒馆的生意不错，只是为了经营管理他日夜工作得太忙。一页纸正反两面写满了 60 行小字的信，零零落落、唠唠叨叨，他说他已经 70 岁，不知到了 80 岁他会是什么样子。信的最后，他要我一定去香港看他。因为有一次，我告诉他我可能去香港。

信中他说，他是从香港去菲律宾同他的新婚妻子举行的婚礼。完成了结婚仪式，之后有一场中式婚宴。宾客一共 108 位，中国人、菲律宾人、英国人各占三分之一。他还加了一个注解，说 108 位和 1/3 在中国人的观念中都是吉祥的数字。他更为高兴的是，香港的中国宾客都遵照中国人的传统给了不少的彩礼，这使他大大节省了自己的开销。同时又写道，他跟前妻的儿子怎么样了，女儿怎么样了。我读着这封稍嫌啰唆、但是非常亲切的信，心想 *Peter* 真是老了。我初次见到他时，他 23 岁，我 21 岁。今昔对比，我有说不出来的滋味。

1949 年 9 月 Peter 和 Dot 在一次宴会上的合影

1993 年 12 月 10 日的来信，是他儿子替他打印出来的。他说，这样，我可以看得容易些，但他又叹道，这样一来丢掉了他的风格。他列出他的 5 个子女的名字和各自的情况，他们都很有出息。我从相片中看见过他的前妻，看起来是一位很有教养的女子，这样的母亲自然会培养出这样有成就的儿女。他没有提到他同菲律宾妻子的儿女，也许没有。我希望没有，这样，*Peter* 可以永远记得他的 *Dot*。

他说，他经常去菲律宾，多数时间是去马尼拉。在那里打高尔夫球，一个星期三次。那里他有一位中国人的球友，技艺不相上下，是位很好的伙伴。他还说，在香港他是打不起高尔夫的。虽然他的右膀臂因为中风的后遗症不太灵活，但并不妨碍他同那位中国人球友竞技的乐趣。他抱怨香港的生活费用越来越高，他所享受的英国退休金不够开销，所以想移居去菲律宾。因此他卖了香港的酒馆，在马尼拉购置了房产，还有一片大园子，正好妻子喜欢园艺，他们可以在菲律宾安度晚年了。我很高兴，可以放心我的老朋友了。

信中他说他虽然已经 70 岁，但他并不觉得自己有那么老，只是慨叹无事可做，每天看着太阳升起、落下，周而复始地太无聊。对不起，老朋友，这一点我帮不上忙。

对于他的来信，我每次都回一封长信。我也什么都向他说，只是没有告诉他我和悦子的事。我怕他会骂我这个抗日分子怎么跟日本女子混在一起。这里有一点故事。在山口市的那段期间，1945 年的 12 月到 1946 年的 4 月，有时我们这 8 个留学生成群结队上街闲逛，看见有日本的复员军人一身旧军装的打扮，头上戴的军帽、军徽还没摘掉，我们就上前质问。自觉是战败国民，他就慌慌张张撕下那个军徽。但我注意到他脸上的表情，愤怒加怨恨，隐而不露。这景象深深烙印在我脑海里。现在想起来，觉得滑稽得很，我们的抗日行动就这么一点可怜的东西。不管他是生还是死，我要向那位日本复员军人道歉。

1993 年的这封信成了他最后的信。我不知道那以后发生了什么。我盼望有一天，我再去一次新西兰，打听一下他的下落。

记一位图书馆馆长

1949年3月，我从日本京都大学毕业后，进入研究生院，也一直住在贝塚茂树先生家里。一位英国人也在暑假期间临时住在先生家。他和我都住在楼上，我的房间是西式的，他的是和式的。晚上，我们常常聚在我房间里一起聊天。原来他是大英博物馆东方艺术部的主任，*Peter Swan* 先生。他问我，毕业后打算到哪里去。我说，中国大陆与日本列岛的交通已经中断，家乡是回不去了，想去美国。他又问的干脆，有钱吗？我说没有，正在想办法。他沉默了一会儿，说给我介绍位朋友，是美国加利福尼亚大学伯克利分校的汉斯·弗尔克尔（*Hans Frankel*）教授。他说，有事找他，也许有用。正好由于妹妹张斌的帮助，我已经取得了那所大学的入学许可。

这样，我在伯克利见到了 *Frankel* 教授。第一面的印象太深刻了。高高的个子，瘦瘦的身躯，戴着一副眼镜，完全是一位中国的乡村老夫子的形象。他研究的又恰恰是中国的历史。我想，沉浸在中国古籍里面自然会养成这种神情。我向他说，我要找份临时工作。他就给我介绍了伊丽莎白·赫夫（*Elizabeth Huff*）博士，并且已经约好时间，要我去见她。*Huff* 博士是大学的东亚图书馆的馆长。我按时到了她的办公室，见到了她。我立刻按照美国人的习惯，自我介绍起来，夸说我精通中、日、英语，肯定对东方图书馆的工作有用。

她笑了，说很好，先做个小小的考试吧。她问我，知道 *radical* 这个词吗？我想，这个词作为名词在数学里是根数，作为形容词是激进的意思，她问我这个干什么。我就把我的怀疑对她讲了。她又是一笑，说这个词就是你们汉语字典的部首呀。我一听，马上说，那没有问题，汉字的部首我全都知道。她接着又问，那么字典上一共有多少个部首呢？我真不知道，鼓足勇气，回答说，一百多个。她立刻又问，那你说说第 75 号的部首是什么？这一下，我傻了，愣在那里。她解释道，为了让美国学生学习汉语方便，我们把部首都编了号。三问三不知，我急了。这份工作拿不到，可是关乎我的学习和生活的大问题。我大着胆子对她讲，馆长先生，请你给我一个晚上的时间，明天我再来，把部首从头到尾背给你听。她又笑了，对我说，有你这句话，从现在起，你是本馆的临时馆员。这一天的这一幕，我写不出那时的氛围。不过，我的焦急，她的幽默，现在回想起来，我是一肚子的感激。

后来，我查阅了各种字典，才知道，不同的字典有不同数目的部首。比如，《康熙字典》有 214 个，商务印书馆 1947 年版的《国语辞典》有 212 个。商务印书馆 2005 年第 5 版的《现代汉语词典》有 201 个，商务印书馆 2012 年第 11 版的《新华字典》也是 201 个。201 的数目又是国家标准规定的最权威的部首数目。我在东方图书馆的最初开始的工作是排图书卡片，就是按照文献标题的第一个字的部首排好，装进卡片盒。这时，我明白了馆长出那些考题的用意了。因为我如能把汉字部首记熟，排起来会很快。

一次，在图书馆地下室的一个房间，我正在聚精会神地在大桌子上排卡片。一会我想稍为喘息一下，转动转动脖子，回头时看见馆长站在那里，我却丝毫没有察觉。原来她在观察我的工作情况和态度。整整两年的时间里，馆长给我换了好几种工作。排卡片的工作结束后，她让我到大厅的服务台工作，就是接电话、转电话，再就是向来图书馆看书、借书的学生提供咨询服务。这个岗位上工作了一段时间，馆长调我再次回到地下室。这次是在另外的一间大房间里整理那里的古籍善本。每种工作都是新的学习、新的收获，而又是常新的回忆。

我在东亚图书馆的最后一种工作值得大书特书。馆长领我到地

东亚图书馆于 2007 年扩充改建成为 K.Starr 图书馆，旧址已不复存在了

下室的约有 60 平方米的大房间，对我说，这里全是大学投巨资从中国和日本购进的各种图书资料，极其珍贵，我的工作就是把它们一一记录，做成卡片。说完后，馆长把这个房间的钥匙交给了我。以后，我在这个房间工作的时候，馆长一次也没有进去过。我在这间屋子里，越干越惊。王羲之的《兰亭序》的各个时代的各种拓本，其他一些书籍的孤本、善本等，不胜枚举。《三国志平话》等著名小说的平话本都是我在这里头一次看到的。秦砖汉瓦也是我在这里看到了拓片，才知道它们的真面目。伪满时代做过教育部部长的江亢虎的藏书全被搜罗到了这里。中国古代的第一本小说，在中国早已失传却在日本保存的《游仙窟》竟然也在这里。忽然想到，这里的东西拿出任何几件，都能卖出大价钱。馆长对我的信任，令我感激涕零。而且，馆长对我很亲切，大概那天初次见她时，我的拼命给她留下了比较深刻的印象。

时间长了，我了解了馆长的一些情况。1941 年我在燕京大学的时候，她也正在这所大学进修。日本宪兵封闭学校的那天，我被遣返回了青岛，她成了俘虏，被关进了设在山东潍县的集中营。日美交换侨民和俘虏时，馆长回到了美国。我见到她时，馆长已是一位中年妇女，我想，她年轻时一定很漂亮。良好的教育加上东方的经历使得她有一种高贵的气质。但是，馆长又保守得很，一直独身不嫁，从不开汽车，都是和大学图书馆的一位女士一同步行上下班。东亚图书馆里从副馆长到一般工作人员好像都怕她，我却对她不惧怕，只有尊敬。我在图书馆的工作，一星期只有两天，并且都安排在星期六和星期日，这样不至于耽误我上课、学习。我都是稍微提前一点上班，稍晚一点下班。不料因此我和图书馆的专职清洁工成了朋友，他和一位同在图书馆工作的女工结婚时，还特地请我去参加他们的婚礼。

第三年起，我当上了导师的助教，辞去了图书馆的工作。伯克利分校东亚图书馆的小楼，是我永远值得怀念的地方，这里的书香，这里的人情，给了我很多的温暖。我永远感谢它。1993 年夏，时隔 40 年，我再次访问了伯克利分校，并去了东亚图书馆。我走进那间我站过服务台的大厅，一切仿佛依旧，只是人员变了。新认识的馆员告诉我，*Elizabeth Huff* 博士去世了。那位副馆长因为争夺馆长的位

40 年后重访东亚图书馆，一层是馆员办公室，二层是阅览室大厅

阅览室大厅没怎么变样，坐在这里想起当年我应接读者的情景

置没成功，开枪自杀了。那位清洁工早已离开学校了。这里我已经没有熟人了。然而，东亚图书馆的牌子还是原样挂在大门口的旁边。

最后，我还要提一下 *Frankel* 教授。他已经转到了耶鲁大学。忘了说，他的夫人是张充和，也在东亚图书馆做过正式馆员。我排卡片，她写卡片。每次看到卡片上秀丽的笔迹，我都佩服得很。一个冬天，他们夫妇请我住到他们在山腰上新建的住宅。我在他们家足足住了一个月，看到他们夫妇相敬如宾的样子，很受感动。回国以后，我从报刊上读到了几篇文章，才知道她是江南苏州名门世家、赫赫有名的张家三姐妹的大姐。她的一个妹妹是沈从文的夫人。我早应该多多向她请教的。半个多世纪过去了，不知他们是否健在。

我在东亚图书馆，工作不太繁忙时，浏览了一些中国的书籍。虽然它们与我的专业没有什么关系，却也受益匪浅。比如，毛泽东的《论持久战》就是那个时候在那里读的。但是，更让我受益的是坐服务台期间认识的人。其中的两位，我要专门写一写。

一位是陈世骧先生。那时他是伯克利分校传授中国文学的一位很有才气的副教授，有时到东亚图书馆来，所以我认识的。他看见我在站服务台，就总是打电话来借书，让我给他送去。他一个人住在一栋破旧的小楼里，屋里的东西摆得很乱，好像越发显出他的才气。我送到了书，有时就在他那里坐一会儿，跟他聊一聊。我的中国文学修养是远远不足以与他对话的，所以总是处于聆听的地位。时间一长，话题越来越少，随即敬而远之了。后来，从金庸的《天龙八部》的后记中看到关于陈先生的往事记载，知道他大约是在1978年去世的。

另一位是 *Al Dien*，当时是在伯克利分校学习中国史的研究生。他常来看书、借书，跟我打交道的机会比较多，逐渐就彼此熟悉了起来。1985年，他写信给我，说他已就任斯坦福大学东亚研究所所长，请我去做研究员。我因为正忙着全面质量管理的推行工作，抽不出身，谢绝了他的好意。他娶了一位台湾小姐，又给自己起了个

前排左起为久埜收吉和我，后排左起是张充和 Frankel 先生，
1952年摄于美国加利福尼亚大学伯克利分校

名字，叫丁爱国。一年，他来北京，我见到他，问他爱的是哪个国家。他说，美国、中国都爱。真是个有趣的人。他曾经告诉我，他正在编写六朝史，我祝他成功。

我在这篇文章里写了几位人士。但是我最想纪念的是*Elizabeth Huff*博士，她对我的关怀和教导，她对我的信任和期待，是我永远记在心里的回忆。愿上帝让她安息！

我与久埜收吉

认　识

我在美国加利福尼亚大学伯克利分校读书的前两年，当过学校东亚图书馆的临时馆员。一星期的周六和周日去上两天的班，两年内换了好几个工种的工作，结识了不少的朋友，其中的一位就是久埜。他刚从大学的图书馆专业学习毕业，就到东亚图书馆任正式馆员。在美国的大学里，图书馆馆长是个很崇高的职位，馆员自然也就是个不错的工作。我在《记一位图书馆馆长》里写过，我取得这份临时馆员的位置也是经过一番资格审查的。

初见久埜的印象是，小个子，瘦瘦的，说的英语有点日本调，但是态度很和蔼，对我这个中国人没有什么特别的看法。大概在美国住的时间长了，人也国际化了吧。我也很高兴有他这样一位日本朋友，至少可以有机会说说日语。

赴　英

我在美国持有的所谓的绿卡，是可以永久居住的证件，去英国办签证很简单。我总想去英国看看那里的习俗、那里的风景、那里的文化。伯克利分校有个美英学生交流的活动，隔年互派学生到对方学校举行辩论会。题目稀奇古怪，双方自选正反，我去听过一次，英国学生的英语我简直听懂不过一半，全意只好猜测。所以，决心去英国本土锻炼一下英式英语。

正在这时，久埜提出来他要去英国，要我帮忙把他的行李带回

日本货轮“协优丸”号，载重2万吨，满船装盐

日本，他好轻装旅游。这一下，搞了我一个措手不及。如果我答应，那我就必须在他回到日本之前或稍后回到日本。我这个讲义气的毛病又犯了，心想英国总有机会去的，不急在一时，于是就答应下来。哪知，久埜连行李都不会打，一些东西乱七八糟铺满一地，还有一架他新买的高级收音机。我只好一个人再把他的行李替他装好。

返　日

过了两个星期，我动身回日本。我从日本来美国时坐的是名为克利夫兰号的美国邮轮，但是位于船尾下部的三等舱。感觉就是奴隶舱，起誓今后绝对不乘这种船。所以，这次我在轮船公司买了一张日本货轮的客票。船从洛杉矶起航，我从旧金山赶往洛杉矶，在那里上了船。

进了舱室，我看见已有两位客人先到了。他们都是美国白人，一位年纪大些，约莫过了50岁，另一位大概40岁刚出头。同他们聊起来，才知道我这客票是怎么回事。原来船员们想赚点外快，让船长把他们房间租出去当客舱。难怪三个人住在一起，但并不显得拥挤。

左侧从左依次是我、美国客人、船长；右侧从左依次是美国客人、大副、事务长

近两个星期的航程，天天跟这两个美国人天南海北地瞎聊，日子倒也过得挺快。两个美国人都当过兵，打过仗，在日本做占领军住过几年。年纪大的那位是去日本接他的妻子回美国。他说，跟日本打战的唯一收获是娶了一位日本人做妻子。年轻的那位是回日本寻找他在占领军时代认识的一位日本姑娘。听了这两位喋喋不休地述说他们的爱情故事，觉得这两位倒是有良心的美国人。那个时代，有多少美国兵跟日本姑娘发生关系，生下多少孩子，却都遗弃在日本，独自回了美国。记录或者描写这种事情的电影也有不少。

仙台、横滨

货轮从洛杉矶一路北上，沿美国西海岸经阿拉斯加，再南下至日本列岛。船上装的是盐，相当压重。但是，两万吨的货轮在阿拉斯加遇上大风，浪像小山似地冲过来，船忽上忽下摇晃起来，餐桌上的银器一下子掉在了地上。本来和我们几个客人一块说话、吃饭，好像无事可做的船长在经过阿拉斯加的两天两夜里，不见了。船员告诉我们，船长一直站在驾驶台上，饭茶都是船员送上去的。

第一站。船停靠在日本东北部的仙台。卸掉盐，需要大半天的时间，上陆游览，时间不够，只能下去接接地气。不过，这地方我来过。鲁迅当年就读的仙台医科专门学校现在成了仙台医科大学，他听课坐过的桌椅被保存下来，成了供人参观的景点。作为鲁迅老师的藤野先生因为他的缘故在历史留下了名字。回忆着这些往事时，不觉就要开船了。

不久，船到了横滨。这地方我很熟悉，离东京不远，1950 年那年，我在一家贸易公司工作，常到横滨办事。在船上我已经接到通知，久埜的父亲要来接我。船停泊，靠好码头，上来一位老人。正是久埜的老父亲。头一次见，给我的印象同他儿子一样，只是多了一层威严。我把久埜的行李交给了他，他感谢了一声，就再见了。我也下了船，带的东西不多，拖着上了地铁，去了东京。

东京、大阪

在神田寮，接到久埜先生的电话，约我去他在东京的成城地区的家。成城在东京是富人和有名人居住的区域。他们家是一座不大的两层楼，后面却有一个很大的园子。久埜先生和夫人的热情接待使我轻松了不少。谈起话来，我才了解到，久埜老先生曾做过日本政府邮递省的次官，这在日本的官员中是最高级的了，上面的大臣一般都是执政党的政治家。久埜老先生感谢我，行李一件不少，全都看到，他说“一件不少”时，加重了语气。

久埜从英国回到日本，打电话约我去他家住一住。我去了，就住在楼上的一间客室里。从成城的地铁站出来，走到久埜家有一段路。两旁全是有钱人和有名人的寓所，很清静，走在这条路上，心里好像自然生出一种平静。而且，这条路上还有一家品味很高的烧鳗鱼的专门店。每次，我去久埜家，他总是请我在这里吃一顿烧鳗鱼饭。临走时到他家辞行，久埜老夫人跪在门口处，对我说有件事

后排从左依次是久埜收吉、久埜老先生、大槻守治，
前排我的左侧是大槻美枝子

能不能求我，看到老太太脸上露出的悲哀神情，我只能说当然可以。她说，她的长子战死在中国的长沙，希望我去到长沙替她祭奠一次。我犹豫了一下，回答她“我记住了”。

1956 年的这件事像一块秤砣一直压在我的心头。1979 年 11 月我应洛阳市委书记阎济民邀请去洛阳，到那里参观过法门寺。方丈出来接待，领我到他的禅房谈了一小会儿话。我看见在墙壁的佛龛挂着许多白纸条，细看上面分别写着日本人的姓名。方丈解释说，许多日本人到寺里访问参观，请他为他们的故人超度祈福，这些白纸条上就是他们的名字。我问他，这里会不会有侵华日军呢？方丈对我说，可能有，但是人一死就一了百了。对待亡魂，他是一视同仁的。我不知道久埜的大哥的姓名，写不出白纸条。然而，那块秤砣从我心里掉下了。

久埜的姐姐嫁到大阪，夫君是大掤守治，姐姐自然改姓成大槻美枝子。守治是在大阪的钟纺公司的董事兼钟纺棒球队的总教练。那时我住在京都，守治经常叫我去他家小住，并且开车拉我去神户吃西餐。这样，我成了久埜一家的亲密朋友。

后　话

久埜结婚，给我寄来结婚照，夫人名百合子，比他高。后来，我去东京，见到他们时，百合子告诉我，久埜有驾照，但从来不开车，都是她当司机。不过，他们俩妇唱夫随，倒也挺好。他们有了一个儿子，名丰。后来，一次我去东京，看见他时，已经是个大孩子了。

久埜来过北京，是我邀请他来的，还是在吃饭要粮票的时代。百合子是中学英语教师，参加日本教师代表团来北京交流过教学经验。我特地请了一位通日语的姑娘陪她。

两年前，百合子写信给我，说久埜患上了失忆症，已经无法动笔了。我写给他的信，只能由她代读了。我跟他 60 年的交情就此结束，人生怎是这样无情。

中间站立的是久埜收吉和久埜百合子

记季羡林先生

本来我没有资格写季羡林先生，但是一次我看到了凤凰卫视的《鲁豫有约》栏目。在这篇采访当中，有季先生的儿子季承，学生钱文忠，传记作者蔡德贵等出现。他们的回忆给了我许多的联想，我愿把它们记下来。这就是我写这篇短文，并题为《记季羡林先生》的原因。

我曾经听说过，季先生对他的夫人非常冷漠，几乎不尽人情。今天我才知道其中实有隐情。其实是，他们夫妇相濡以沫，直至离别。季先生在 2007 年出版的《病榻杂记》中，记载了一件他在德国留学期间的恋情。季先生不会打字，几百万字的博士论文交由房东的女儿代打。季先生付的报酬只是陪着姑娘走遍了哥廷根的大小街巷。35 年后，季先生再访哥廷根，去到旧居探望，一楼的居户称曰不识，先生只得黯然离去。谁知姑娘就在二楼居住，终身未嫁，一直等候季先生 60 年。

在欧美，一位姑娘愿意给你打字，这已经是一种好感的表示了。我在美国求学期间，也是一位住在同一宿舍的美国华侨姑娘替我打字。她的名字叫 *Henrietta Hu*，是大学图书馆的工作人员。我问她，*Hu* 是吴，还是胡，她自己都说不清楚。我交给她的都是一些期中论文（*term paper*)，每篇不过七八万字，但前前后后有五六篇，有时是一些读书报告之类的短文。所以两年当中，我经常找她。宿舍楼却是男生和女生分开在两栋楼里。我交给她论文时的谈话都是在宿舍的公用会客室里，只是偶尔到她的房间去拿打好的论文。一次在她的房间里，她交给了我两双袜子，说是她用尼龙线为我手织的。这件事我告诉了当时也在伯克利读书的妹妹，又接着传到了宿舍女生的耳中。她们说，那双袜子就是定情物。我根本没有这个意思，因此也就没有这种感觉。一天，她对我说，她的父母亲要从洛杉矶来看她，希望我陪她一起见见。她父母来了，我见了，她父亲是位医生，在美国当医生的大都是有钱人。不久，她问我，可以吗？我只得对她说，我早晚是要回家的。过了几天，见不到 *Henrietta* 的踪影，宿舍的女生告诉我，她已经辞职离开伯克利了。去向哪里，无人知晓。我同季先生的相同之处就是，我们都有一位打字的女朋友。季先生给的报酬是陪着姑娘走街串巷，我却只是跟姑娘在屋子里聊聊天。这是我跟季先生的不同之处了。有时，*Henrietta* 约我去参加舞会，我陪她去，跳舞时，我对她说，我不会跳，她不相信。一跳之下，我净踩她脚了，她却说，你真老实。那双袜子，我带回了国。那位姑娘，我只有今天在这篇回忆中想念她了。让喜欢的姑娘伤心，却又是我同季先生的相同之处了。

我和季先生只见过一面。10 年前吧，中关村的文化周活动有一次会，会上请来季羡林先生，大家请他先发言。他讲了这样意思的一番话：中关村如今大力发展科技产业，但若是不注重文化的培养和扶持，科技产业是搞不好的。我听了，深表同感，也就顺着这个意思讲了几句。季先生讲完话，就起身离去了。我的话他自然没有听到，我也就失去了向他致敬求教的唯一可能的一次机会。

中国科学院的管理学组与钱三强先生

参加工作

1956 年 8 月 25 日我回到祖国，住进天津的惠中饭店。不到一个月，也就是 9 月 11 日收到钱学森先生给我的信，要我到力学所参加刚刚成立不久的运筹学研究室工作。因为正在集体学习政治，我又被指定作为学习小组的读报人，一时不能离开。到了 10 月 22 日，我移居到北京前门外永安饭店的归国留学生招待所之后，才有机会去力学所拜见钱先生。11 月 19 日我去位于三里河的中国科学院干部局正式报到，成为中国科学院力学研究所运筹学研究室的副研究员。从此，我与中国的管理学结下了不解之缘。

1957 年 2 月，新年假日过去不久，钱先生把我叫去，听取我的研究工作计划。他提出了几点意见，说了几句鼓励的话，然后非常郑重地对我说，要我到外地走走，了解一下厂情、国情。他给我一个月的假期，去完成这个任务。这是我第一次领略到钱先生的学术领导作风。由于这次的机会，我认识了当时的第一机械工业部和纺织工业部的几位领导和几位教授、工程师。9 月我们合作举办了新中国的第一期质量控制学习班。学员来自全国各地工厂的科长级的技术人员，地点设在东郊红庙的一机部的学校。开学那天，钱先生亲自到校讲话，实际上是他给我们上的第一课，题目是《理论联系实际》。

1957～1958 年，这段时间也许是钱先生还不算太忙的缘故吧，在工间操的休息时间，他常到我们研究室同我们作聊天式地谈话。之后，我也有多次机会在会上会下听到他的讲话。所有这些让我了解到了他的学术领导力和包容力。

那个时期，在中国，管理学是个冷门。在中国科学院的大环境中，作管理学研究从我的感觉说，就是坐冷板凳。但是，科学院的领导当中却有几位有心人。不用说，钱先生就是其中一位。我不能忘怀的另一位则是黄书麟同志。他见了我，很亲切，还到我家来鼓励我。我已经有好多年没有见过他了，借这个机会，道一声谢。还有一位是李昌同志，当时的院党组书记。我们本来不相识，不知怎地，有好几件事他特别关照过我。我想，大概是原系统所的党委书记胡凡夫同志的介绍吧。说实话，我总觉得，由于这些同志的支持，我在中国科学院算是幸存下来了。

管理学组的组建

1981 年 3 月 6 日中共中央 10 号文件中指出科学院“要加强管理科学的研究，促进科研管理及国民经济管理现代化”。随之，中国科学院于 1981 年 5 月 4 日发出文件通知，“定于 5 月 11 日在北京召开第四次学部委员大会。除原有的五个学部的学部委员参加外，新成立的管理学组尚未选出学部委员，先邀请有关专家参加”。

其实，这个管理科学学组的所谓新成立，其实当时并未正式成立，需要在第四次学部委员大会上通过，并选出该学部的学部委员才能算正式成立。关于这一点，我在下面再详细描述。现在，我先介绍管理科学学组的产生背景。

1. 背　　景

太早的不去说它，单就 1980 年我所经历过的几件事作个记述。3 月 7 日，负责科学院学术委员会工作的顾德欢同志把我叫到他家，彼此谈了对科学规划的想法。全国科协召开全国代表大会开幕式前一天，3 月 14 日，顾老召集几位代表对科学规划交换了意见。1979 年的全国科学大会，我并没有参加，提出的科学规划我也不太熟悉。3 月 20 日，顾老又一次召集了座谈会，专门讨论了国家规划的问题。5 月 29 日至 6 月 3 日，全国科协与中国科学院联合召开了“系统科学与经济规划”讨论会。我参加并提交了一篇论文。当时的国家经济贸易委员会（简称国家经委）技改局局长朱镕基同志在会上做了题为《工业发展与调整的方针与困难》的报告。在这之前的 4 月 25 日，原系统科学研究所所长关肇直同志告诉我了，他将去院部参加会议研究向中央领导从当前形势与系统研究上建议的问题，并要我选交几个题目。我提了长远规划制定的问题。我隐隐约约感觉到，国家要认真考虑管理科学的作用了。

7 月 10 日，李昌同志召集会议，研究自动化所工作方向的问题，要我参加。会上，他首先说明了院务会议提出的要参加国民经济建设并解决其中重大问题的方针。与会代表讨论之后，他总结说，院的各个所都做了一些工作，但太分散，又与国家实际联系不够；科学院是有潜力的，但要形成一个战略方向，比如说“经济规划，质量管理，技术改造”。最后，他部署了近期的工作。

10 月 27 日至 31 日，中国科学院举行会议。这是一次重要会议。胡克实同志主持会议。他宣布，中央书记处将于 11 月 10 日听取科学院的汇报，本次会议共邀请科学家 45 人，院、分院和各学部领导 19 人，再加上工作人员和新闻记者一共约有 100 人，目的就是希望集思广益，提出意见。因为只向书记处汇报，所以不在报刊公开发表。接着，李昌同志讲话。他说，赵紫阳总理很关心科学院的工作，特地派秘书找他询问这次会议的准备情况；方毅院长将到会讲话，希望与会同志阅读有关文件，充分准备发言。他还介绍了当前中国的经济和政治形势。从中我听到了要公审“四人帮”的消息。在底下我想，我可能要得到平反了吧。大会发言和分组讨论都十分热烈。方毅院长在讲话中，称赞了中国知识分子。他说，十年浩劫不灰心，白天挨斗，晚上回去偷偷写论文，令人感动！他又说，党政关系要有个正确关系，企业厂长无权，一切书记说了算，这不行。他还说，他相信科学家当院长，能把院办好。基于这个信念，他说他要辞去院长的职务，他来开个先例。他讲了许多话，都是实实在在的，令我感动，真是我们的好同志，好领导。

转眼间，到了11月23日，中国科学院召开了一次特别的会议，又要我参加。会议由钱三强副院长主持。到会的有李昌、黄书麟、于光远、顾德欢、吴明瑜、赵世英、罗威、何祚庥、罗劲柏、林自新、徐联仓、孟昭文等。这个“等”字，不是说这些人不重要，是我记不全他们的名字。三强同志说，院要成立一个自然科学与社会科学交叉的第六个学部，目前暂叫第六学组，请大家来谈谈学部正式组织成立起来，怎样的称呼，怎样的内容，小组成员的名单怎样定。这样以后好开更大的一个会。

这个会开得很热闹，发言踊跃，插话积极。李昌同志说，要搞这样一个学部，自然科学、技术科学的学部委员不赞成，先搞个小组吧。于光远同志立即插话，他们是不是不懂？像这样的插话有不少，我听了觉得过瘾，又有点担心。从讨论这个学部是科学革命性质的，还是技术革命性质的，到学者的认识和领导的决策是什么样的关系，真是无话不谈，无鲠不吐。到了起个什么名字的问题，长的短的，奇奇怪怪，什么都有了，定不下来。三强同志说，就叫第六学部吧。李昌同志说，这行不通。我提议称为管理学部，好些与会同志，如黄书麟、顾德欢等同志都赞成。最后，会议采纳了这个名称。

以上就是我参加过的会议，和我了解到的情况。1980年是我非常忙碌的一年。在全国推行全面质量管理的任务重，筹建各行业、各地区质量管理协会的任务重，出国的任务重。尽管如此，我还是非常愉快，因为我觉得，我为中国的管理科学做了一点别人没有机会做到的贡献。

2. 第四次与第五次学部委员大会

大会如期举行了。管理科学组邀请了 30 人，召集人是：石山、我、邓裕民和汪敏熙。大会在其他几个重要议题之外，讨论的就是中国科学院管理学组的目的、性质和任务。大多数学部委员不同意成立管理科学的学部或学组。开会之前，我拜访了院秘书长和副秘书长，向他们说明了组建学部或学组的意义，已经知道了他们的态度。但仍然令我惊奇的是，科学院顾问张稼夫同志在大会竟然发言中质问，管理是科学吗？但令我欣喜的是，竟然有钱三强、钱学森，华罗庚、周培源、苏步青等 24 位学部委员签署了书面意见，表示愿意兼任或专任管理学部的委员。

在大会的闭幕式上，李昌同志在讲话中宣布："这次大会决定中国科学院设立一个管理科学的学组，这是有重大意义的。"钱三强副院长任组长，汪敏熙同志任副组长。

然而，有件事至今令我不解。1980 年 10 月 21 日国务院同意了科学院的《关于学部几个问题的请示报告》，规定学部委员的增补名额为 350 名，其中 20 名为管理学组名额。期间，三强同志要我先活动，拟出一份名单。没等我交卷，会议通知我管理学部的学部委员取消了。2000 年中国工程院成立工程管理学部。2001 年，我被选为中国工程院的工程管理学部院士。整整 20 年，回想起来，这是命运。不过，这命运又是多么讽刺。

第五次学部委员大会于 1984 年 1 月 5 日至 12 日在北京召开。这次大会上，管理学组已经不是一个单独的实体了。汪敏熙同志只是作为院机关的一名代表出席聆听。我收到中国科学院的邀请函（(83）科发办字 1025 号），要我就"管理科学与提高企业素质"向大会作一个学术报告，并且希望是综述性的，尽量围绕制定长远规划的需要。这是我最后一次正式在中国科学院学部委员大会上作有关管理科学的报告了。这次会上，委员们已经不再讨论什么管理科学了。

3. 管理科学组的取消

1982年1月15日，在友谊宾馆内的科学会堂举行了一次中国科学院召开的美国科学院科学政策报告及座谈会。美国方面的7位成员都是名校校长和有关权威人士。会上自然涉及了自然科学与社会科学的交叉问题。紧接着，1982年1月19日李昌与钱三强两位同志联名发出通知称："为了贯彻五届四次人大会议的精神，拟于本月二十二日上午九时整三里河院部二楼50号会议室，召开一次小型座谈会，着重讨论管理科学组的工作问题。去年国务院曾批准该组可增补二十名学部委员。关于该组学部委员的具体条件与产生办法，将在会上进行研究"。

上述的两次会议好像都没产生效果，以致在1983年4月22日由管理科学学组副组长汪敏熙署名的《工作汇报》提出的建议中第一条仍然是"及早遴选学组的专任学部委员是加强对管理科学学术领导的关键，希望及早进行"。众所周知，这个希望在中国科学院一直没有实现！

1983年4月8日，管理科学组在三里河中国科学院院部召开了一次座谈会，讨论了以下几项内容：一，加强数学为国民经济发展服务的建议与措施；二，加强科学院管理科学研究和培养相应队伍；三，制定自然科学与社会科学交叉学科规划的意见。会议由钱三强同志主持。与会同志的发言围绕一些名词，如软科学、技术经济、知识经济等和交叉的意义阐述了各自的看法。我的感觉是此次会议不会起作用。果然，1984年6月10日，数学研究所、应用数学研究所、系统科学研究所三所评议的过程中，马大猷先生来到系统研究所，在评议会上说道，管理科学组取消了。

1984年7月25日至27日，院办公厅在友谊宾馆小型座谈会探讨院改革问题，要我出席。7月30日，周光召院长叫我去汇报。我向他详细汇报了管理科学组的产生经过，以及近三年来我所参加过的中美、中日间的管理科学国际会议的情况，趁机向他打探了一下有无可能在中国科学院设立管理科学研究所的可能。当然，这只能是我的最后挣扎了。

1992 年 7 月 4 日，钱三强先生的遗体告别式在八宝山公墓礼堂举行，灵前我向这位承认管理科学作用并维护管理科学地位的伟大的自然科学家深深地鞠了三个躬，心中默默感谢他为管理科学所作的种种努力。

从 1985 年起，我的日记里没有一行有关中国科学院管理学组的话了。它在我心里好像是消失了，又好像是更深地埋藏在那里。

我的怀念：记国际东亚研究中心与市村真一

2009 年是国际东亚研究中心（*ICSEAD*）成立 20 周年，我愿记下我同中心的交往，并祝中心取得更大的成功。

缘　起

市村真一先生是我的老同学，1997 年他约我写一篇稿子。我写了一篇《中国汽车市场的展望》，发表在当年 3 月的《东亚的视点》上。从那时起，承蒙他的好意，我同中心结下了缘。这份缘，这份情，是我终生难忘的福分。

1993 年 7 月我在日本大阪国际大学进行“劳动生产率”的学术交流。访问时任该大学校长的市村真一教授

一部著作

1998年12月22日市村先生来到北京，在他下榻的京伦饭店，同我谈了他计划出一本关于亚洲汽车工业的书作为中心研究丛书其中一卷的想法。他要我负责中国汽车工业的部分。当然，这之前，他已经同我通信说过这件事，我也做了些准备。于是第二天，我请他到东风汽车公司北京办事处来，同几位中国汽车工业的人士专为此事见了面，并且进行了会谈。这样，启动了这项调查研究。这项研究工作对于中国来说，是第一次中国汽车工业的总结性报告，也是第一次学术性的尝试研究。

2000年，我向市村先生递交了中文原稿。2001年，我在留居加拿大和美国期间完成了日语的翻译，原稿分别从两地寄交市村先生。书稿2004年在日本由创文社出版发行。市村先生在书的序中，对我的工作表示赞赏。其实，我对他倒真是万分感谢。因为他给了我一个机会，让我能把我20年来为中国汽车工业所做的工作和感慨写了出来。

我希望，这本书能够成为该中心的骄傲。不管怎样，对我，它是个珍贵的纪念。

一次讲演

1999年6月24日，躬受市村先生的邀请，我第一次访问中心。他领我参观了中心的设施，介绍中心的科研人员给我。晚上，他在厚生年金会馆的八云餐馆为我举行了盛大的晚宴。我感受到了同窗的情谊。25日，我向中心的各位科研人员做了一场演讲，介绍了中国当时的经济改革。我想，这场讲演没有给中心留下什么印象，因为我自己都不记得我讲了些什么。不过，这毕竟是种荣誉，要记下来。

15周年

2004年11月，我用了一个月的时间，遍历了我60年前在日本留学期间到过的地方。25日我来到了北九州市，幸逢中心成立15

市村真一送我到车站

周年。26日下午，我应邀出席了庆典活动。会场上贵宾齐聚，山下所长在向客人介绍我时，特别提到了我在中国汽车工业上的工作。市村先生更是拉我到贵宾面前，特为介绍我的经历，说我的日语好。这是第一次有日本人在日本人面前夸我的日语。哪里会那么好？其中印象深的一位是世界银行的副总裁吉村幸雄先生，我想也只能是在中心的这种场合才能见到这样的国际人物吧！

最后一次

2005年10月9日，在北京大学的资源宾馆，山下所长约我去谈话，他要我介绍中国汽车工业和汽车市场的新情况。那时，我没有想到，中国的汽车工业会发展的这样快。2009年的今天，中国汽车的月产销量竟然达到了100万辆。

虽然我和市村先生还保持着电子邮件的联系，但同中心的人际接触，这是最后一次。

悼念朱兰博士

2008 年 2 月 29 日朱兰研究院发表公告，朱兰 (*Joseph M. Juran*) 博士于 2008 年 2 月 28 日逝世，无疾而终，享年 103 岁。研究院院长 *Joseph De Feo* 先生在声明中传达了朱兰博士的生前意愿，希望人们记住他为改善人类社会的质量所作的贡献。我不会忘记，我想，中国的质量工作者都不会忘记，特别是他对中国的质量所给予的关心和忠告。更是为了记住他，我想写下我所知道和见到的朱兰博士。

朱兰博士

朱兰博士来北京

朱兰博士的名字，我很早就知道了。20 世纪 50 年代初，我在美国上学的 5 年期间，因为在上质量管理课时，1951 年版的《朱兰质量控制手册》是必读的参考书。1956 年我回到日本，才听说朱兰博士曾在 1954 年来日本讲质量管理，并且深受日本企业界的欢迎。戴明博士在 1950 年来日本同样讲过质量管理，也同样深受日本企业界的欢迎。他们两位讲的有什么区别，对日本的企业界产生的影响有什么不同，我很想弄清楚这个问题，也总想能见见他们两位。

1982 年 3 月 21 日朱兰博士访华，来到北京。22 日当晚，中国质量协会岳志坚会长在仿膳设宴招待朱兰博士，要我作陪。这是我第一次见到他，朱兰博士已是七十八岁高龄，但精神抖擞，谈吐爽快。第二天，朱兰博士上午到红塔礼堂作报告，下午去首钢参观，我全天陪同。报告的全文，我找不到，但在我的日记里记录下了当时给我印象很深的两句话。一句是，工人已不再是决定质量的重要因素了；另一句是，标准化虽然很必要，但是它有阻碍创新的缺点。这两句话着实让我苦恼了好一阵子。那几年正是我拼命宣讲和推行全面质量管理的时期，我到处诉说，质量掌握在工人手里；标准化和质量管理是表里一体的关系。但是质量大师公开说了如此相反意思的话，我应该怎样去理解、回答呢。关于这个问题，下面我再讲。我想先在这里感谢朱兰博士，他启发了我。在陪同他参观首钢的路上，我向他讨教，他只说，他写有几篇文章，要我以后看看。

朱兰博士在北京

1982 年 3 月的最后一个星期，朱兰博士在首钢为中国的质量工作者举行了正式的讲习班。第一堂课，出乎意料，他几乎没讲多少质量管理。一上来，朱兰博士介绍他的身世。他出生在罗马尼亚的一个犹太裔贫苦家庭，父亲是一位皮鞋匠。实在太穷，日子过不下去，父亲先走，母亲带着孩子后走，他在八岁那年移民到了美国的明尼苏达州明尼阿波利斯市。在当地，他从小学，半工半读，完成了大学学业，然后去芝加哥，进了当时的西方电气公司的霍桑工厂的检验科当检验员。他说，他从小因为穷，又是犹太裔人，处处受人歧视，挨人欺负，逐渐养成了不合群、独立的性格。这就是他后年自创事业的缘由。我边听边想，朱兰博士跑到中国来讲学，开头讲的怎么是这些话。莫非社会主义的中国让他有了一些感慨。不管怎样，我感觉到，听课的学员们都好像受了感动。过了 20 多年，当我读到朱兰博士在 2004 年出版的《朱兰自传》，他在好几处写到他的“恐惧”。前后的话两相对照，我看到了一个倔强的孩子，努力用知识武装自己，最后成为战胜世界的巨人。

朱兰博士在北京的讲学中，使中国的质量工作者感到收获最大的是，他对质量的解释。他说，以往的质量定义是符合性的定义，现在应该是适用性的定义。1982 年的时代还是计划经济，猛地一听，似有雷鸣贯耳之感，这使得许多听课的领导同志大为赞赏。我想，一个重要的原因可能是，当时中国产品的大多数用的标准依然是原苏联的，或略加改进的标准。要改，但改的理论依据是什么呢？是不是就在这句话里呢？ 3 月 31 日，袁宝华同志来首钢看望学习班的学员，听取学员们的意见，并做了讲话。他说，国务院提出，经济效益是一切事业的出发点；质量第一是一切事业的基本，质量管理是根本性的大事业。可惜，朱兰老师已于 29 日讲完最后一堂课，下午离开了北京。他没有听到宝华同志对质量和质量管理所发表的如此高度概括的精辟见解。

还有另一件事情。学员们听了朱兰老师的讲课，都感到当时的中国政府对质量的管理不力。质量归在各个部的科技司，一来对质量和质量管理的理解不够，二来对企业没有直接的质量领导作用。于是，学员们认为，必须设立一个统一的管理质量的国家级机构。于是，由孙长鸣学员起草意见书，包括我在内许多学员签名，送呈当时国务院副总理薄一波同志。这个意见立即得到薄副总理的认可。袁宝华同志就是来首钢向学员们通报国家经济贸易委员会决定在部门内设立质量局的。众所周知，这个质量局以后演变壮大成为现在的国家质检总局①。所以，朱兰博士来华讲学，促成了中国在质量上的政府机构改革。这肯定是他没有想到的事。遗憾，我应该在他在世时告诉他的。

朱兰博士的为人、思想、贡献

我只是在 1982 年 3 月朱兰博士来北京的那段日子，与他有过不

① 中华人民共和国国家质量监督检验检疫总局（简称国家质检总局）。

到10天的接触。以后在几次国际质量会议上又见过他，但找他谈话，照相的人太多，我只能趋前向他问一声安。在悼念他的时候，要我来谈博士的为人，我实在没有多少第一手的感性材料。然而思念故人，总是首先想到他的为人，这是人情。第一次见到他时，他给我的印象是没有架子。像他那样大师级的质量专家，前前后后我见过几位，现在回想起来，朱兰博士最没有架子。另有一点是勤奋。朱兰博士逝世后的一周，美英的各大报纸，如《纽约时报》、《洛杉矶时报》、《卫报》和学会、协会，以及他的母校明尼苏达大学都发表了讣告或追悼文章。它们都说到了博士的勤奋。《纽约时报》引用了朱兰博士的孙子、哥伦比亚大学教授 *David Juran* 的话："爷爷从来没有真正区分开工作和休闲。工作对于他来说，是一种享受。所以，他没有退休或下班之说。"是呀，如果不是这样，哪里来的他那许多的著作、论文、报告，还有那么多的事业经营、出国讲学和咨询服务？

至于思想，他的80–20法则、质量三部曲和21世纪将是质量的世纪等，中国的质量工作者都很熟悉。他的著作、论文，由于上海有个朱兰研究院的关系，大部分内容和其中包含的思想，想必在中国已经得到广泛的传播，我就不说了。我只就我在上面说过的两个问题，谈一谈我对他的思想的认识。

第一，他认为，质量不只是个技术问题，而更是个经营和管理的问题。企业的管理层不应把质量仅仅看做是技术人员的职责，而应该是自己的首要职责。他在日本和中国宣贯的正是这个观点。但这是不是置工人于不顾呢？我看并不是。1999年，美国的杂志《质量文摘》对他的跨世纪近百岁人生有一篇采访记。其中他说，工人不应只是干从上边做计划的人交代下来的活儿，而应该参与计划的制订，要组织起来，结成小组，接受培训并且学习制订计划。工作不是单独的，都是在与上下工作的连接中完成的。因此，团队精神、小组工作才能把计划作得完善，把工作干得更好，这是新时代的特征。他的这番言论是在他谈及泰罗制时发表的。他承认，20 世纪是劳动生产率的世纪，而泰罗功不可没。但是，把计划与执行分开的泰罗式的标准化的缺陷恰恰就在于计划和执行的分开。这样使得在执行层，创新意识渐渐消失了。补救的办法就是小组工作，作计划的与执行的一道在小组里工作。这不正是我们在中国奋力推行质管小组活动的本意吗？不管怎么说，把质量管理的教育培训重点，从工人转向经理层，尤其是总经理，是朱兰博士质管思想的基点。他所有的著作都是对这一思想的阐述。

第二，朱兰博士一生是透过质量观察社会和世界的。他的理想是做一个独立自由的思想家。1924 年，他从明尼苏达大学电气工程系毕业，进入贝尔系统下的西方电器公司的霍桑工厂。直到 1941 年的 17 年间，他从厂检验科检验员升到公司纽约总部的高级工程师，主管工业工程部。他所追求的家庭生活的稳定和安全有了保证，但他始终在考虑适合自己性格的工作岗位和工作方式。太平洋战争爆发后不久，他被借调到华盛顿的当时因战争需要而应急设立的军事物资租借局做官员。1945 年 8 月 15 日，他离任，下定决心做一个自由职业者。为了能有一份固定工资养活家庭，朱兰博士于 1945 年 9 月 1 日应聘成为纽约大学工业工程系的教授兼系主任。同时，入伙一家咨询公司打临工。其后的 20 余年间，他观察、思索、研究质量问题。新思想、新原则、新方法、新建议不断涌现。著书、演讲、咨询服务，使他在国内外名声大起。1979 年他终于有了创业所需的资金，创办了朱兰研究院，时年 75 岁。

我感兴趣的是，在从公司职员到自由职业者转变的过程中，他想了些什么，或者应该说是什么促使他转变的。幸好，《朱兰自传》里有他自己的生动有趣的说明，再结合各种讣告上的有关内容，用我们的语言说，我想就是他对“理论联系实际”的理解和信念。第二次世界大战给美国留下了许多遗产和问题。其中一个重要的问题就是质量控制。朱兰博士在这方面既有他在企业里的又有他在政府部门的质量管理工作经验，因此他看到了一个大问题，就是如何把战时军工企业质量管理的成功经验普及到民用企业。然而，他发现工业工程系是整个工程学院里地位最低的，并且仅就质量管理而言是无法联系实际的。用他的原话说，即“学校的主要不便之处是没有一个真正做研究的实验室。对于管理学科而言，这样的实验室需要体现真实的操作行为：工厂，办公室，仓库，等等”。所以他在1951年辞去了大学的职务，转到了美国管理协会。在这里他找到了一个平台，可以开展他的活动，把他的质管思想传播开来。实践证明，他的这一决策是正确的。至少对他个人是如此。

说到他的贡献，人人都会想到他对日本成为“经济大国”的帮助。给他授予的日本国二等瑞宝褒彰是外国人所能得到的最高级别的勋章，规定由日本国总理大臣授予。不过，他的贡献是多方面、世界性的，而且不是罗列他的著作、论文和演讲所能道尽的。我想，有一个典故可能是对他的贡献所作的最好说明。1986年的一次美国质量会议上，美国质量协会会长*Dana M. Cound*，在介绍朱兰的时候，感到十分为难。他找不出一个词或一句话，甚至几句话，能把朱兰的业绩讲清楚。他忽然想到了另一个名人，一位家喻户晓的、能够在任何一个位置上做到既优雅而又胜任的棒球选手。在一个场合也是请他作介绍，他用了一句简洁了当的词，“*I give you Jim Gillam, a baseball player*”。在他介绍朱兰博士的这一场合，他借过来说，“*I give you Dr. Joseph M. Juran, a teacher*”（诸位，我向你们介绍约瑟夫·朱兰博士，一位导师）。这是最高的赞誉吧。我认为，这也是对他一生为全球社会所作贡献的极为恰当的评价。

一点注解

《朱兰自传》中提到中国的唯一之处，是在关于他要写质量管理史的记述当中提到的。因为我是当事者，所以必须作一点儿补充。

1982年3月23日，朱兰博士接受邀请在北京三里河的红塔礼堂作公开讲演。在贵宾休息室谈话时，他提出了要写质量管理史的设想，希望中国方面提供这方面的材料。中国质量协会岳志坚会长当即表示同意，并交由宋力刚秘书长办理。朱兰博士为此留下了5000美元。后来宋秘书长请人写了两篇关于中国古代质量管理的文章寄给了朱兰博士。

1995年4月5日，朱兰博士通过他的助手给我来信，要我为他的第五版《朱兰质量手册》写一篇中国的质量管理。信中还特别提到了1982年他在北京的讲学。我答应了之后，他给我寄回了由他改写过的那两篇文章。参考这两篇和其他我搜集到的材料，再加我个人的见解，写成了《朱兰质量手册》（第五版）的第42章《质量在中国》。对于这本书，《朱兰自传》中说，朱兰博士认为自己是倾注了心血的。我也很高兴，我帮上了一点儿忙。

朱兰博士走了。上海的唐晓芬院长在朱兰博士闭门谢客之前的10年间，曾到美国拜访过他几次。每次唐院长回来，都给我说一说见到他的情况。第一件是，凡是从中国去的人士，他都愿意见；第二件是，每次见面他都祝愿中国的质量和质量管理好上加好。我希望，我们中国全国的质量工作者要记住他的祝愿，把我们的质量和质量管理搞上去。

记朱镕基：一位注重质量的管理学家

朱镕基同志是中国国务院第五任总理，世称一代名相。我怎么说他是管理学家呢？且听我慢慢说来。

怎样认识的

我认识镕基同志的时间比较早，快30年了。1978年开始，由于推行全面质量管理的缘故，我与国家经委攀上了关系。之后，国家经委的几任主任都很照顾我，特别是袁宝华同志。朱镕基的名字就是那时候从他那里听到的。1979年起，镕基同志到国家经委工作，我才见到他。刚上任时他只是个处长。从一些人的口中，我知道了有关他的学历和经历的简单情况，对他有了一种既好奇又敬佩的感情。他出身国内名校，我是从国外名校回来的；他曾是挂了号的“右派”，我是漏了网的“右派”；他不是学经济的，但对管理有很大的兴趣，我是学经济的，转而从事管理的研究。

1979年，天津人民出版社要出版一套工业企业管理丛书，找他写一本《现代化管理》。来国家经委之前，他曾任中国社会科学院工业经济研究室主任，写本书应该不成问题。但他还是找我交换对管理现代化的意见。因为恰在那时，国家经委企业管理研究班教学参考资料选编的第二册刊载了我1978年7月为广东省工业交通办公厅所作的报告《企业管理的现代化》，这可能引起了他的注意。通过《现代化管理》这本书，我结识了朱镕基同志。以后常常见面，常常交谈。跟我所认识的官员一样，随着他们官位的步步上升，我同他们的接触越来越少，镕基同志也不例外。那本他送给我并有他亲笔题词“刘源张老师：请赐教指正。朱镕基，八零年四月十二日，南京”的《现代化管理》一书现在成了我家的传家宝。

管理很重要

1983 年，他已是国家经委副主任了。中共中央宣传部、组织部委托中国科学技术协会编写一套适合全国广大干部阅读的《现代科技知识干部读本》，其中的一本是《管理现代化》。主编是朱镕基，我是编委的一员，由此我对他的管理思想有了进一步的认识。书中第三页的一句话“当前需要优先解决的问题，第一是管理，第二是管理，第三还是管理”。就是他刻意写进去的重要思想。作为国家经委副主任，事情很多，已经够忙的了，他硬是挤出时间来编书、写书，可见他对管理的兴趣和重视了。他自己也曾这样说过类似的话。1984 年，时任国家经委副主任的朱镕基接受邀请担任了清华大学经管学院的院长，2001 年在国务院总理任上辞去了这一职务。在告别清华的演讲里，他说：“1984 年，刘达同志邀请我做院长，我从来没有学过经济，但对管理特别感兴趣，所以，不知高低，一口应承下来。”

人们都知道朱镕基总理重视管理。对于中国的管理学界，他最有名、最有影响的一句话应该是：“管理科学，兴国之道。”这是 1996 年 7 月 25 日他为国家自然科学基金委员会管理学组升格为管理学部的祝贺大会上的题词。这时，他是国务院副总理。我当然很高兴听到这句话。但是，管理在实践中有各个不同方面的管理。镕基同志一生从政为官，由小到大，由低到高，主管过不同部门，到最后主管全国的管理工作。从部门说，他主管过工业、经贸、银行、建设、教育；从国家和地区说，他主管过上海乃至全国。从业务上说，他主管过燃料动力、电力通信、技术改造、体制改革。在这许许多多的职务和业务当中，他最最热心并受到全国广大业界干部热烈欢迎的是哪一个呢？

质 量 管 理

朱镕基同志任上海市市长期间说过一句话：“质量是上海的生命。”此话一出，语惊四方。后来，我在上海见到他时，提起此事。他说：“是，说了这话受到攻击，有人不满，说政治才是上海的生命；说话用词，总是有某一个意境，我是说经济，又不是在说政治。”1991年6月，中国民主促进会等单位在北京联合召开了一次质量责任制的会议。我在会上作了报告，效仿朱镕基市长，我说，质量不止是上海的生命，而且应该说是中国的生命。听众热烈鼓掌，记者却找我来说，他虽然赞成这个说法，但消息上报时，他要改为质量是中国经济的生命。那个年代，人们的思想还远远没有解放。人们都说，质量是企业的生命，那么，企业是不是中国的生命赖以所系呢？

1980年3月10日，国家经委颁发了《工业企业全面质量管理暂行办法》(简称《办法》)。其中有一条说，质量管理是企业管理的中心环节。我参与了《办法》的制定，万万没有想到，公布之后好些同志出来反对。他们说，计划才是企业管理的中心环节。几年后，朱镕基同志在中国质量协会召开的一次会议上说，质量管理是企业管理的纲，纲举才能目张。他的这番话极其有力地维护了当初《办法》主张的观点。现在，计划经济变成了市场经济。又有人出来说，战略才是企业管理的中心环节。我总是在想，计划也好，战略也罢，不都是首先要考虑质量吗？纲举目张，那个纲如果不是质量，找什么去做纲把目张起来呢？

上面介绍的两句话，一方面，可以看出镕基同志对质量和质量管理的态度，另一方面，也大大地鼓舞了全国广大质量工作者的信心和勇气。质量在中国始终是个“老大难”，从我接触到的前后几任国家经委主任和几任国务院总理来看，我感觉，质量都是他们头疼的问题。朱镕基总理对质量的关心是最突出的一位。下面我再介绍几个事例。

1992 年 5 月 28 日，在北京举行了第一次全国质量工作会议。朱镕基副总理主持，李鹏总理讲话。那天下午，恰巧总理有重要外事活动，一时不能按时到会讲话，临时朱镕基副总理救场讲话。他说到了质量工作会议的重要意义，说着说着，他忽然说，今天这次会上某某市的市长就没有来，如果今天这个会是计划工作会议，不请他，恐怕他也要抢着来，因为可以要项目、要资金，质量工作会议一无项目、二无资金。此言一出引得众人哄堂大笑。我坐在后排，想到了另一个故事，也是他当副总理稍前的一段时间，在中国质量协会的一次会上，讲话中他质问："今天这个会，技监局的局长来了，怎么我没看见商检局的局长？"我想，对呀，质量当然不仅是技监局的事。

1999 年 11 月 4 日，第二次全国质量工作会议开幕的那天，当时的朱镕基总理一时因故不能到会讲话，特意送来一封致辞，其中写道："当前，国民经济结构调整的关键时期，质量是主攻方向。没有质量，就没有效益。放任假冒伪劣，中国就没有希望。"与会代表在讨论时，纷纷发表感想，都说总理的话言简意赅、击中要害。由此可见他对质量的关心程度。

顺便说说，国家领导人的讲话我听过多次，总是觉得他们的讲话生动、深刻，又有趣。但是见了报，就变成了干巴巴的那么照例的几句。特别是朱镕基同志的讲话，不把他的每一个字眼都如实报道，真是可惜。

其　他

小标题定为其他，不是因为它不重要，而是因为涉及自己，应该谦逊一些。

1986 年 7 月 28 日晚饭过后，镕基同志把我叫到京西宾馆内他住的房间。那天正在开国家学位委员会管理学科评议组的会。朱镕基同志是评议组的召集人，我是一名成员。这件事清楚地表明学界承认他是管理学家。我进到了房间坐下。我们有了这样一番谈话。朱：老刘，你愿不愿意当官？刘：当什么官？朱：副部级的。刘：副部级，不干，正部级还可考虑。朱：你别开玩笑，我是代表紫阳总理跟你谈话的。刘：我知道，你是找人当要新成立的国家质量技术监督局的局长吧？朱：对。刘：我干不了。我举了三条我当不了局长的理由，最后他说，好吧，就这样。自此，他改了对我的称呼，每次见他，他都叫我"教授"。肯定他看出了，我只能是勉勉强强当个教授的材料。这个谈话，我只说给了我的学生孙长鸣，他还颇为我惋惜。如今借这个机会，把它公开出来，对朱镕基同志说声感谢。已经过去了20多年，时效性、保密性，都应该没有问题了吧。

时间真巧，相隔10年，1996年7月25日，在清华大学举行的国家自然科学基金委员会管理学组升格为管理学部的庆祝会上，镕基同志在讲话时看到了我。于是，他说："刘源张来了，从前人家请你到处跑，现在没人请你了吧？不用请你了，企业要赚钱，一靠拉关系，二靠做广告，用不着管理了；但是，迟早他们会看到管理是重要的，管理科学是必需的。"这段话见报时没有了。

这不是小事，是大事。1999年第二次全国质量工作会议上，朱镕基总理没有来。我有一条建议只得给他写信说明了。我就用京西宾馆的信纸、信封写了，从京西宾馆的邮局发出去。幸亏是这样，信才被有关部门转到了国家质检总局，问写信人是个什么人。局里人说是总理的老朋友，信才最后呈交到了朱镕基同志的手上。我建议国家设立注册质量工程师制度，附上我的理由和办法。他立即批示同意，交由人事部和国家质检总局负责实行。现在，全国各地已经有许多人报考并且通过了资格考试，但是我建议的要赋予法律上的义务和权限的一条，至今还没兑现。这是我最后一次跟镕基同志的谈话，虽然是书面的。这也是我最后一次通过我们的政府首脑向我们的政府提出政策性的建议。

朱镕基同志退休了。我也想，退休吧！看见报上偶尔有他的消息，知道他自娱自乐，又唱京剧，又拉胡琴。我为他高兴。我呢，喜欢京剧，却一不会唱，二不会拉。这就是我与他相同和不同的地方。拉他来同自己作比较，真是自不量力。他的学识、他的机智、他的成就，都不是我能望其项背的。然而，有一点，热爱管理学是共同的。在这一点上，建立了我们的友情。也在这一点上，我为他遗憾。他的地位和中国的国情不允许他从国务院总理退下来后，去做清华大学管理学院的教授。什么时候能变呢？

记钱学森：一位理论联系实际的管理学家

20世纪80年代初，由邓力群、马洪、武衡三位同志主编的“当代中国丛书”开始编写出版了。其中的一册《当代中国的经济管理》成立了编委会，由袁宝华任顾问，朱镕基任主编。第一次编委会要我出席。会上讨论的是编写原则，编写这样的书要写事件，也要写人物。我当时提出一定要写钱学森和华罗庚。讨论中间，忽然有人主张，写人要有个“三不写”：写国人，不写洋人；写死人，不写活人；写新中国成立后的人，不写新中国成立前的人。我一听不敢说话了。随之，我就退出了编委会。

等到1985年8月，这本书正式出版发行，我收到了一本。书中所附的“人名索引”罗列了33位人士。洋人有：马克思、恩格斯、列宁、斯大林。国民党四大家族的蒋、宋、孔、陈皆有其名。共产党和新中国的领导人有：毛泽东、周恩来、刘少奇、李先念、胡耀邦、赵紫阳、华国锋、陈云，以及胡乔木、薛暮桥。“四人帮”的名字唯独缺了姚文元。书中林彪出现多次，但人名索引里没有他。离世的人里倒有两位大人物：孟轲和秦始皇。当然，还有孙中山。学者只提了一位：经济学家孙冶方。袁隆平是作为知识分子的脑力劳动能创造巨大价值的例子而被引用的。

钱先生已在国防部门领导工作，与此书内容无关。统筹法在书中有阐述，但没有华先生的名字。全面质量管理被写为重点事件，但不提我的名字。我听说，“文化大革命”期间，写文章是不让署名的，因为这是给知识分子树碑立传，是绝不允许的。我想，到了

20世纪80年代，恐怕有些人还心存余悸吧。今天，我想打破这个惯例，给别人写传，给自己也写传。写钱先生的文章和书籍多得很，用不着我再来写。不过，在他做出许多杰出贡献的诸多领域当中，唯独没有人把他理解为管理学家。我不顾浅薄，就来填补这项空白。

关 于 写 传

涂元季著的《钱学森人民科学家》前言中，记载了钱先生对写传的看法。他认为，“写传不是为写传而写传，更不能为个人歌功颂德去写传。而是要通过写传反映一个时代，反映我们党在那个时代的科学技术成就：总结过去的经验教训，指导以后的工作。所以，第一，要实事求是；第二,千万不要写出矛盾来了”。我完全同意，就按这个精神写钱先生的传，写他作为管理学家的传。

我与钱先生的相处可分为三个阶段。第一个阶段是1957～1960年。这期间钱先生不太忙，上班时在上午的中间休息时间里，他总是到我们办公室同我们聊几句。从他的语言中，我领会到他的智慧。第二个阶段是1961～1965年，这期间我转到了数学所。一年当中不过只见过他两三次。这都是在有关系统工程的大小会议上才见到的。唯一一次的个人拜访是马洪同志拉我去向钱先生请教事情。当时的国务院总理赵紫阳要设一个智囊团，我们去征求钱先生的意见。第三个阶段是自此之后直到他逝世的很长时间，我只有从报刊上知道他的消息，再就是学习他的著作。这只是一种神交了。所以，我写的只是我对他的回忆。

《组织管理的技术——系统工程》

我把钱先生奉为管理学家的一个根据是缘于1978年9月27日在《文汇报》上发表的由钱学森、许国志、王寿云合写的《组织管理的技术——系统工程》一文。文章一开始就点出了“我们现在不但科学技术水平低，而且组织管理水平也低，后者也影响前者”。文章接着说，有了这个认识，还要做两方面的工作：第一个是要树立同生产力发展相适应的经营思想；第二个是要使用一套组织管理的科学方法。文章又分别介绍了经营科学、运筹学和系统工程的大略。当时我细细拜读了这篇文章，有一种感觉：文中用大量的篇幅写了第二个方面的科学方法，对第一个方面的经营思想论述甚少。这可能因为文章的重点是放在科学方法的体系构建上了吧。不管怎样，方法是为问题服务的。一个科学工作者，不管他用什么方法去研究、去解决一个领域的问题，他就是那个领域的科学工作者。有了成就，他就是那个领域的科学家。钱先生在组织管理的领域所作的贡献和成就是有目共睹的，因此我说，他是管理学家，并且应该说是中国管理学界的首要代表人物。但是，我的确有点担心，就像钱先生要求的那样，不要写出矛盾来。

人们普遍认为钱先生是系统工程学家，而我却要说他是管理学家，是不是贬低了他的地位呢？在中国，无可讳言，世人是尊系统工程学家，轻管理学家的。可我知道，钱先生自己不是这样看的。1981 年，中国科学院在讨论是否成立管理学部时，钱先生讲到，他愿意放弃数学物理学部的学部委员，而专任管理学部的学部委员。

组织管理的贡献

钱先生的“总体设计部”是他提出来的一个重要概念。钱学森等著的《论系统工程（修订本）》里对此有多处的阐述。1983 年 6 月，宋平同志任国务委员兼国家计划委员会（简称国家计委）主任后不久，在友谊宾馆内的科学会堂约见钱学森先生，我陪坐。那天，宋平主任征询我们的意见，如何运用系统工程处理国家计委的日常工作。在这次座谈会上，我听到了钱先生口头对“总体设计部”的说明，并且是在正式向国家计委建议采纳这一设置的构想。

1984 年 4 月 8 日，我国第一颗试验通信卫星发射成功了。中国福利会的杂志《中国建设》约我写稿纪念。我写了一篇题为《从通信卫星发射成功想到的》短文。登在同年的7月号上。钱先生当然有大功于此。我想到的就是钱先生的这一大功。又当然，钱先生的大功不止于此。1999年钱先生荣获“两弹一星勋章”，这就说明他的大功在一星，还要加导弹。怎么看他的大功呢?

星和弹的研发、设计、制造和发射都涉及二十几个省（直辖市）的几百个单位、数万名人员。把这些单位和人员集合在一起，完成这样一个任务，一方面要有专业技术上的指导，另一方面要有组织管理的安排。钱先生在这两个方面都做得非常出色，靠的就是他提倡并执行的总体设计部。专业技术对于钱先生来说，自然是游刃有余；组织管理对钱先生来说，从他在美国所做的领导工作经验看，想必也是十分了解的。然而，工作是在当时的一缺人才二缺财力的中国进行的。可想，他要付出怎样的心血。

1979年10月，北京召开了一次系统工程学术讨论会。我在会上讲过这样一段话：组织管理问题都涉及人，而人是社会的人，受他所处社会的影响；中国的社会不同于外国的社会，在许多系统工程的实践中千万不要忽视这个差别。钱先生在收录在1982年出版的《论系统工程（修订本）》中的《大力发展系统工程尽早建立系统科学的体系》一文里还称赞了我这句话。钱先生正是充分了解这一点，因而在人员培训程度差、器材设备差、计量和标准体系差、实验条件差等不利环境中，全心全意依靠党的坚强领导和群众的爱国热情，发挥民主，集思广益，利用他所创造的总体设计部把一切不利因素克服掉，把一切有利因素发扬起来，以前所未有的效率和效益完成了任务。专业技术的指导固然重要，但更重要的是钱先生在组织管理上所作的贡献。没有先进的管理思想，没有科学的管理方法，没有完美的管理艺术，这样大的“两弹一星”是完成不了的。钱先生就是具备这样的思想方法和艺术的人。这就是我奉他为管理学家的第二条依据。

技术与管理的关系

多少年来，我在推行全面质量管理时，经常说："不懂技术，搞不了管理；不懂管理，搞不好技术。"我这话的最有说服力的实例就是"两弹一星"工程。我在钱先生的身上看到了这种技术与管理的理想结合。说到这里，不能不提钱学森先生在20世纪末提出的"综合集成"。它是为了研究开放的复杂巨系统所创造的一种方法论。后来，在中国管理学界引起很大的反响，也集中了一批追随的研究工作者。许多文章从各个方面介绍或阐述了"综合集成"的意义和性质。一般人认为，从定性研究走向定性与定量相结合的研究方法是"综合集成"的重要本质。我并不觉得这个说法是正确和全面的，因为一些学科，尤其是经济科学，早已进入定性定量相结合的研究阶段了。我倒认为，技术与管理的结合才是"综合集成"的要义。这里才是只有钱学森先生能够发挥他的丰富学识和经验的领域。

我的终生遗憾就是，没有在力学所工作的那段时间里和在那以后的几次接触的机会中在这个问题上好好向钱先生请教。

一句衷心感谢

我是1957年年初到当时新建的力学所运筹学研究室工作的。那年由于钱先生和当时第一械工业部副部长汪道涵先生的推动，我办了我国第一个质量控制讲习班。钱先生亲自到班上讲了第一课，题名是《理论联系实际》。他说，理论联系实际有两种实际：一种实际是看得见摸得着的实际；另一种是看不见摸不着的实际。前一个，研究起来，搞个试验，亲眼看看，不那么难。后一个，研究起来比较难，因为这个实际太复杂，不易看得清。而我的这一行为恰恰是这看不见摸不着的实际。还有一件事，1959年大搞超声波的运动，钱先生在力学所的阶梯教室做了一场报告。他在大黑板上写了四个大字，即实验、试验，并讲了它们的区别。他说，过去的科学研究是搞试验；到了新中国，才有了实验。一切工作光靠试验是不行的，要经过实验，全民的实验和认可才行。他的这些话给我的影响特别大。我以后的工作都集中在实验上了。

1958～1960年，我率领一个小组住在北京国棉一厂进行管理方面的理论联系实际的尝试研究。厂里交给我们的第一项任务是“如何用低级棉纺出优级纱”。我向厂里的工程师和部、市纺织研究所的工程师请教，向车间里的女工学习，同时也征求领导的意见，与全组的同志经过近一年的努力，完成了这项任务。在力学研究所的工作报告会上，我用《棉纤维性能和细纱强力的关系》的题目报告了这项工作。我详细介绍了我国各产棉地区的棉花纤维的长短、粗细、强弱和纺出细纱的强力、均匀度之间的关系，以及在棉花纤维的检验方法、性能预测和纺纱过程的控制标准上的新见解和新方法。不料其后不久，我收到了签发日期为1959年10月19日的中国科学院编辑出版委员会的来函。函中写道，“钱学森所长推荐您的‘棉纤维性能与细纱强力的关系’值得向国外报道，希望您根据工作报告会上的内容加以充实，写成论文形式”，并且“要求译成俄、英、法、德任何一国文字”，“以便在《科学记录》上发表”。我没有写。如果那时我写，并且发表了，那么我的命运也许会有改变。在结束这篇纪念文时，我谨向钱学森先生表示我最衷心的感谢，感谢他给我的鼓励。他的鼓励使我有了“理论联系实际”的勇气和自信。

记华罗庚：一位大数学家的管理学家

1957 年，我到中国科学院力学研究所工作后不几天，就开始拜访国内知名的统计学家，向他们了解国内在这方面与质量管理有关的研究情况。第一位是当时中国科学院数学研究所（简称数学所）的王寿仁教授。在他家里，我第一次听到了华罗庚的名字，才知道了他是数学所的所长。从王寿仁先生的简短介绍里，我也肤浅地了解到华先生的业绩。

第一次我见到华先生是 1960 年在山东省济南市召开的全国运筹学大会的会上。我提交了一篇短短的论文，题目是《谈谈质量控制》。许多年后，我才知道，华先生竟然看了这篇文章。他是一位大数学家，我的数学知识只是由于学习和工作的需要，东一点西一点地补起来，完全不成系统。所以，到了 1979 年，数学所一分为三的前夕，华先生要我参加即将组建的应用数学所的工作时，我对华先生说，我不是数学家，不敢去。系统所，我还可以去糊弄糊弄。因为，至少表面上没有数学这两个字眼。

但是，我毕竟自 1961～1978 年在数学所工作了这么长时间，见过华先生许多次。又因为妻子张宁曾经帮他打过字，他好像对我有点另眼看待似的。特别是，2011 年 1 月 4 日的一次会上，跟随华先生身边多年的、如今是中国科学院科技政策与管理所的计雷教授告诉我，华先生曾要他们好好学习刘源张的质量控制。这使我有了勇气来写一写华罗庚。

书应该怎样读

一次，忘了什么场合。华先生告诉我，书应该怎么读。书要先从厚读薄。一本书，它的中心思想是什么，它的精华是什么，它的创新点是什么，要读明白。这样读才叫读懂了。一本书，不管多厚，这样读，你会发现只是几页。然后，书要从薄再读到厚。你吸收了书中的精华，再经过自己的思考，得出你自己的见解，又获得了别人的赞同，写进去。这就把从厚已经读薄了的书，又从薄读厚了。听了以后，我想，俗话说“天下文章一大抄”，其中抄得好的不过就是加进了抄者自己的一点见解罢了。

华先生的这番非常形象的教导，使我终生受益。那以后，我好像逐渐学会了读书。拿到一本书，先看序和跋，了解一下作者，再看看章节目录，差不多就知道这本书如何从厚读薄的要领了。至于从薄读厚，往往只是心向往之了。不管怎样，这种读法提高了我读书的效率。

后来，我得知好多老先生都听过华先生的这个读书法。获得国家最高科学奖的李振声先生在 2007 年 8 月 13 日向腾讯网记者的一次述怀中谈到了这件事。不过，他只说了前半句。看起来，华先生是很乐意把他的读书心得告诉给别人的。

关于统筹法的认识

1962 年的一天，当时数学所运筹室主任的孙克定先生要我接待一下国家计委来访的同志。见面后，那位同志对我讲，华先生给党中央写了封信，强调统筹法的用途，说经国济民需要统筹法。国家计划委员会主任李富春想要知道统筹法的详细情况，这位同志要我说说。下面就是我当时的回答。

统筹法是美国人在制定和实施阿波罗登月计划时开发出来的一种项目管理方法。在有许多工种和工序的大型工程项目管理上，按进度、质量和成本的要求，制定先后或同时的施工和检查计划。主要的工作是要找出影响全局的关键工序路线。华先生在他所著的《统筹法评话》中也说明了方法的出处。但是，华先生的高明之处是，他结合当时中国的实际，并且用当时中国人的语言习惯，非常简练地生动地介绍了这个方法。第一，他给方法起的名字——统筹法。中国人一看，就知道这是统筹规划的科学方法。第二，当时全中国的干部都在学习毛泽东主席的《矛盾论》和《实践论》，他就用主要矛盾和主要矛盾线这样的词汇和由表及里、通盘掌握这样的认识和工作原则，把原本是美国人的东西变成了中国人的东西，一看就懂，而且感到亲切。第三，他的《统筹法评话》是一本页数不过二三十页的小册子。他没有把它写成大部头的书，这也是他希望人人都能来看看这本书的缘故。经国济民的话，我不敢说，但是我相信，如果全中国的建设项目都用这个方法来作施工计划，肯定会节约莫大的时间和金钱。

在秦城监狱的那近十年的时间里，我还常常想起这段往事，觉得我要好好向华老学习。

优选法的成果

中国工厂的工人和干部在那所谓“文化大革命”的十年浩劫期间，尽管都在“闹革命”，然而只要促生产，就一定知道优选法。华先生带领他的小分队热火朝天地在全国各地推广优选法的情况，我是从监狱后，出来才略知一二，但也听到了一些“闲话”。

一天，华先生跟我说起了优选法和正交法。华先生跟我说话不避嫌，他直截了当表示了对正交法的看法。我搞过实验设计，正交法的实验设计，并早在 20 世纪 60 年代初期曾用到叶诸沛先生指导的、在当时石景山钢铁厂的小高炉进行的“三高”试验上。正交法是当时张里千先生极力提倡的，我不便多说。我只把我所听到的那些“闲话”，现在或者应该说是正话，说了。我说，华先生您是用您的地位和声望去推行优选法，自然是事半功倍，其他人没有您那样的条件。他听了，没有说什么。我也无法猜测他心里的反应。

许多年过去了，我好像没听说有多少人还在搞优选法。正交法却因为田口玄一的名声还在引起人们的注意。其实，不管什么方法，只要是科学的，都可以有用。成功与否，就看你用的对路不对路。我佩服的是，华先生走出学术殿堂，不顾身残劳累，去到工厂为普通工人讲解科学方法，帮助他们改进工作的那种精神。

真正的管理学家

华罗庚先生是举世公认的数学家，但我认为，华先生也是一位管理学家。1991 年 7 月，台湾一家很有影响的生产力杂志《战略》评价华先生为国内的质量管理先驱。我相信。华先生自己并不拒做管理学家，因为在 1981 年召开的中国科学院第四次学部委员大会上，他签署过书面意见，表示愿任拟议中的管理学部的学部委员。管理学家只有在他的管理思想通过他的实践对社会产生影响，启发了人们新的管理理念，或者改变了人们的旧的管理工作，或者带来了大的管理效益，才是真正的管理学家。从这个观点看，华罗庚先生是位真正的管理学家。

华先生走了。他的小分队还在，并且壮大了队伍，更加努力地推行着华先生的统筹法和优选法。在后继有人的一点上说，华先生还真是个幸运的管理学家。

一点小事、一件珍宝

前几天，我在整理“文化大革命”结束后公安部退还给我的一些旧时信函，发现了 1965 年 8 月 12 日华罗庚先生给我的一封短信，这是对我去信的回复。我不记得我为什么给他写的信，从他信中最后的一句话“但您的好意我是心领的”上，我也回想不起是为了什么事情。不过，当我看到这个“您”字时，吃了一惊。对我这样一个小辈，华老竟然以“您”称呼。我不敢妄加解释，算做给自己脸上贴金吧，我想这体现了华先生礼贤下士的风格。不管怎样，这封信是我家的墨宝。

怀　念

在数学所，我听到一些关于华老的事例。其中最让我受益的是：挂黑板。华老的好多学生都有过这种难堪的经验。我虽然被免去了这种训练，但是它却使我明白了做学问必须要有严格要求的精神。

华老逝世，我到他家吊唁，才知道华老也是一个普通的人。这使我更加增进了对华老的亲近感。后来，在纪念华老诞辰100周年的时候，我写了一副对联：“论治国，有统筹，著述经纶；讲管理，有优选，独辟蹊径。”他永远是我学习的榜样。

记上海大学与钱伟长校长

2002年12月4日，我在上海大学见到方明伦副校长，受委托为上海大学管理学院申报博士点。2005年3月11日，上海大学人事处山处长来中国科学院数学与系统科学研究院，同行者有上海大学管理学院陈宪副院长。我院汪寿阳副院长出面接待。来意是受钱伟长校长委托，要我出任上海大学管理学院院长。从此开始了我与上海大学10年的关系。

1956年，我回国进入中国科学院力学研究所运筹学研究室工作，第一次见到时任代所长的钱伟长先生。1957年，“反右”开始，组织上要我去参加任教于清华大学的钱先生的批斗会。我刚回来不久，根本不懂“右派”是什么，更不会批斗。人们排着队走向钱先生的位置，我记不起他是坐着还是站着，轮到我走到钱先生跟前，不知说什么好，急得我冒了一句“你怎么搞的”，就匆匆忙忙离开了。

我再次见到钱伟长先生已是50年后的2006年了。那年的上海大学应届毕业生的毕业典礼，我陪钱先生出席。谈话中我向他提起了力学所的往事，他还记得。第二年我见他时，他已经患上阿尔茨海默病，无法同他沟通了。我在他的记忆里消失了，这是没有办法的事情。但是，钱先生的一些事情我还记得一些，趁没忘时，把它们写下来。

我每次去上海，都住在上大延长路校区的乐乎楼宾馆。不太大的楼里的二层是钱先生的寓所，只要看见楼前的停车坪上停着一辆公安的车，就知道钱先生正在寓所里。老伴和我都很喜欢这个乐乎楼，我们去，总是被安排住在三楼或四楼的套间里，吃饭是在楼底层的食堂，上海口味的饭菜吃起来很舒服。楼前有个大草坪，周围有好几棵大树，据说是钱先生特别嘱咐好好养保的。我们总是早起后饭前围着草坪走上几圈。乐乎楼的名字是钱先生的主意，校区延长路大门的进口处有钱先生手书的“自强不息”刻在一块石头上。在这个校区里我处处感觉到钱伟长的存在。

2006 年，在上海大学应届毕业生毕业典礼上，我同钱伟长的合影

如今，我很少去上海了。在北京，我想念上海大学延长路校区的，那细心修整的绿草坪，和那几棵挂着树种牌子的老树，还有那乐乎楼前面不准动、不准用而保留下来的美国教会的苍老的课堂楼。围绕草坪的东南北三侧建立着办公楼和教室楼。我有时偷着进去看一下老师在黑板上写字和学生们在书桌上记笔记，好像我自己又回到了学生时代。当然，还有我和钱校长几次见面说话的回忆。

上海大学在上海的宝山区还有一个新校区。我去过三次，听说它是钱先生从上海市政府要来的一笔钱修建的。校区的设计充满钱先生的思想。道路两旁种上了树，修了一条小河从外面引水开挖了一个湖，建造了一个现代化的体育馆。钱先生酷爱体育，年轻时曾是位体育健将。他主张的“德，智，体”三育主张，希望能在上大实现。我第一次去的时候，楼房，道路都是水泥色，光秃秃的刚刚种下的小树，实在有点煞风景。我建议，赶快在各个楼房的旁边地上种上爬山虎。最后一次去时，树长大了，楼房也根据用途分别涂上不同的颜色，虽然没有爬山虎，整个校区显得有些传统了。

但是，我更加想念的是上大的人。首先是两位于教授，年龄大的于英川教授和年龄较轻的于丽英教授。山东同乡的英川教授是我国运筹学界的前辈，目前致力于中法间的文化交流。每次去上海，只要他在上海，就会请我吃一顿饭。丽英教授是我与上大的联系人又是我的博士生助教。她老家是湖州，占她的光，让我去湖州游览过一次，更加了解了江南好。然后是陈宽教授和尤建新教授，他们两位都是我所敬佩的人才，陈教授去上海交大成了管理学院的院长，尤教授接替我成了上大管理学院的院长。正是，长江后浪推前浪，新人更胜老旧人。

帮助我工作的是我应该感谢的管理学院的党委书记樊春花同志。10 年前我初到上海大学，是她接待的。上海大学管理学院成立 30 周年的庆典是她主持的，会上我见到她，感觉很亲切。忘不掉的是我几次与上海大学管理学院的师生们的报告会和座谈会，开场词都是她做，并且对我倍加关怀。有她和上面几位的支持，我在上海大学管理学院的工作比较顺利。

还应特别写下的是王永，我在上海大学的已经毕业的博士生。现在在山处长的教育研究中心工作。不用说，每次去和离上海都是他开车来接送。在上海的一些杂事也都是他为我打理。夫人在上大任教，专业是计算机应用。他们有个小女儿，叫果果，聪明伶俐，惹人喜爱。老伴和我都很喜欢她，在乐乎楼食堂吃饭，有了这个小娃娃在饭桌上，我们真是感到有些天伦之乐。

上海大学管理学院有四个点。我任职的宝山区大学总部所在地的管理学院以外，还有在嘉定区的悉尼国际工商学院和区的管理学院。另外有一个 *MBA* 的国际学院。这个学院是由来自香港的高镇光先生（*Tony*）主持管理的。有一年，国家教育部的 *MBA* 管理中心来上海审查 *MBA* 教育情况，曾到过上海大学的 *MBA* 国际学院。主审的是清华大学的赵纯君教授，汇报人是 *Tony*，我参加了会议。评审结果给了一个优秀。我高兴帮上了忙。

上海是个国际大都市，外国人可能不知道北京，但一定知道上海。19 世纪上海是冒险家的乐园，21 世纪上海是投资家的乐土。我也喜欢上海，但不是说我敢来冒险，或能来投资，而是我觉得这里生活方便。不管在哪里上街，没有几步总能发现便利店，有的还是通宵营业。再者，上海的小吃更让我垂涎三尺。有人劝我们把家搬到上海，然而故地难离，旧友难分，我们只有望南兴叹了。

我的美国朋友罗伯特·科尔

2010 年上海质量协会邀请罗伯特·科尔（*Robert Cole*）来沪讲学。我的推荐是有理由的。

1981 年我正在日本名古屋的联合国地域发展研究中心任特邀研究员，调研技术转移的问题。曾去京都大学参加了一次国际会议，会上听到了一篇报告，题目是《结构的扩散：中日美之间政治参与的差异》。这篇文章的其中一位作者就是罗伯特·科尔。这是我们的第一次相遇。那以后，我逐渐了解到，他是我的母校伯克利分校 *Hass* 管理学院教授，兼任日本京都的同志社大学教授。他曾在日本

2014 年 3 月 8 日罗伯特寄给我的照片

丰田汽车公司做过数年的调研工作。我请他来上海，就是想请他给我们的汽车工业提些意见。

在上海那次讲演结束后的宴请上，我和他坐在了一起。彼此都在日本居住过多年，话题自然谈到了彼此对日本的印象和对日本民族的看法。我用了“*xenophobia*”这个词，他用了“*parochialism*”。我是说他们排外，他是说他们自私。自私的排外，排外的自私。我们相视一笑。他还穷追不舍，问我，你不到成年就来到日本，难道对日本没有感情？我说，当然有，爱和恨。他听了，大加赞赏，说我说到了点子上了。这样，我们成了无话不谈的老朋友。

他回到美国，立即给我寄来了一篇法国《费加罗报》兼《新闻周刊》（日本版）撰稿人里吉斯（*Regis Amoud*）写的一篇评论日本民族的文章。大意是，日本人太过于自信他们的文化，而它却是最缺少普世价值的一种文化。我在这里找到了日本人自私排外的理论依据。自从清末黄遵宪的《日本论》以后，中国人写日本的书不断，且大都是写日本人的长处。我手头有一本2007年出版的白岩松写的畅销书《看日本》，也全是好话。所以，我和罗伯特·科尔的谈话记录在这方面反倒成了“另类”。

2012年2月18日，他给我发来一封电子邮件，说他刚读了一本日本经济新闻社出版的*Fumiko Hallran*写的241页英文书《*My Life as Li Xianglan*》([李香兰]を生きて)。他想，在20世纪三四十年代一定有许多人像李香兰和我这样，困扰在不同的文化和政治纷争当中。2月19日，我给他回了一封500多字的信，简单地写了我和李香兰、我和悦子的故事。当天，他来信说，太有意思了；要我多写一些。我用了两天的时间写成了这段长长的故事，用电子邮件发给他。内容大体上同我写的“悦子”那一章差不多。2月27日，我收到了罗伯特的回信。他说他把我的英文做了很大的修改后，发表在美国*National Bureau of Asian Research Japan Forum*上，并且已经引起了不小的反响。这个罗伯特可真让我“名扬天下”了。他还批评我说，我长达 5000 字的英文写得不错，但有点毛病，就是大大不如我那 500 字的短文充满感情、朴实动人。老朋友给我上了一堂写作课。我懂得了，想到的，写出来，不要乱加修饰。文章贵在真诚，贱在虚伪。正所谓，无病呻吟，作家大忌。谢谢老朋友，罗伯特·科尔。

对中关村的记忆

往日的情景

1941年9月到12月，我在燕京大学读书，常去海淀镇，但不知道有个中关村。1942～1956年我先后去了日本和美国，在那里生活、学习了15年。1956年8月回来不久，进了中国科学院力学研究所，工作、生活全在中关村。当时的中关村是近似荒凉的幽静。现在的中关村大街当时只是一条双车道的马路，两旁种的杨树已经成行。马路的两侧点缀着几所房屋。每次骑自行车进城，走在这条路上，心情会十分舒畅。缓缓走过，看见路旁的杨树一棵一棵显得一样又好像不一样，心中念叨，等它们都长高、长大时，会变得雄伟壮观了。快到西直门，远远望见城门，再从城门楼里骑进去，街道、房屋都有些破旧，但依然是古都风貌，重厚而又温馨。

研究所的北面有一片洼地，不知从哪里流进来的水，冬天这里就成了天然溜冰场。宿舍区的南面，就是现在四环路的北侧，有两个网球场，虽然简陋一点儿，还是有些人来打网球。我倒是从国外把冰鞋和网球拍都带回来了，但都不太会玩，于是很少去溜冰或打网球。不过，傍晚时分，我喜欢到溜冰场附近走走，到网球场看看，宁静处有稍许热闹，空气又那么新鲜，非常惬意。虽然一些细节我记不太清，这一个秋冬的中关村是我记忆里最好的中关村。

“文化大革命”前的中关村

1957年的夏天，中关村开始变了。几年之间，陆陆续续的人增多了，精神上、物质上都变了。研究所的空气突然紧张起来，人们相互之间都好像有些戒备，我所尝到的那种从容和惬意一下子没有了。与此无关似的，楼房一栋一栋建立起来了。溜冰场和网球场却都没了。力学所搬进了新楼，一直到现在矗立在四环路的一侧。宿舍增添了南区，我家也从北区搬到了南区。宿舍的楼号从三十几楼长成了八十几楼。新修了一所“四不要”的大礼堂，还在那附近盖了一幢楼，楼下是饭馆，楼上是俱乐部。科学院的党组书记张劲夫同志每逢周末常到俱乐部，就是在这里他找我下过围棋，我们成了没有上下级关系的棋友。但是，这个俱乐部在一年多后也消失了，心理所驻进去了。那几个饭馆不过兴旺了一两年，碰上三年困难时期也就什么都没得吃了。郭沫若院长看到这种毫无文体消遣设施的窘境，捐资修建了一个游泳池，现在还在路旁躺着，宛似一个衣帽不整、满脸胡须的懒汉。

到 1966 年的 10 年里工作没有变化，仍旧是忙忙碌碌，生活也过得去。只是环境一年一年变得不如意了。1966～1975 年我离开了

妻子张宁和女儿刘欣在从 1963～1980 年住过 17 年的 44 楼前合影

妻子张宁和刘欣夫妇在现在住的808楼前合影

中关村，因此这10年间中关村的样像，我是不知道的。1976年，等我再回到中关村，看见的首先是人多、孩子多。原来是一片菜地的地方盖起了宿舍楼，我现在住的家就是新的黄庄小区。中关村那条马路上的杨树全被砍光了，变成了一条车水马龙的大街。早上已是过往车辆排出的废气弥漫不散，再加上中关村大街两侧电子商店林立，外地来京打工的人们拥挤在一起，熙熙攘攘，使得我这个生怕人多的老人只好躲在家中。我喜欢散步，但是这个中关村已经没有可以散步的地方了。

21世纪的中关村

2000年前后，中关村发展得更快、更大了。我心目中的中关村只不过是东到中关村东路，西到中关村大街，南到知春路、海淀南路，北到四环路的小圈子。一次中关村街道的党委书记来我家，谈起来，我才知道中关村大得很，好多地方我都不知道，也没去过。你叫我怎能谈中关村呢。就我所知道的中关村而言，坦白地说，坏印象比好印象多。

44 楼后的幼儿园是女儿们小时候玩耍的地方。1976 年唐山大地震后，我也和左邻右舍一样，在幼儿园的后院给家里搭了抗震棚

1999 年 10 月 11 日，我被任命为中关村文化艺术发展顾问，开会那天，季羡林老教授到会讲了话。他说，中关村发展高科技产业，别忘了文化建设；没有好的文化，不会有高的科技产业。他的话我没有忘，也不敢忘。尽管我记住了，怕也没有用，因为一无权二无钱，哪能促进中关村的文化建设呢？不过我倒更加关心我心目中这个小圈子的中关村的文化现象了。我家大院前的中关村南路西段大概是中关村最乱、最脏的一段路，不满 50 米长，满地是垃圾，路边放着一个垃圾桶，好像偏偏有人从垃圾桶里把垃圾掏出来，扔到路上似的。而且，一直到过街天桥的地上、栏杆上随处贴有的小广告。一次，原海淀区区长周良洛请我吃饭，我趁机对他说，请他到这段路来看看。可能他没有来，因为情况一直不见得到改善。

中关村南路短短一里路吧，竟有我知道的三位院士骑自行车在路上被人撞到。特别是我被撞到的那次，我骑得不快，又尽量靠路边骑，忽然有人从后面把我撞倒，幸亏我骑得慢，一脚着地没倒下，转头一看是个小伙子。我还没说什么，他倒骂了我一句“老不死

我的两个女儿都是在中关村一小上的小学，
再从这里进入北大附中和人大附中

的”。嫌我骑得慢，挡了他的路？唉！文化建设不止是楼堂场馆，更重要的是人心里的文化建设。我去中关村派出所反映，去海淀区交通大队反映，终于在黄庄小区大门前安装了红绿灯，画上了过路的斑马线。每次过马路，我都观察一下。95% 的行人不遵守红绿灯的指示，100% 的摩托车、大板车、自行车不遵守红绿灯的警告，勇往直前。对于这些人、这些车，红绿灯和斑马线形同虚设。如此起码的法规都不能遵守，如何去求法治？

现在好了，奥运在北京举办了。“迎奥运，讲文明，树新风”的口号响遍了北京城。中关村南路这段大大改观了，小广告不见了，垃圾从路上消失了，路两旁的饭馆门前也干净了。黄庄小区里的小公园修整得更喜人了，我也终于有了可以放心散步的场所了。如今我只有两条愿望：一是这些好现象在奥运会开完后能继续下去，变成中关村的新文化；二是红绿灯和斑马线能按照法规的要求起到作用。我相信，我们中关村人一定能办到这两件事。

思　念

我在我的中关村工作、生活了近60年。虽然我是个不大交际，也不会交际的人，但见到的、听到的人和事却是不少的。如今回忆起来，是有几桩印象深的值得写下来。中关村是科学家聚集的地方，其中许多是大师，而我又有幸在钱学森先生和华罗庚先生两位的直接领导下工作了20多年，因此或直接或间接地认识了许多著名科学家。我有不少与他们有关的故事。但我不想在这里写，因为若在中关村的故事里，再写科学家就太没趣了。还是写与中关村有缘的其他行业的人物比较好。

我初到中关村，第二年开春，见到了张劲夫同志。就像上面说的，是在中关村俱乐部跟他下围棋的时候。那天，很有意思，所里要我去跟一位张劲夫同志下棋，我去了，但我不知道张劲夫是谁，我也不管他是谁，反正不过是下棋。劲夫同志有时悔棋，有一次他又悔棋，我按住他的手说，不许悔棋。他哈哈大笑起来，旁边站着一位看棋的同志却向我怒目而视。下完棋，那位同志问我，你知道他是谁？他是院党组书记。我那时还真不知道，院党组书记是个多么大的官。这样，我认识了劲夫同志，他也认识了我。那以后，我多次蒙他照顾，但因为都不是在中关村，就不在这里写了。

还有一位京剧大师梅兰芳先生。1956年，梅先生率京剧团访问日本，在东京公开演出，我作为华侨代表到机场欢迎，又陪同团员一行乘车前往宾馆，以后梅先生的每场戏我都去看了。在这次的机会，我认识了梅葆玖和梅葆玥，他们得知我将回国，就要我回北京后到他们家坐坐。我把这些当作客气话，回来后哪敢真去梅府拜访？1961年5月31日，梅兰芳先生到中关村礼堂，演出《穆桂英挂帅》。我当然也去观看了。他的那场演出太让中关村人感动、感激了。孰料这竟是梅先生的最后一场演出。可以说我是跟梅兰芳先生有点缘分的特殊戏迷吧！

最后不得不提的一位是胡耀邦同志。1975～1977年，耀邦同志担任科学院的领导工作期间，为中关村人解决了许多切身问题，即所谓的“五子登科”。第一，“帽子”的问题。中关村的科研人员有的遭迫害，有的下放了，他都为他们平反，让他们归队。第二，妻子的问题。两地分居的，他把他们一起调回来。第三，孩子的问题。能安排工作的，他尽量为他们解决了工作问题。第四，房子的问题。“文化大革命”期间，中关村每个单元的家家户户都挤进了好几家。我在44楼的家就挤进来了另外两家。三间屋，一家占一间。一个小厨房，放进三家的蜂窝煤炉，做饭时三家必须轮班进厨房。后来，他在中关村盖了一些房，调剂了一些房。我就是那时搬进了新盖的808楼的，终于有了属于自己的家。第五，炉子的问题。他搞来一批煤气罐，建立起灌气站，给中关村人把蜂窝煤炉换成了煤气灶。这大大解决了燃气问题，节省了我们的劳力和时间。我真怀念我们的耀邦同志。

希　望

你看，我在上面写的个人印象里，好的几乎全是我国计划经济时期的，坏的几乎全是进入市场经济以后的。这并不是说市场经济不好。其实，我还真不愿意那个计划经济再回来。中关村从计划经济转入市场经济是中关村发展的不可逆转的趋势，中关村人必须要努力去适应这个趋势，并且在这个转变中锻炼、提高自己。现在，人们一说市场经济就想到钱。市场经济的社会是一个“钱”字就概括得了的吗？汶川大地震告诉了我们世上还有比钱更宝贵的东西，北京奥运会也告诉我们同样的事情。这就有了一个让中关村人找回自己从前的价值观的机会。中关村的老人，像我这样二十世纪四五十年代回到祖国的人，已经不多了。我所说的中关村人几乎都是三四十岁的人，计划经济时代成长起来的人。我没有资格说三道四，但总希望现在的中关村居民不要忘记当初建立中关村时的人们的期待，一个新文化的、厚德载物的、进步包容的中关村。

MY ROOM，我的房间*

刘源张院士的书房门上挂着一块做工精致的装饰木牌，上面刻着英文 *MY ROOM*（我的房间）①。这是女儿从美国捎来的，木牌在国外一般挂在儿童房外，突出独立意识。如今挂在 82 岁老人的书房门上，别有一番意味，也显得十分温馨。刘源张的书房面积仅有 12 平方米，兼有读书、写作、办公及等多种功能。里面的书架顶天立地，连暖气罩上也搭了木板；窗台、地下到处都堆着书，门后面则摆满一捆捆扎好的杂志。粗略估算，藏书至少上千册。我仔细瞧了瞧书架上的陈设，除了中文、数理、经济，历史、文化等书籍外，还有相当数量的日本文库、日文武侠小说、日文经济、文化类著作。

MY ROOM

---

* 本文作者为侯艺兵。

① 刘源张院士小女儿刘明的注解：1988 年初，喜好室内修饰的母亲给父亲的书房订做了“顶天立地”的一面墙的书柜，为父亲创造了一个舒适的工作环境。我为庆祝父亲的“新天地”，特地到在日本东京的“东急首创馆”，亲手为父亲的书房制作了“MY ROOM”的木牌。从此，这块木牌陪伴了父亲 26 年的日日夜夜，至今还原封不动地挂在那里。

日语著作占到全部藏书的1/3，按册数算几近一半。书房南墙上挂着一小方字，上面写道：“一期一会。”下面是几个日本友人的签名。刘源张介绍说：“这是佛家语录，人和书也同理，一生一回啊！”

回顾起自己的读书生涯，刘老讲，不同年龄读书的重点不同，随着年纪的增长读书的兴趣也在变化。上小学时，老师帮他把姓氏由张改为刘（过继到外婆家），两个姓合到一块起名刘源张，并告诉他历史上有一个大人物叫林则徐，名字中也有两个姓氏。从此他记住了林则徐，开始对历史感兴趣。他读四大名著，最喜欢《三国演义》而不喜欢《红楼梦》。20岁以后读专业书，从数学到系统工程、从质量学到管理科学，读到最后当上了国际质量科学院院士、中国工程院院士。“文化大革命”期间，刘源张被关进秦城监狱8年零8个月。在狱中只能读马克思、恩格斯、列宁、斯大林、毛泽东的著作，囚室里没有桌子，他常年坐在床板上低头看书，致使腰脊椎骨质钙化，双手不能提重物。20世纪70年代刚从监狱出来时，老伴给他买了本《七剑下天山》，原本只是让他散散心，结果一读上梁羽生的武侠小说就爱不释手。80年代流行起金庸和琼瑶的书，在家里他读金庸，老伴读琼瑶，两人互不干扰，各得其乐。直到现在卧室里还放着金庸和琼瑶的小说。70岁以后他的兴趣转向哲学，同时历史、文化类的书籍也无所不读。刘老的阅读面非常广，书也读得很杂。他从小爱好围棋，家中当然少不了围棋书籍。早年他从日本带回一套10卷本线装的《吴清源全集》，当宝贝一样珍藏，没想到“文化大革命”时被抄走，从此无下落，今天提起来还一个劲地叹息。现在他的书房里配了电脑，主要用来下围棋、发邮件，在网上阅读外国报纸。“网上读报不用花钱，只下围棋不会游戏。”最后刘老自嘲地说：“我学孔子‘述而不作’，说的比写的多。”听了刘源张不同时期的读书经历，让我感慨万分。20世纪初，北京大学流传一个对子，“孙行者”对“胡适之”。写到此，我也出一个题目，读者不用猜就明白了：“刘源张”对“林则徐”。

第二部分

我的思想

《感恩录：我的质量生涯》前言*

今年是我国推行全面质量管理30周年，中国质量协会要我写一本书，把我这近六十年的全面质量管理工作说一说。的确，这两个30年的经历可以说是，波澜万丈。遇到了那么多的人，发生了那么多的事。再加上，前一个是计划经济，后一个是市场经济的时代，大环境的不同，自然对我的质量工作有影响。60年的时间里质量战线上无论是领导还是干部都换了几代，工人层次的变化就更大了，我的质量工作也在思想上和行动上有过变化。这本书记载的就是这些事情：我与时代的变迁。不过，我不是写中国的质量管理史，我只是写写在这段历史里个人的经历和感受。真实完整的中国质量管理史是需要的，我希望我写的这点东西能为将来写史的同志作个参考。

质量生涯的准备

1949年2月我从日本京都大学经济学部毕业，因为当时的盟军已经封锁了日本，列岛与大陆的交通中断，我想回国也回不来，就进了京都大学研究生院，导师是青山秀夫教授。他给我的研究题目是“统计方法在经济学研究中的应用”。统计学在原来京都大学的传统是德国的记述学派，第二次世界大战结束后传来英美的实证学派，导师要我先学习一下以数理统计为工具的实证研究方法，过了半年多，他要我做好准备去东京大学听课。当时东京有一批学者组织的称为统计工学的讨论班正办得热火朝天，于是我就去东京大学拜访

* 《感恩录：我的质量生涯》由科学出版社于2011年出版，本篇文章在该书前言基础上略作修改。

了牵头讨论班的在化工系任教的石川馨教授。他很亲切，让我参加他的讨论班。在这里我第一次听到质量管理的话题，并且知道了小柳贤一和他的日本科学技术联盟。但是那时我的兴趣和努力却在经济计量学的学习上，对质量管理不过是捎带着了解一点儿。

1945 年 9 月决定回国，照了这张纪念像，
但因中日间交通中断，不能成行

1950 年 12 月由于青山教授的推荐，我去了美国伯克利分校，进修凯恩斯经济学的理论和围绕这一理论的实证研究。1951 年的 12 月初，青山秀夫教授以福布莱特（*Fulbright*）访问学者身份来到美国，第一站就是伯克利。在学校的国际会馆我去看他，他询问我的学习和打算。我无意间说出，毕业后还是要回中国。他的脸上露出一丝悲伤，我知道，他推荐我来美国学习，是指望我以后回日本去他那里任教帮他的。他沉默了一会儿，对我说，既然这样，还是改学工商管理吧，这对你的祖国也更有用。他了解，我在进东京大学之前，曾经学过两年多的机械工程，可能有点儿底子。于是听了他

的话，我转到了刚刚兴起的运筹学。1992年2月16日青山秀夫教授病逝，他的门生编写了纪念文集《青山秀夫著作集·别卷 青山秀夫先生的学问和教育》，于1999年4月出版，公开发行。集子里我写了这段往事来纪念他、感谢他。我是他唯一的中国弟子。

后排左侧戴眼镜的是青山秀夫教授

运筹学内容繁多，什么都要学习一点，其中的质量管理有当时的名师格兰特（*Eugene L. Grant*）教授，在加利福尼亚的斯坦福大学任教。连续两个暑期，我都从伯克利去斯坦福听他的课，参加他的讨论班。他是一位既有理论又有实践的老师，讲起课来，广征博引，引人入胜。逐渐我对质量管理产生了浓厚的兴趣，也下了些工夫。1955年8月我毕业离开美国，回到了日本。这次，日本的质量管理成了气候，我再次求见石川馨教授，表明这次我要真正学习质量管理的愿望。由于他的帮助，我看到了一些材料，去过几个工厂，长了一些见识。

带着这点准备，1956年8月我回到了祖国。

质量生涯的偶然和必然

回顾我的质量生涯，好像都是偶然。

我从小就想当个工程师，原因很偶然，我上高中的时候，我家楼下的一间屋子租给一位工程师。他是山东大学工学院毕业的高材生，就职于青岛的英美烟草公司。我母亲请他帮我补习数学，他挺喜欢我似的，就答应了。晚上他下班后，我到他房间去学习。日子长了，我看他生活得非常潇洒，羡慕得很，就想我长大也当工程师。其实，工程师是干什么的，我都不知道，问过这位王老师几次，他也没告诉我是什么。原因就是这样的可笑。

到了日本，为了躲避美军的空袭，我辗转换了几个学校，工程也没学多少。日本战败投降了，我倒考进京都帝国大学经济学部，成了日本的最后一期的帝国大学学生。为什么学经济呢？当时日本人都在讨论为什么日本打败了，日本的技术不是很好吗？零式战斗机、武藏和大和号的战舰，都是举世公认的超一流装备。结论是因为日本人不懂战争是经济实力的较量，所以他们认为要好好学习经济、研究经济。社会的认识成了社会的潮流。我随着潮流，学了经济。这是一种偶然！

1956年8月，我在日本舞鹤港上船前

学质量管理，我在上面说过，是由于青山老师的一句话，是个偶然。回国后能干质量管理，像在书的开头叙述的那样，也全仗了钱学森先生的一封信。如果我真的去了长春第一汽车制造厂（以下简称长春一汽），恐怕我干不起来质量管理。这也是种偶然。

“文化大革命”开始不久，我被抓进了秦城监狱，足足待了八年零八个月，有充分的时间，学习了马列主义，反思了我十年的质量控制的工作，总结出了如果我能出去再干的话，我要怎样干的想法，这岂不是最大的偶然？果然出来了，拖着个“特嫌”的尾巴，这倒好，没资格想名利了，干脆全身心投入到厂里的工人群众中去。这也算个偶然吧！

细想起来，大大小小的偶然太多了。但是不正是这些偶然催着我东奔西跑吗？是不是有个必然始终贯穿在这些偶然当中呢？要不然，我怎么这 60 年有喜有悲、有得意有失望，从不改行只干质量管理的普及与提高呢？我想，大概就是这个概念：回家。我幼时受的教育是“忠孝仁义”的思想，特别是“孝”字由于家庭环境的影响深深烙在了我的心里。在国外的 15 载无时无刻不在想家，一次想着想着竟被抓进了日本九州的佐世保宪兵队长崎分队的监狱。以后有机会再来写写这一段。回国后就想把家搞得好一些。这个家不仅是

我回国后的第一张照片

自己的“小家”，我的家，还有个“大家”，我的国。家有个生活质量，国有个发展质量，两个质量都靠产品质量。家与国要好起来，就得先把产品搞好。我的质量管理工作里，可以说是“忠孝两全”。其实，应该说，所有的中国质量工作者都是这样的。

质量生涯的收获

现在，人们称我为“中国质量之父”。这是怎样来的？1991年7月，台湾的一家很有影响力的《战略——生产力杂志》上的一篇文章称我为“中国品管之父”，后来这个说法逐渐传入大陆，为人知晓。当然，这也许本来是同志们给我的称呼。不管怎样，这是极高的荣誉。不过，我更喜欢这样的评价，“他帮助中国的企业改变了对质量的看法和质量管理的做法”。在管理科学上，理论、方法固然重要，其实思想更为重要。思想能够传播开来，成为人们行动的指导力量，这才是管理科学的最大贡献。国内的许多同志都为质量管理思想的传播付出了辛勤的努力，我只是开了个头，当了一回帮手，或者不客气地说，当了一回“舵手”。

我的名片上在名字的下面有一行小字“全国劳动模范”。这是炫耀吗？不是。这是提醒，要我记住1978年3月的“科学的春天”。这个春天里，科技工作者成为工人阶级的一部分，也有了被评选劳模的机会。更深的意义是要科技工作者自觉作为工人阶级的历史任务。1979年我被评为全国劳模，在颁奖大会的主席台上从邓颖超同志的手中接过了劳模勋章。这是国家承认了质量管理的作用，是对全国质量工作者的鼓励。

真要说收获，并不是上面说的两件事。真正的收获是我通过质量管理的推行实践联想到许多学科内容时的喜悦。质量管理是个技术科学的问题，这不用多说。质量管理也是个哲学问题，里面有唯物辩证法的问题，有价值观的问题。质量管理也是个人文科学的问题，里面有秩序的问题、有治理的问题、有法律的问题、有道德的问题、有和谐的问题。质量管理更是个经济科学的问题，里面不仅是产品成本和价格的问题，也有资源的问题、环境的问题、市场的问题、竞争与协作的问题。质量管理一般认为是个管理科学，这也对，里面有权限和责任、组织和委让、标准和规范、体系和要素、意识和行动等问题。这些问题与质量的概念结合在一起会构成一个庞大的学科体系。近年我常想写写这件事，只怕心有余而力不足。在这本书里，我写下这方面思索的一些片段，这里那里地一点一滴，不成体系。但总的说，读者也许会看出我的思想上的连贯性。

最大的收获还是通过质量管理我结识了一些人。这些人理解我、想着我、记着我。我也想着他们、记着他们、感谢他们。这本书就是我对他们的思念和感谢。

质量生涯的起伏

我的质量生涯大体上还是顺当的，但也有起伏。我把它分成了6个10年，前5个已经过去，后1个正在进行。每一个10年，如今回忆、思想起来，都有些鲜明的特色。不是说，像计划经济和市场经济这样的时代特色，而是说个人成长经历的特色。

第一个10年是我回国后开始我的质量生涯的时期。万事开头难，何况在那个10年里，各种各样的政治运动不断，我既要适应当时人们在政治上的要求，又要适应人们在科学技术上的思潮。事事都要从头学起、干起。碰钉子，闹笑话，反正顶过来了。

第二个10年碰到了“文化大革命”。它把中国的质量事业摧残到了无以复加的地步。我自己也遭受了一场厄运，被关进了秦城监狱。好在坏事能变成好事，我倒在这个10年里“脱胎换骨”了。

第三个10年是我质量生涯中“离陆起飞”的时刻。人人都有个名利思想，我却因为“特嫌”的特殊原因被动地摆脱了名利，可以“轻装上阵”。工作的目的和心态都有我自己的平和，工作也在一些同志的帮助下有了成就。

第四个10年是我质量生涯中发展的时期。我有了一些实际上的经验，也有了理论上的思想，更重要的是，我开始有了“知天命”的感觉。我已经年过60，晚是晚了许多年，但我有了我的“三感论”，即时代感、使命感、科学感。这些就是我工作的动力。

第五个10年是我质量生涯中最从容的时期。人们称我“老××”，我不讨厌，人们称我“泰斗”，我不反对，人们称我“之父”，我不在意。只想对质量工作能说几句中肯的话，办几件对质量事业有用的事。

本书的前五章因此叫做“尝试”、“反省”、“奋斗”、“开拓”、“发挥”的10年。第六章按10年计算，应该是2006~2015年，但这本小书只写到了2009年，那剩下的5年还在未来的前头。故名之“余热”的10年。

质量生涯的未来

到了我这般年纪，还谈未来！日本有句谚语，“说未来，会被鬼笑话的”。我说未来，怕是要陷入这种境地了。中国质量协会成立30周年，为了纪念，我写了个题词。

看三十年，天翻地覆，整体质量形势，又好又快；
愿千万人，勤学苦练，全面质量管理，利己利国。

我在未来的质量生涯中希望还能为这千万个学习全面质量管理的人做些工作。现在的全面质量管理工作已经大大不同于我刚开始提倡的全面质量管理工作了。1976年，我看到的中国、中国的企业，处在千疮百孔、百废待兴的境地。1976年我看到的中国工人处于从劫后余生转向涅槃重生的时机。1986年我看到，我们的国家和我们的企业正在挣扎着从计划经济走向市场经济，我们的工人正在苦苦经历着竞争上岗的痛苦局面。1996年我看到，我们的国家和我们的企业在竞争激烈的国际市场中站稳了脚步，我们的工人开始迎来了他们的新的农民伙伴。2006 年我看到，我们的国家和我们的企业进入了改头换面的阶段，我们的工人也面临着学习提高的要求。在这些不同的时期，全面质量管理有不同的问题和做法。我都尽力去思考、去摸索、去适应、去创造。然而，未来的十年呢？工人、干部换了几代，都年轻化、知识化了。无可奈何我同他们有了代沟，他们想些什么，我都不清楚。我的这套三感“时代感、使命感、科学感”，还能说得通么？我重新学习吧，尽量再为新时代的新人的新全面质量管理做点儿工作。

本书的一个意图正是希望引起年轻读者的兴趣，从而投身到全面质量管理的队伍中来。

质量生涯的感谢

然而，本书的真正意图是感谢。我的质量生涯中要感谢的人太多，书中提到的几位就不在这里重复了。有几位我要在这里特别感谢。

中国质量协会第二任会长是宋季文同志。他从上海市副市长卸任下来，任轻工业部部长，之后又到中国质量协会挑起这副重担。我那时在他手下做一名副会长。他一点架子都没有，对我更是关怀备至。1989 年 2 月 8 日，宋老由他的公子南平陪同来我家，没有什么要事，只是来看看我。宋老酷爱围棋，南平也是此道高手，宋老要我同南平手谈一局，结果我大输。这次宋老来我家，给我的印象很深，我把它写在了我的日记里，标题为《一位温厚长者》。一次我去他的办公室看他，谈起话来，他向我抱怨，到了中国质量协会，轻工业部办公厅的人就不来管他家生活起居上的大小事了。我说，您打电话吗？他有些不愿意这样做的样子。老领导就是这样不愿意占人便宜的。他大概看到我东奔西跑，不得安宁，想要我坐下来静思片刻吧。一次他拍着我的肩膀对我说：刘老师，你要写书呀。是的，我没有什么著作，还自诩“述而不作”。我不曾忘记他的规劝，

宋季文会长

时常惦记着要写一本专门著作。宋老逝世时，我真后悔没有在他生前写一本书送给他。现在，这本书算不算得上他所想看到的书呢？

说到我的质量生涯，多亏了袁宝华同志。他是不用介绍的中国经济工作的领导人、中国管理科学的指导者。我记不清我是在什么时候、什么场合第一次见到他的。1978 年，宝华同志继 1977 年的北美、西欧行，从日本考察回国后，酝酿成立中国企业管理协会，找我去谈过一次话，我向他献言：治国需要信息，而只靠党内的一条渠道，是不行的，协会可以是另一条渠道，在那里大家平起平坐、畅所欲言，领导不但可以从中了解情况，还可以发现人才。我又趁机向他建议成立中国质量管理协会。是否因为这个缘故，宝华同志一直关怀照顾我呢？没有他的支持，不会有我的质量生涯。还有一件小事给我留下极为深刻的印象。1979 年，在一次会议的休息室，我正向宝华同志汇报什么工作，当时任国家计委副主任的叶林同志进来了，他们两位开始谈话，我一看，立刻起身往外走。宝华同志喊住我说，不用走。当时我一下子想起一句老话，“用人不疑，疑人不用”。1997 年，宝华同志书写了一副字联送给我：

少壮常怀强国志，

华巅犹抱济时心。

丁丑夏日

我把这件条幅挂在书房的墙上，有时注视它一会儿。我理解，这是宝华同志自己的写照，我不揣浅陋，也愿意把它当做我的自述。

在人民大会堂向宝华致意

饶斌和黄正夏两位同志我在书中提到，这里我要另外多写几句。1978年我去十堰第二汽车制造厂，当时任厂长的饶斌同志是在病床上见的我。他向我细说了第二汽车制造厂当时的窘境，要我帮他想办法。他的言语、态度实在让我感动。我回答他说，我只懂得一些质量管理，那就看看质量问题、讲讲质量问题吧。他说，好，在病床上听你讲话的录音。第二年，他被调到北京，任第一机械工业部的部长。1983年起，我在全国人大的全体会议上经常见到他，每次见到他，他都询问我和第二汽车制造厂的情况。黄正夏同志接任厂长后，对我更是给予了极大地信任，交给我极其重要的任务。2004年我写的一本书《中国汽车工业的挑战和问题》，在日本出版发行。我在书的序中写下这么几句话，“我要特别表示感谢的是东风汽车公司前身的第二汽车制造厂的初代厂长饶斌和他的继任厂长黄正夏。他们两位不仅是把我领进中国汽车产业的恩人，并且两位的人格和对建设中国汽车工业的献身精神一直使我敬佩和感动。能够得到二位的信任，因而在中国的汽车产业上做出一点工作，是我一生中的幸运和骄傲”。

1982年，我和黄正夏

我在秦城监狱的那段日子里，自然有许多的“难友”。虽然当时是互不知晓、互不谋面的，出来后，遇在一起，谈起来，发现彼此竟是“难友”，立刻产生一种亲近感。其中的一位是吕东同志。他在任三机部部长期间，我应邀去三机部做过全面质量管理的报告。那天的会是他主持的。他对我说，他是特地提前从外地视察回来听我的报告。有记者告诉我，他从别人那里知道我们是“难友”，大概正是为此，他要赶回来，看看我这个“难友”是个什么样子吧。后来他调任国家经委主任，我们有了更直接的工作关系。还有一位是张劲夫同志。他曾是中国科学院的党组书记，由于一个很有意思、别人看起来算是“犯上”的机缘，我和他倒成了朋友。他后来去安徽省任省委书记，到国家经委任主任及后来任国务委员期间，都曾对我的工作给予关心，特别是他把我介绍给当时的国务院总理赵紫阳，这对我是一种极大的信任。

这些同志和书中提到的其他一些人都是我全面质量管理事业的恩人，这本书就是我的“感恩录”。

有些同志说我的经历太独特、太坎坷，太值得写下来。有些国外友人也劝我写本自传，甚至都给我找好了出版社。我不是不想写，真要写下来，会有许多的碰碰撞撞，所以我一直拖着。现在，中国质量协会的戚维明秘书长提出来，要我写写我的质量工作，我想在全面质量管理的事业上像我这样的人在中国、在全世界不会有第二个，也许有读者想看一看，就写它一写。所以，我要感谢戚维明同志，是他的好意促成了这本书的写作。我还要感谢《品质》杂志社的总编辑段永刚博士和他的助手董金学和苏慧两位同志。他们对这本书的筹划给予了真诚的帮助。

我还要把这本书献给我的妻子张宁同志。没有她，不会有我的命、我的家、我的事业。书的草稿她曾看过，我发现，她是边看边流泪。我知道，有些章节引起了她的一些回忆。我还要把这本书送给我的两个女儿，她们一个在加拿大、一个在美国。老大刘欣是在不满20岁，老小刘明是在刚过20岁离家远渡重洋的，而在这20年的时间里，都是她们与母亲相依为命生活过来的。我感谢她们，把我在这20年里没能给予的温暖替我给了她们的母亲。

“质量之父”的科学人生*

“有些同志说我的经历太独特，太坎坷，太值得写下来。有些外国友人也劝我写本自传，甚至都给我找好了出版社……我想，在全面质量管理的事业上像我这样的人在中国、在全世界不会有第二个，也许有读者想看一看，就写它一写。”在科学出版社新近出版的《感恩录：我的质量生涯》一书的前言中，作者刘源张院士这样介绍他著此书的缘由。

的确，了解刘源张院士的人，都知晓他的经历确实太坎坷、太独特，充满了太大的沉浮激荡，太多的大悲大喜！其实，具有这般戏剧人生命运的主角，在过去几十年中国的政界、商界、文化界其实并非少闻鲜见，但在以探究规律、实践理性、向往淡定为追求的科学家中，有刘源张先生这样“幸运”的人，我不敢说绝无仅有，但可以肯定是绝对不多的。当然，这不是他的本愿。但时代的风云“青睐”于他，才让他拥有了如此与众不同的传奇人生。

被人称为“中国质量之父”的刘源张，1945年本科毕业于日本京都大学经济系，1955年博士毕业于美国加利福尼亚大学伯克利分校，专攻运筹学。1956年应钱学森的函邀，进入中国科学院力学研究所，建立我国第一个质量管理研究组，1961年转到数学所，在华罗庚指导下工作。正当他在我国质量管理和质量工程领域大显身手，开拓性地进行研究与应用时，刚刚刮起的“文化大革命”飓风就把他抛到了命运的谷底，1966年8月15日晚上，他在家中被蒙上双眼，以莫须有的“高级特务”的罪名被关进了秦城监狱，时间长达

---

* 本文作者系中国科学院原党组副书记郭传杰，文章刊登在《科学时报》，2011年8月24日，B_1版。

八年零八个月！出狱平反之后，他以更大的科学激情投入到质量管理的研究与实践中，提出并推动了中国的全面质量管理。

本书不是刘源张的自写传记，只是他从事质量管理研究的人生记录。全书六章，各写十年。从1956年回国写起，按质量生涯的阶段顺序，分别冠以“尝试”、“反省”、“奋斗”、“开拓”、“发挥”和“余热”的十年，条理清晰，一目了然。

本书有趣。我看过很多关于科学家的传记体书籍，说实话，能使人爱不释手、一气呵成读完的不多。这不足为怪。因为，科学家从事的研究对象往往不为本领域外的读者熟悉，科学家自身的生活往往没有像政、商、文界人士那么多诱人的故事。质量管理虽然也是建筑在现代数学基础上的一门艰深的技术学科，但是他同时又是一门广泛涉猎经济、管理、人文、社科的交叉领域，与日常的工作、生活密切关联。而作者本人的经历又充满了跌宕起伏的传奇色彩，几十年前的人和事描绘得栩栩如生。譬如，在如云流水、对话家常的文字中，有20世纪50年代在北京国棉一厂通过质量管理引导工人用低级棉纺出优级纱的有趣情节，有1961年陈毅元帅在人民大会堂用大块红烧肉请客的生动描绘。当然，更有对秦城监狱，这个一般人无缘造访的神秘之地的所见所闻；有在国内外高层学术交流时的趣闻轶事。……我惊讶于几十年来的人和事他怎么都记得那么准确、生动，他笑着告诉我，他一直有写日记的习惯。“文化大革命”发生时，以前的东西当时全部被抄了去，不过，事后也还给他了。

本书有益。书的副标题叫“我的质量生涯”。看完本书，你会发现这是一个双关语。质量，既是刘源张毕生从事的科学研究领域，也是他毕生追求的科学人生目标。刘源张说，质量问题是个重要的题目，质量管理是个专门学问。书中有他对高质量科学研究的许多体悟。比如，在质量控制中，对数据的价值、功能的深刻理解，对数据采集、分析、运用的科学把握。又比如，关于理论和实践关系的认识，他说，学术、学术，“学”和“术”结合起来，才构成真"学术"。作为一个毕生致力于质量管理的学者，面对当前低劣产品泛滥成灾的现实市场，强烈的社会责任感让他揪心般的疼痛，他说，过程质量就是一种秩序，过程控制就是维持这一秩序的手段。同样，生活质量、国民经济运行质量、社会发展式质量，都是一种秩序，这些质量都取决于提供者的诚信程度，质量是名牌的基础，诚信是名牌的保证，不诚信则是质量的"癌症"！通读全书，可以看到，作者无论是做人还是治学，是身处逆境还是顺境，是在当初的而立之年，还是现在的耄耋之期，贯穿一切、维持始终的离不开"三感"：时代感、使命感、科学感。他说，"这'三感'就是我工作的动力"。如果要再问一句：您的动力源呢，在哪里？书中也有交代。他说，我在国外学习、工作 15 年后回到百废待兴的祖国，在沟沟坎坎的 60 年中没有离开过质量管理这一行，其原因大概就是有个"家"的概念。这个家不仅是自己的"小家"，我的家，还有个"大家"，我的国。家有个生活质量，国有个发展质量，两个质量都靠产品质量。家与国要好起来，就得先把产品搞好。我的质量管理工作，可以说体现了"忠孝两全"。这些平平实实的话语，却有着震撼人心的冲击力！因此，我想，这本书如果有更多的青年学生和学者读一读，对它们去实现一个高质量的科学人生，定是大有补益的！

本书有道。该书的书名叫"感恩录：我的质量生涯"。一个无端地在秦城监狱被关押 3000 多个日夜的科学家，身心、工作和家庭该遭受过多大的摧残和牺牲啊？然而，在获得昭雪后，他没有戚戚痛楚，拒绝唉声怨气，而是立刻抢回时间，投入科研创造。取得成就之后，又回归于大家，感恩于人，正如他在"前言"中所说：本书的真正意图是感谢，我的质量生涯中，要感谢的人太多。这是什么胸襟？这是何等的大气？这就是高质量的科学人生！感恩是一种处世哲学，是生活中的大智慧，更是学会做人、成就阳光人生的支点，是一切生命美好的根基，是人生质量的健康体现。英国著名教育家、哲学家洛克说过："感恩是精神上的一种宝藏。"是的，感恩之心可以稀释我们心中的狭隘和悲怨，可以帮助我们渡过最大的痛苦和灾难。常怀感恩之心，会使我们已有的人生资源变得更加丰厚，使我们的心胸更加宽阔，使我们能感受到自然的美妙、生活的美好，使我们能永葆积极、健康、阳光的良好心态。感恩是构建和谐社会的一个基本元素。然而，在今天的中国，它又是如此稀缺的一个元素。因此，读读这本书，看看站在你面前这位历经炼狱、年近九旬，却总是精神爽朗、神情达观、耳聪目明、头脑清晰的科学长者，这不是一次难得的学习悟道、有益的精神分享吗？

后排中间为郭传杰，左侧是佟仁城，右侧是马振洲

管理就是改变不良习惯*

管理学已成为一个学科门类

中国人原来对管理不重视，但最近情况变了，管理学已成为一个学科门类。作为一门还没有完全成熟的科学，管理学学科体系至今在国际上没有一个公认的统一模式。随着经济的发展，我国对管理学这门学科也越来越重视：1984 年经教育部批准，几所大学开始建立管理学院。国内最早开办管理学科的上海交通大学被批准重建管理学院——上海交大管理学院就是其一。1996 年，美国安泰国际集团出资与上海交大共建管理学院，2000 年上海交通大学管理学院正式更名为上海交通大学安泰管理学院。

现在，管理学院非常风光，*MBA* 招生一年每个学生学费 7 万 ~8 万元，*EMBA* 更是达到了 20 万元以上。硬件设施都上去了，教授待遇也提高了，但软件，特别是头脑怎么样呢？

显然，中国的管理教育硬件上去了，软件却有待提升。从国外引进是一个办法，国内的人多交流、多互相启发、多开展讨论，更是一个好办法。毕竟，国内的人对国内的情况要熟悉得多，对国内的问题要清楚得多。这次演讲就是抱着这种想法，同管理学院的同学和老师进行交流的一次尝试。

管理谁，谁去管理？

管理学要解决一个“管理谁，谁去管理？”的问题。经济学为

---

* 2004 年 5 月在上海交通大学安泰管理学院的讲话。

了理论研究，提出“经济人”的假设。这个“人”是完全理性的，行动准则和是非判断完全出自私利。经济学家用“经济人”的观点和立场去研究经济现象，提出经济理论，处理经济问题。用“经济人”去对付“经济人”。不过，“企业人”同“经济人”是有区别的。“企业人”有三方面的特征。

第一，这个“人”有理性，但更有感情。20世纪30年代，在美国进行的霍桑试验证明了这一点。如今在中国有些年轻人找职业干工作并不只是为了挣多少钱，而更是为了寻找可以称为环境感情的东西。

第二，这个“人”有自己的意志，但更重要的是要统一到企业的意志上来。不管你有什么个人的想法，进入企业，就要为这个企业着想，形成一个统一的意志。日本人在这一点上表现得最突出。“丰田人”可以说，在这个意义上是具代表性的“企业人”。我也曾为第二汽车制造厂提倡过“东风人”的思想。

第三，这个“人”受过教育，但更愿学习再学习。没受过教育的，进不了企业。现在，在中国企业的工厂干活儿的，至少是初中毕业，不久会是高中了吧。不管你受到过什么层次的教育，进入企业，就会有学习再学习的念头。这是工作的需要，也是企业环境的促使。

因此，问题的回答就是，“企业人”管理“企业人”。这是管理学的理论基础、研究的出发点、结论的落实处。

我们已经沾染了不良习惯

管理是什么？管理就是改变人们在组织中的不良习惯，我们已经沾染了不良习惯。不良习惯的定义是什么，来源和沾染过程又是怎样的呢？

第一个是思想上的。“文化大革命”的最大危害是造成人们思想上的混乱。1978年“改革开放”政策制定的前后，首先进行的是

"拨乱反正"。全国上下展开大讨论。其中一个题目是"实践是检验真理的唯一标准"，这个讨论取得了共识，产生了以后的丰硕成果。另一个题目是，"生产的目的是什么"。这个讨论半生不熟。"完成上级交下的任务"成了当时厂长们的几乎是共同的标准答案。市场、消费者这些概念都没有。不过，这也难怪！到了后来向市场经济过渡，"赢利"成了唯一的目的。而且，为了目的，不择手段。"假、冒、伪、劣"出来了，"贪污腐化"出来了。"质量第一"、"完成至上"倒成了口头语。长达10年的深重灾难和短短3年的急促转变对生产目的和生产管理所造成的思想混乱，是这一方面不良习惯的根源。到了现在进入市场经济，这种沾染上了的不良习惯仍在那里作祟。

第二个是制度上的。计划经济时代，企业的主管是政府。不管怎么说，大家都照着干过来了。等到向市场经济过渡，政府职能要转变，企业经理要扩权，管理要现代化，还有国有国营、民有民营、中外合资合营、股份制、上市制，再加上加入世贸组织，这些都是好事。但是，人们理解的不同、领会的不深，加上陈旧观念的影响，导致了制度本身或制度执行上的混乱，如地方与中央的不一致、群众与领导的不一致、中国与外国的不一致等。现在进入市场经济了，这些问题逐渐暴露出来了。从大的方面说，企业的董事、监事是干什么的，怎么干；经理任期制又是怎么回事，到底要不要这个任期。从小的方面说，企业员工干工作，标准、定额、报酬怎么定，怎么执行；各项工作的接口怎样考虑。所谓"统一的市场"的建立健全要靠制度的保障。但是，遗留下来的制度混乱就是不良习惯。

第三个是操作上的。这一年来，高级技工的缺乏成了话题。原因在哪里？主要是对工人操作的不理解。好像有了机器、有了工具，工人不过是陪衬。几年前，我在一家汽车制造厂，还听人说"装配装配、不学就会"，再往前，"文化大革命"期间主张的"工人阶级管理一切"，使一批工人错误地理解为"个个要当领导"，忘了工人的本分。操作自然无人关心。而向市场经济过渡期间，农民进城当工人，出现了原有的工人成了包工头，指使农民工干，操作的传授中断了。再加上，“创新”、“创新”的呼喊，媒体宣传的尽是科学家、高级工程师，有意识或无意识地使得企业工人认为“创新”没他们的份儿。只承认专利，不承认诀窍！凡此种种，都是不良习惯，又都有个长期沾染的过程。近年来，工矿事故的频频发生，正是不重视操作的结果。

当然，近些日子，人们已经注意到了这些问题，也正在努力改进。管理就是要改变这些不良习惯，而管理学正是为此所需的知识体系。

管理要有“三感”

实践有两种：一是学习，就是认识上的实践；二是实践，这是改造上的实践。先学习，后实践，或是边学习，边实践，都行。这里的关键是要有“时代感，使命感，科学感”。

每个人都有自身所处的时代。我年轻的时候，是中国遭受外国列强欺负的时代。现在年轻学生所处的是中国和平崛起的时代。时代赋予使命，这是我们中国知识分子的优良传统。不同的时代有不同的使命。我那个时代是“抗日救国”，这种使命感自然是不要现在的年青学生们有的了。他们要有什么样的使命感，要由他们去决定。如果要我说点儿参考意见的话，那么我要说，现在的中国已经在经济上与世界融为一体了，并且中国经济强大到了足以让外国感到不得不对中国刮目相待的地步了。这同我那个时代是多大的差异呀？认清了这个时代，管理的学子们会认识到，加速中国经济的发展，尽快达到小康社会，是他们的努力方向。这是使命感。完成这种使命，要有科学的态度。这就是科学感。

我提出的“企业人”，“管理就是改变人们在组织中的不良习惯”等的管理思想，就是他从“时代感，使命感，科学感”的三感中总结出来的东西。时代如果变了，这些说法也得跟着变。

总而言之，没有这“三感”，管理是学不成，学不好的，也是干不成，干不好的。为了培养这“三感”，学生只读大学的教科书，什么管理学之类的东西，不行。要注意看报、听报告，增加社会知识和政治敏感。最新修正的《中华人民共和国宪法》，“三个代表”的重要思想，科学发展观，要不要好好读一读？其实，就科学感而言，那些书本上最基础、最简单的才是最有用的。学生们在读书时，要注意寻找。

有了这“三感”，不管是学的，教的，还是干的，才会有了准头，才会起作用，才会有好的管理和管理学。

从消费者角度研究质量

近年忙着帮别人搞研究，自己却没有什么质量方面的研究，不过，有点想法，提出来，是否可以讨论。

过去，我们老是从生产的角度去研究质量，提出的“下工序是用户”、“用户第一”，不过是在生产上利用一下用户而已。目前，流行的顾客满意度也是最终为了生产者的工作改进。要不要从消费者这一边去看看质量呢？

想起一件事。20世纪50年代初，在美国尼龙织物盛行。当时出售的袜子，男式的女式的，都非常结实，特别是妇女丝袜，不易穿洞。穿的人，也觉得讨厌，卖的人，也觉得讨厌。于是，厂方改变了生产配方。后来，妇女的丝袜，一碰就破，穿的并不在乎，常常又新又好，反正一双不到一盒烟钱。中国有句老话，“新三年，旧三年，缝缝补补又三年”，现在认为不合时宜了。这一变化，我想，对生产者都会有些刺激或启发。

进一步举例说，中国的买车人与外国的有很大不同。中国人喜欢买大的宽体车，讲究气派，追求风头，不管排气量大小，似乎越大越得意。现在，欧洲人买小车，重视油耗和排气污染。连一向喜大的美国人都早已转向中、小型车，因此，日本造的车在美国越销越旺。买者理念的变化和中外买车理念的差异是否值得研究呢？

我们常说质量观，过去实际上说的是生产者的质量观，现在要说的是消费者的质量观。生产者有个正确的质量观，才能在生产上制造出高质量的产品。所谓的高质量也只是由生产者提出而被消费者接受的。这又主要是由生产者的生产能力决定的。消费者的质量观是指，适应可持续经济发展的要求，依靠科学技术的进步，消费者应有的对产品的质量要求。这种质量观才是真正的影响或者指导生产者在生产上努力的方向。

如同生产者的质量观有符合性、适用性和价值性的理论说明一样，消费者的质量观是否可以有同样的考虑，只不过，各有不同的内容。譬如说，符合性不是指符合技术标准，而是意味着符合可持续发展的要求；适用性也不是仅指对用户的适用程度，而是说对环境的友好程度；价值性也不只是价值与使用价值的一致性，而是更进一步注意创造的产品价值与损耗的社会价值的比较。这种质量观是需要对消费者进行教育和说服的，远比我们过去对生产者所做的要难。所谓“从娃娃抓起”也可适用于此。

这个想法，虽然在心中存在过，但却是在上海交大安泰管理学院的那次讲演中，在回答一位同学提问的时候，初次说出来的，自然不成熟，愿意写出来，希望起到抛砖引玉的作用。

推行全面质量管理30周年小结*

从1976年我提倡，经1978年国家经委主持，到今年全面质量管理在我国的企业里推行已经有30年了。这30年中，经过质量战线上许多同志的努力，逐渐形成了我国自己的全面质量管理。这些同志中间有不少与我并肩战斗过的战友，他们当中有的是领导干部，有的是工程技术人员，有的是工人师傅，而且有的已经离开了我们。为了纪念我的这些战友，我写了这篇小结，献给他们，作为我的感谢，感谢他们长时间里给予我的支持和帮助。也是为了他们，我尽可能写出他们的贡献。

30年大体上可以分为三个时代。每个时代又可以代表一个转变。在这些转变当中逐渐形成了中国的全面质量管理。然而，这个过程不是一帆风顺的，人们有过不同的认识，也有过热烈的争论。另外，在30年的时间里，始终有来自国外的影响。它们时而起着促进的作用，时而起着负面的干扰。战友们和我就是在“求大同，存小异”的愿望中和在“科学发展观”的指导下，为建立健全中国的全面质量管理付出了我们的心血。有的战友甚至为此因过度劳累而献出了生命，其中两位的名字我希望写在这里，他们是原北京清河毛纺织厂厂长丁鸿谟同志和原中国人民大学教授沈思聪同志。

成　就

30年来的成就是巨大的。1976年开始的“拨乱反正”和1978年开始的改革开放给予了全国质量战线的战士极大地鼓舞，也带给

---

* 本文作于2006年9月1日，刊登在《上海质量》，2008年第09期，“改革开放30周年与质量”征文。

了我国质量事业上的极大的成功。1978 年我国进出口贸易总额为 206.4 亿美元，其中出口为 97.5 亿美元。2007 年进出口贸易总额为 21 738 亿美元，出口为 12 180 亿美元。就出口言，贸易总额 30 年间增长了 125 倍。我国的产品行销全世界，如果不是价廉物美，怎能受到全世界人民的青睐？我国人民的消费习惯也从单纯要求“价廉”转向要求“物美”了。当然这里有包括我的战友们在内的全国广大质量工作者的功劳。最近最突出的事例是北京奥运会的场馆质量，它令来自全世界的运动员、官员和观众敬佩。我想，这会有助于提高全世界人民对“中国造”产品的认识和信赖。

时代的变化

30 年、三个时代的全面质量管理各具特色，并呈现出与时俱进的特点。

1. 第一个 10 年：国家推行的时代

经国务院的采纳，在国家经委的领导下，我们开展了全面质量管理的宣传、教育、培训、试点和推广工作。这个时代依然处于计划经济时代，而正因如此，行政机构在全国的企业中推行全面质量管理上发挥了不可替代的权威性作用。有一件事给我的印象最深。全面质量管理首先是全员教育，其次是各部门协调。这两件事都不是当时企业的科室建制所能负责的，于是我向当时一机部的领导建议，企业设立全面质量管理办公室（简称全质办），以负责企业内的全面质量管理的教育、培训、试点、协调和推行。领导采纳后，以电话会议的形式传达下去，几乎可以说是在一个晚上全国企业纷纷成立了全质办。

这个时代的一件大事是 *QC* 小组活动的开展。小组活动、班组建设、民主管理在我国是有传统的。20 世纪 50 年代的劳模班组，60 年代的以“两参一改三结合”为核心的民主管理，70 年代“拨乱反正”后的“工业学大庆”会上决议中推行的信得过班组，都有它们独特的作用和存在的理由。但是，它们都没有考虑到科学精神和科学方法。在班组工人里建立 *QC* 小组，互教互学，领会科学精神、学会科学方法，再集思广益，发现并解决工作岗位上的质量问题。1976 年我在北京清河毛纺织厂尝试组织了第一个 *QC* 小组，1978 年我正式向国家有关部门建议，在全国范围内推广 *QC* 小组的活动。自 1979 年举行了第一次全国 *QC* 小组代表大会以来至今从未间断过。全面质量管理经风雨不断、遭坎坷不平、时兴时衰，唯独它的一个组成部分——*QC* 小组，不倒不败。粗略估计，30 年间全国范围内接受过或参加过 *QC* 小组活动的工人和干部不下 5000 万人次，对产品质量以至国民经济的贡献难以估量。

不可否认，中国的 *QC* 小组活动受到日本的启发，但正如日本 *QC* 小组活动的创始人石川馨教授说过的，中国的“三结合”式 *QC* 小组活动是他想学而办不到的。现在回顾，没有像总工会、共青团这样的行政参与，*QC* 小组恐怕不会在全国开展，而且事实证明了，一旦企业尝到了甜头，*QC* 小组就会更好地继续存在、活动下去。1980 年 3 月 10 日，《工业企业推行全面质量管理暂行办法》颁布。文件中规定，“质量管理是企业管理的中心环节”。不料这句话遭到了企业管理界许多同志的反对，他们认为计划管理才是企业管理的中心环节。计划经济中计划管理当然重要，但是计划的目标应该是产品质量，这从当时全国企业的情况看是“有的放矢”的。经过我们的解释，大家总算都同意了这个观点。1982 年国家经委下新设质量局，1988 年标准局、计量局、质量局合并成立国家技术监督局，直属国务院。1979 年国家规定每年九月份为全国“质量月”，并设立国家质量奖，之后于 1982 年又设立国家质量管理奖，颁奖典礼上国家领导人亲自授奖。同时，中央广播电台、中央广播电视台和《人民日报》、《经济日报》、《光明日报》等媒体也都对全面质量管理进行了广泛的报道宣传。从此，全面质量管理在全国企业蓬勃发展起来。

此期间，国际交流活动开展得非常活跃。许多著名的外国质量管理专家都来华讲学，传授知识和经验。有的重视管理层而轻视现场工人，有的主张过程管理而否定精神作用，有的提出质量经营以致给人以重经营轻管理的印象，凡此种种我们都在兼收并蓄的基础上，结合国情、厂情加以区别对待。特别是，如国际标准组织的*ISO–STD*、美国国防部的*MIL STD*等的产品技术标准被引进，对我国的产品质量起到了积极作用。派出国外的质量管理考察团带回的先进经验被广泛吸纳。

应该提到的另一件事是，自1979年以来，在国家经委和各地方经委的领导下，成立了中国质量协会和各地、各部门的质量协会。作为一种群众性的科技组织，它登记注册在中国科学技术协会；作为一种科技性的群众组织，她是中华全国总工会的联系团体。因为质量协会的一个主要目的和工作是，在我们的年青工人和技术员中间普及质量的科学知识，以及提高他们解决质量问题的本领，所以得到中国共青团的赞同和支持。这样的质量协会在世界上是独一无二的。正因如此，中央和全国各地的质量协会在中国的质量事业上发挥了很好、很大的作用。

在国家有关行政部门的领导和指导下，全国的广大质量工作者参与了上述各项工作，尽到了应尽的责任，取得了可喜的成果。用一句话说就是：改变了全国企业对质量的认识和在质量管理上的做法。尽管参差不齐，格局已经形成了。质量一定是包括三大件的“性能、成本、交货期”并重的质量，质量管理一定是三全的“全面质量观、全员参加、全过程管理”的质量管理。这个时代是启蒙的时代。启蒙不等于贯彻。随着经济体制的深入改革，行政部门对企业的控制变弱了，相反企业的自主经营管理权限扩大了。事情发生的这样快，企业的人们还没搞清楚是怎么回事，就急急忙忙做出了自己的决定。于是，全质办被取消了，质量大滑坡了，“假冒伪劣”

大量出现了，对全面质量管理的疑惑产生了，甚至全国质量奖都被暂停了。尽管我们看在眼里，急在心上，这种种的问题只得留到下个时代去解决了。

2. 第二个 10 年，国家监管的时代

这个时代，从计划经济过渡到市场经济的基本体制已经建立了。政府职能的转变和企业经营的改变是这个时代的两件大事。市场的主体是企业，市场的竞争和用户的需求是企业必须自主应对的课题。政府的职能因而必须转变为，维护企业的正当权益、保证市场的公平竞争、保障用户的消费权益。在这一背景下，中国的质量管理发生了相应的变化。

首先，质量管理由政府负责实行、国家推行转变为由政府负责实行、国家监管的体制。1998 年国家技术监督局改名为国家质量技术监督局，从此名正言顺，企业为自己的产品质量负责，政府则是监管企业是否尽到责任。采取的主要手段是由国家质监局代国家对企业产品质量进行的监督抽查。这项举措实是国际上的创举，通观国家监督抽查的前后过程，不可否认它起到了应有的作用，提高了中国企业的产品质量。

同时，国家加强了质量方面的法律法规的建设。1993 年通过并开始执行的《中华人民共和国产品质量法》明确了企业对产品质量的责任，同年的《中华人民共和国消费者权益保护法》更从用户的角度对产品质量做出了规定。不用说，许多质量战线上的同志参与了这两项法律的起草和讨论。1984 年经国务院批准成立的中国消费者协会从此有了法律依据，为消费者维权的活动开展得更加有力。1997 年“3.18 国际消费者权益保护日”的宣传更加激发了消费者的维权意识。

1989 年国家成立了质量管理与质量保证标准化技术委员会，命我为主任委员，先是等效、后是等同采用国际标准化组织的 9000 系

列国际标准。这件事促使我国的质量工作者对全面质量管理进行了反省和深思。全面质量管理是质量管理的全新发展，它提出来的理念、原则和集成创新的方法论，开阔了质量工作者的视野，而又有启发质量工作者发挥作用的余地。它被理解为质量的管理哲学，是有道理的。然而就是因为它的哲学性质，往往使得质量管理工作者只见树木不见森林。9000 系列的国际标准在思想和原则上遵循了全面质量管理，但在质量管理的技术层面上构成了基础的体系的管理标准，使得企业和质量管理工作者可以具体地执行规定的各项措施，并且能够检查、判断它们的执行情况。但是，就是因为它是我国采用的首个国际管理标准，人们把它称为企业的国际通行证。我们费了好大口舌才使这一误解得到消解。因为这个标准的执行可以客观地检查，它造就了一门行业。这一时代，各地、各部门纷纷成立这个标准的认证机构，成为极其赢利的市场中介组织。它的功过也有待下个时代的评论和处理了。总之，这个时代的进步之处是，企业界普遍认识到产品的质量管理与企业的质量体系同等重要，而且在某种情况下后者更重要、更得优先建立。全面质量管理逐渐有了抓手。

1996 年 12 月 24 日国务院颁布了《质量振兴纲要(1996—2010)》。这个重要文件总结了过去 20 年的质量事业的经验，提出了今后质量管理的方向。它强调了继续推行全面质量管理和大力贯彻质量管理体系标准。质量战线上的部分同志参与了纲要的制定，他们的辛勤努力给后来的质量工作者莫大的鼓励。说到《质量振兴纲要（1996—2010）》，它要振兴的质量，自然是性能、成本、交货期并重的质量。而这一时代民营企业的大量兴起，国外客户在国内的委托加工或贴牌生产产品。这一方面给予这些企业微薄的利润，另一方面提供了大量的就业机会。更主要的是，他们教会了中国企业真正了解了性能、成本、交货期并重的全面意义的质量概念。不过，这种薄利多销的出口策略也留下了许多有待下个时代解决的问题。

1992年，国务院召开了改革开放以后的第一次全国质量工作会议。朱镕基副总理主持会议，李鹏总理到会讲话。这是一次总结质量工作的大会，是一次检阅质量工作队伍的大会。1999年国务院召开了第二次全国质量工作会议，吴邦国副总理出席会议，并做了重要讲话。朱镕基总理做出了批示。这次会议强调了产品质量工作的重要性，要求提高全民的质量意识，切实加强质量监管和监督抽查，抓好全面质量管理等。朱镕基总理的批示更是言简意赅："当前，我们面临经济结构调整的关键时期，质量工作正是主攻方向，没有质量就没有效益。放任假冒伪劣，国家就没有希望。"这两次全国质量工作会议体现了对市场的重视，明确了企业和国家对产品质量的分工负责，指出了质量工作培训的重要性，更加激起了全国广大质量工作者的责任心。

全面质量管理从计划经济下的国家推行的企业"削足适履"的情况中脱胎出来，进入了市场经济下国家监管的企业施展"八仙过海，各显神通"的时代。跨国公司在华的合资企业也在质量管理上传授了他们的经验。而且在这个时代末期，国家设立了质量工程师的资格考试和认证制度，为今后的人才培养和使用准备了条件。全质办消失了，但企业比较普遍地设立了质量总师或质量总监的职位，让我们这些质量战线上的老战士感到欣慰。

这个时代，服务工作的质量问题提上了日程。1987年9月，在有关部门的支持下，我们编导的《服务工作全面质量管理电视讲座》在中央电视台播出，并获得好评。其后至1991年9月连续播出四次，每期两个月。1988年6月28日李鹏、胡启立、姚依林、吴学谦、薄一波、芮杏文等同志在中南海会见了该讲座的全体同志。1995年9月，我们主编的《服务质量国家标准电视讲座》在中央电视台播出。这两个电视讲座不只是一个电视节目，还在节目前、中、后培训了一批学员和辅导员。当年的这些战友很多都已退休，他们的努力我们要记住。在质量管理的知识普及和经验介绍上传媒的支持是不可缺少的，所起的作用也是不可低估的。但是，没有行政部门，特别是传媒部门领导的热心支持，这种事很难做到。

3. 第三个 10 年，国际化的时代

2000 年中国加入了世界贸易组织，从此中国的质量管理国际化了。所谓国际化，不单纯是国际标准的采用，或管理方法的国际接轨，而是在国际上要受到世界贸易组织规定或许可的各种约束，如非关税的技术性贸易壁垒、知识产权的尊重和保护。这样，中国的质量工作者必须学习和掌握这些方面的新知识，只有获得这方面的新本领，才能应付这一新局面。从目前在国际标准化组织或在世界贸易组织任职的人员和人数来看，中国的质量工作者的确是在这个过程中成长了起来。

为了适应这种情况，国家在质量管理机构上做了调整。2001 年国家质量技术监督局与国家进出口商品检验检疫局合并，成立了国家质量监督检验检疫总局（简称国家质检总局），升格为部级单位。国家质检总局对全国的质量监督工作实行垂直管理，即全国各地的质检部门归国家质检总局直接领导。这就使得国家质检总局在监督管理全国的质量工作上有了更大的权威和更大的实力。随后又对国家产品质量监督抽查制度进行了修订，使之能够更加正确反映全国各行业产品的质量情况，并且加强了季度抽查结果的可比性。在质量和质量管理国际化的时代，国家质检总局可以说是任重而道远。

这个时代应该大书特书的是标准化工作得到国家的极大重视。早在 1979 年 7 月国务院颁发的《中华人民共和国标准化管理条例》的第一条就说明了“标准化是组织现代化生产的重要手段。没有标准化，就没有专业化，就没有高质量、高速度”。1984 年国家标准局发布了《采用国际标准管理办法》，但是等到中国加入了世界贸易组织，国家才从国民经济发展的全局和高度看到了标准化的重要性和急迫性。2001 年国家组建了国家标准化委员会，2006 年又成立了国

家标准化专家委员会（简称国家标委）。2006年，根据《国民经济和社会发展第十一个五年规划纲要》和《国家中长期科学和技术发展规划纲要（2006—2010）》，国家标准化委员会制定了《国家标准化发展纲要（2006—2020）》，并由国务院颁布，国家标委组织实施。我一向认为，质量管理和标准化是表里一体的关系，质量管理是标准化的落实和发展，标准化是质量管理的基础和依据。如今，有了《国家标准化发展纲要（2006—2020）》，再加上上个时代的《质量振兴纲要（1996—2010）》，质量管理工作者和标准化工作者就有了合作的前提和共同努力的目标。我寄希望于这项合作的发展和成功。

2001年成立了国家认证认可监督委员会（简称国家认监委），它与国家标准化委员会并列成为我国标准化事业的两大支柱。国家认监委成立以来，在产品质量、管理体系、实验室建设的标准和标准认证机构的监督管理上，统一了过去国家技监局时代以来的标准工作，做了大量卓有成效的工作。我在第二个10年的叙述当中提到认证机构的功过。2006年国家认监委发动的全面清理整顿非法认证活动的举措，可以说是对全国的认证机构的一次“论功罚过”，震惊了这个行业。另外，国家认监委特别注意国际合作，做出了自己的贡献，赢得了国际赞誉。

我在叙说第二个10年的时候，说到我们被迫采用了“薄利多销”。到了这个时代，我们明白了，我们贴的是人家的牌子，我们必须要有自己的世界名牌。于是，国家质检总局成立了中国名牌战略推进委员会，2001年12月29日总局颁布了《中国名牌产品管理办法》，规定了名牌的评比要求和程序。2008年8月中国名牌战略推进委员会发布了《2008年中国世界名牌产品评价通则》，以期做到公正、公平、公开。与此有关，2004年国家标委制定并实施了《卓越绩效评价准则》的国家标准，指导并鼓励中国企业追求卓越。卓越的一个重要表现不言而喻就是创名牌、创世界名牌。无论是标准化的贯彻，还是名牌的创立，都离不开人才。我们质量战线上的人才不是人才济济，而是严重缺少。培养人才是每次国家质量工作会议的呼声。“人才培养，名牌战略，标准化”成了这个时代质量管理的三大战略。中国的全面质量管理有了自己的全盘考虑。

2003 年 10 月在党的十六届三中全会上，胡锦涛总书记提出了“科学发展观”，从此中国的全面质量管理有了指导原则。现在我们可以用科学发展观来审视全面质量管理的目的、理念和方法。第一，以人为本。全面质量管理始于教育、终于教育，始终注意培养人的质量意识和质量技能以作为提高和保证产品质量的基础。第二，统筹协调。全面质量管理奉行体系的管理，着重产品的设计、工艺、制造、检验、使用、服务之间的协调，以达到又好又快又省的效果。第三，可持续发展。全面质量管理以改进为宗旨，按照 *PDCA*（即计划实验、检查、总结）循环不断改进管理体系、提高产品质量，有助于企业竞争力的保持和企业的持续发展。但是，从科学发展观要求的目的看，迄今的全面质量管理仍有问题。我们只是在企业内部讨论质量的问题，我们不曾把全面质量管理放到一个大的环境中去讨论。我们主张全面意义的质量，不过这个“大质量”的概念也只是企业内部关心的事。科学发展观提倡的“环境友好，资源节约，社会和谐”给我们敲响了警钟。全面质量管理必须在科学发展观的要求上去考虑产品和服务的质量，去考虑质量管理的内容和体系。这样的质量才是真正的“大质量”。对于原有的三大管理体系标准，即质量管理体系，环境管理体系，职业健康安全管理体系，许多企业希望统一成一个标准。这不仅是企业要省人、省钱、省事，更应从更好地贯彻科学发展观的方面去理解。

这个时代，中国成为了世界的工厂。与外国的贸易摩擦频繁发生。美国的玩具事件、日本的毒饺子事件、欧盟的打火机事件，引起了我国从政府到民间的极大关注。在这样的背景下，国务院于 2007 年 7 月 27 日召开了全国质量工作会议。这是改革开放以来的第三次。吴仪副总理主持会议，温家宝总理对质量做了重要讲话，国家质检总局李长江局长做了总结讲话。会议强调了，中国政府历来高度重视质量工作：面对新的形势，我们必须充分认识产品质量和食品安全工作的重要意义；要着力抓好质量监督、标准体系建设、质量法制建设、舆论和信息工作。三次全国质量工作会议我都参加了，但这是第一次听到国务院总理提出要加强舆论和信息的工作。的确，全面质量管理也是需要舆论和信息的监督和支持的。会议决定，国务院成立以吴仪副总理为组长的质量工作领导小组。会后，在吴仪副总理的直接领导下，国家质检总局立即会同有关部门开展了声势浩大的产品质量与食品安全的专项整治活动。向乡镇的基层生产单位灌输了质量意识，初步改变了它们的质量管理，影响无疑将会是深远的。

讨　论

改革开放以来30多年的全面质量管理，我在上面扼要地做了回顾。下面我想对其中的问题再做些补充讨论。

1. 全面质量管理究竟是什么？

在第一个10年里，我曾在井冈山做过一次系列讲座。江西省质量协会把它印成一本小册子，出版发行，题目就叫《究竟什么是*TQC*?》。它是我结合当时中国的实际和日、美的经验对全面质量管理所作的思考。现在，主要还是我们的企业应该怎样看待全面质量管理。今天，我觉得我们对全面质量管理，不只是要针对企业提出的，还更要考虑全社会的要求。前一个场合要求企业为用户负责，但在后一个场合是企业对社会的广泛责任。社会企业的“诚信”是企业社会责任的根本。企业没有诚信，责任的一切都无从谈起。同时，我们也要对社会责任做出一定的界定。“科学发展观”给予了我们启示，我们的全面质量管理必须有助于达成“资源节约，环境友好，社会和谐”的目标，并以此来扩展全面质量管理的广度和深度。

2. 中国的全面质量管理有什么特色？

我在一开始宣传、讲解、推行全面质量管理时，就曾说过，我们的全面质量管理是中国的全面质量管理，不是日本的全面质量管理，更不是美国的全面质量管理。说这话的理由是，我们是从国情出发，根据当时企业的普遍问题和当时的员工思想，提出并实行质量管理的。第一阶段，我们提出“文明生产 + 均衡生产 + 工艺整顿 = 全面质量管理”的口号。第二阶段，我们提出“保证体系 + 目标管理 + 小组活动 = 全面质量管理”的口号。第三阶段，我们提出“节约资源 + 保护环境 + 培养人才 = 全面质量管理”的口号。这三个阶段在时间上是有个前后过程的，但并不是说，有了后一个阶段的就不要前一个阶段了。我们强调的是，前一个是后一个的基础，前一个搞不好，后一个很难搞好。我们提第一个阶段是在过程控制的理论和方法被引进和被宣传之前的事情，而且我们认为当时我们的口号所贯彻的才是合乎现实的过程控制。我们所提第二个阶段是早在国际标准化组织的9000系列被采用之前。我们提第三个阶段也是在20世纪90年代初。我们是在推行这三个阶段的工作中，逐步把全面质量管理的思想、概念、理论和方法讲解出来。并且我们注意这些概念、理论、方法的讲解要“易懂，易记，易行”。主次排列图，因果分析图的译名，“两图一表”的推广，“人，机，料，法，环”的顺口溜，设计、工艺、制造、检验的“四统一”要求，都是我们在第一个阶段里倡导而被质量工作者普遍接受的。其实，每一件都有我亲身经历的故事，都有我共事的战友。因此，中国全面质量管理的第一个特点就是，从中国的实际出发。

从30年三个时代看，中国的全面质量管理离不开政府部门的支持。国家推行的时代不用说，国家监管的时代也是有赖于政府部门的督促的，国际化时代也是依靠政府部门来为全面质量管理铺平道路、解决矛盾的。国家质检总局、国家标准化委员会、国家认证认可监督委员会等国家机构都是在适应这30年的三个时代的形势和情况的变化过程中而改进自己的职能和工作的，从而在提高和保证中国的产品和服务质量上取得了巨大的成绩。在电视上，每逢看到国家质检总局局长出现在国家主席或国务院总理与外国元首的国际会议上的场面时，我都感到高兴，也为我们的质量工作者感到自豪。这件事表现中国产品在世界中的地位，在世界人民心目中的分量。中国全面质量管理的第二个特点就是，政府的大力支持。

政府的支持，企业的响应，都随着时代的发展起到了积极的变化。但是，企业领导和企业员工的质量意识怎么样呢？归根到底，质量意识决定产品和服务质量。主管和工人们如果有强烈的质量意识，手段、工具差一点儿，仍然能够造出好产品。新中国成立初期，我们的产品图纸、工艺、标准都是原苏联的，但我们造的比他们好。就是因为那时的工人有强烈的质量意识。前几年，日本产品的质量有所下降，日本的报纸杂志惊呼，日本工人的质量意识差了。我们每年都举行“质量月”活动，在提高群众质量意识上下了多大工夫呢？质量意识是个永恒的话题，要世世代代宣传、启发、提高的。另外，质量意识的内涵近年来有了重要的扩大。安全、节约、环保都应该纳入质量意识和质量管理的范畴。从企业的利益相关方的观点看，企业在为相关方无论是保证利益还是创造价值上都有不可推卸的社会责任。诚信守法是质量管理和质量保证的最底基础，是企业取信于社会的首要条件。我们的质量工作者不仅要在质量管理科学和技术的普及、提高上尽到责任，还要在质量道德的建设上尽心尽力。我真希望，这样的全面质量意识是中国全面质量管理的最重要的第三个特点。

中国管理学的道路
——从与经济学的比较说起*

受邀请参加这次会议，实在荣幸。不过，在复旦大学这样一个经济学和管理学都久负盛名的胜地，以这样的题目作讲演的确有“班门弄斧”的感觉。

中国的管理学走什么样的路，怎样走，到达什么样的地方，我想这是许多同志关心的问题。今天要说的是我平常对这个问题的想法，说出来，希望得到大家的指正。顺便说，我用的是管理学（*management*）这个术语，没有用管理科学（*management science*），这是因为后者会有特殊的含义，而前者会概括得多。

经济学与管理学的渊源和差别

经济学和管理学有同一位祖师——亚当·斯密 (*Adam Smith*，1723—1790)，有同一部经典著作，1776年出版的《国富论》(*The Wealth of Nations*)。这是通说，见之于各种管理学的论著[①]。过了120多年，经济学出了一位马歇尔 (*Al. fred Marshall*，1842—1924)。他在1890年出版的《经济学原理》(*Principles of Economics*）奠定了现代经济学的基础，甚至经济学 (*economics*) 这个名称也是他赋予的。管理学出了一位泰罗 (*Thylor*，1856—1915)，他在1911年出版的《科学管理的原理》(*Principles of Scientific Management*）开创了管理的科

* 本文为2006年8月17日在上海复旦大学召开的“复旦管理科学国际论坛”上的演讲，发表于《管理评论》2006年第12期。

① Stephen P Robbin. Management. 第四版的中译本《管理学》，人民大学出版社，1997年，24～25。

学研究。并不是说，在这两位之前就没有经济学和管理学的著作。而是说，这两位才是使这两门科学成为两个不同体系的创造者。在斯密那里经济、管理不分家的认识和讨论，从这两位开始有了明确的分离。

首先，研究对象的重点不同了。经济学研究的是市场，管理学研究的是现场。市场是交换产品的场所，现场是创造产品的场所。这一狭义的解释随时代的进展逐渐广义化，因为产品从实物扩展到甚至符号，所以市场和现场也都变得多样化了。总之，市场和现场是经济学和管理学的工作者必须区分明白的基本概念。

其次，研究观点不同了。经济学的研究是抽象的，管理学的研究是具体的。因此，经济学家在研究市场的时候，他可以不必到超市去，在研究企业时，不必到工厂去。但是，管理学家在研究现场的时候，他不到超市去，不到工厂去，都是说不通的。

再者，研究方法也不同了。经济学是演绎的，管理学是归纳的，因此，数学成了经济学家的喜用工具，而管理学家常用的是统计。在模型构造上，经济学家偏爱人为的假设，管理学家多从现实的事实入手。在利用数据方面，经济学家依靠由其他研究工作者或有关部门提供的现有资料，而管理学家往往要自己去收集或寻找资料。

最后，更大更深刻的是，经济学殖民主义的表现和管理学民族主义的倾向之间的差别。现代经济学认为它的研究方法的特点，即从假设出发，经过逻辑演绎或证伪，导出与假设一致的结论，可以解释一切社会现象，于是插手管理学的问题。一个显著的例子表现在管理学的一个重要领域——战略管理上。毕竟，对于管理学来说，经济学是老大哥。不论是管理学向经济学学习，或是经济学帮助管理学，都是正常的。但至少在战略管理的例子上，经济学没有获得好评。原因是，经济学的研究方法有脱离实际的缺陷，同时又不情愿向管理学靠拢。[①] 这种以一己之长侵入他人领域，而又不带来进

① Richard P，et al. 1991. Strategic management and economics. Strategic Management Journal. 12，5~29.

步的做法，我称之为经济学殖民主义。

相反，管理学倒有民族主义的倾向。世称，管理是一门科学，也是一门艺术。管理学的研究自然不仅追求它的科学的一面，也要探索它艺术的一面。艺术与文化有关，文化与传统有关。当今跨国公司纷纷对其管理提出“本土化”的要求，正是这个问题的反映。20世纪80年代全球热烈讨论的“日本式管理”①，近年来频频出现的强调“中国式管理”的著作②，都是在文化、艺术层面的发挥。

对中国管理的几条建议

像上面说过的，管理学与经济学有着很久的渊源，又有着匪浅的关系，但在性格上有着明显的差别。以这样的认识为前提，我们来观察一下管理学在中国的现状，从而提出几点改进中国管理学行程的建议。

1883年在美国由经济学家 *Alfred S. Eichner* 编写的一本名为 *Why Economics is not yet a Science* 的书(中译本《经济学为什么还不是一门科学》由北京大学出版社于1990年出版)综合罗列其中的说法，以及美国经济学的种种弊病：脱离现实、花哨的数学运作和无意义的结论、自我欣赏、学术垄断、病态的职业意识等。这导致了部分美国经济学家感到了经济学的危机。事过20年，如今的美国经济学界和经济学家的情况，我不清楚。但借用书中对当时美国经济学家行为的批评对照时下中国的管理学界，我觉得似乎仍可适用。现今高等院校和研究机构中存在的，已经引起被社会各界关注的“论文主义”(*publish or perish*)就与其类似。

因此，中国管理学首先要脚踏实地，就是说，工作要落到中国的现实实际中来。中国管理的存在和发展全凭中国管理学能否真正

① Ezra F Vogel：Japan as No.1，1979；Come. back，1985，Simon & Shustei-Co.，后者的中译本《战后日美经济发展回顾》由机械工业出版社于1988年出版。

② 李雪峰.中国管理学.人民大学出版社，2005年.

研究、透彻认识和妥善解决中国的管理问题。这句话是老生常谈，而且如果从“洋务运动”、“五四运动”算起已经超过百年[1]，但也是一个常谈常新的话题。国家自然科学基金委员会管理学部提出的，在“十一五”期间学科发展的指导思想“发挥前瞻引领作用，突出中国实践特色，推动实现自主创新”[2]应该说是最近、最新的说法。在这一说法的指引下，我认为，中国管理学需要注意研究的有下列五个课题。

1. 责任与诚信

“国家兴亡，匹夫有责”，“诚以待人，信以处世”，这些中国人都熟知的谚语，代表的是中国的传统美德。改革开放以来，经济文明和政治文明的建设是始终围绕这两个词提出政策和采取措施的，如“八荣八耻”的第六条“以诚实守信为荣，以见利忘义为耻”。然而，从贪赃收贿的腐败到“假、冒、伪、劣”的横行，屡禁不止，令人担忧。[3]组织和企业的责任和诚信到了中国管理学必须研究的时候了。

这两个问题一向是伦理学的专门研究，它属于道德范畴。从道德的内容和外延探讨人们的行为规范，从而明确责任、义务、权利的原则[4]。现在，中国的管理学院一般在公共基础课中开设“精神道德修养”一类的课程。但是，从管理学的观点看，这还不够。如何从企业的各项管理中保证责任的落实和诚信的树立，是值得研究的。

说到这里，提一下联合国于2002年发布的《经济、环境和社会业绩可持续性报告指南》(简称《指南》)。这是从1997年的倡议

① 许康，劳汉生.《中国管理科学历程》. 河北科学技术出版社，2000年.

② 《管理科学“十一五”发展战略与优先资助领域研究报告》，2006年.

③ 刘源张. 诚信不足、认真不够——谈“齐二药”假药案与中国药品质量管理.《科学时报》，2006年5月29日.

④ Rchard T. De George：Business Ethics，(5ed)，Prentice Hall，Inc.，1999，中译本《经济伦理学》(第五版)由北京大学出版社于2002年出版。

转成 2000 年的建议，又经修改后发布的指南。目的是为了使社会群众对公司的财务报告恢复信心，建议公司改善财务报告以包括更多的非财务信息。另外，2004 年发布的《卓越绩效评价准则》(以下简称《准则》) 国家标准 *GB/T* 19580 也规定，企业的经营结果必须包括“组织的治理和社会责任结果”。这显然是对联合国号召的响应。

无论是《指南》还是《准则》，只是对责任和诚信做出了明确的要求和测量的项目。企业在它的组织、计划与控制的管理过程中应有怎样的考虑是中国管理学应该研究的。唯其具有价值观的意义，所以才能有中国的管理学。归根到底，这是一个企业文化建设的问题。

2. 创新的管理

创新有三个方面，即制度创新、技术创新、管理创新，其中的每一个都有三个层次，即原始创新、集成创新、消化吸收再创新。无论是三个方面还是三个层次，管理学与它们都有关系。这里有两个问题：一个是管理学自身的创新问题；另一个是管理学如何对待企业是创新主体的问题，也就是创新的管理的问题。中国管理学要注意的是创新的管理，这个问题解决好了，自然也就是一种管理的创新。

说企业是创新的主体，是因为企业既有创新所要的知识人才，又有知识人才赖以创新所需要的基础设施和价值生产流程。后两者是企业的有形资产，前者则是企业的无形资产，而无形资产包括市场地位、品牌效应、顾客忠诚、供应商关系、政府部门的联系、知识人才。其中，知识人才特别称为智力资本 (*intellectual capital*)，是所有有形无形资产中最有价值的资本。看一下这个例子：工业时代象征的通用汽车公司拥有巨大的传统意义上的有形资产，1996 年的市场资产估值约为 400 亿美元，而信息时代象征的微软公司的有形资产不过是位于西雅图的总部大楼，但同年它的市场资产估值却是700亿美元。由此可见智力资本的力量。

我们再来看，智力资本与企业是可持续发展的关系。企业的各种资源，包括有形资产和无形资产，当中哪种资源能够带来可持续的竞争优势？美国学者提出四条判别准则：为顾客创造价值的能力、竞争中的品种优势、仿效能力和替代能力。能够通过这一资质试验的只有知识代表的智力资本①。另一种观点是核心竞争力的概念。按照三条标准要求，即核心竞争力应能适应不同的市场，核心竞争力能够为顾客创造更大价值，核心竞争力应由竞争企业仿效的问题来判断。结果依然是唯有智力资本才是核心竞争力②。

知识仅仅掌握在员工个人头脑中，变不成企业的智力资本。个人的知识、经验变成集体的，并且以某种形式在企业内记录、留存、传承和提升，并得到奖励才能成为智力资本。企业员工在不同阶层有不同水平的知识和经验，分别组织起来在各阶层有不同水平的知识和经验，分别组织起来在各阶层内和阶层间开展交流是企业创新的基本。中国的企业普遍有*QC*小组活动和其他形式的团队活动，问题是没有按照个人变集体的要求，形成企业的智力资本。只有做到了这一条，才有可能在企业内根据不同阶层的智力资本从事原始创新、集成创新或吸收创新。从当前的情况看，中国企业应该集中不同阶层间的智力资本专注集成创新，同时鼓励工人阶层进行消化创新，就像《中共中央国务院关于实施科技规划纲要增强自主创新能力的决定》(2006年1月26日)说的那样，“鼓励各行业广泛开展群众性的小发明、小革新”。

中国管理学应该研究如何在形成智力资本、开展创新活动上为企业提供理论和方法。

① Balaaey J. types of competition and the theory of strategy: toward an integrative framework, Academy of Management Review, 11(4) 791～800, 1991.

② Hamel G, Prahalad C K. Computing for the Future. Boston: Harvard Business School Press, 1994.

3. 企业的测度

政府一直对国有企业的测度极度关心。从计划经济时代的八大技术经济指标到市场经济的利润或股票上市价格，经历过如此大的变动。《卓越绩效准则》对企业要求许多的测度。其中，用户满意度是时下在中国企业普遍实行的，并且由国家质检总局定为定期公布的测度数据。许多行业协会都对企业竞争力进行测评，并且依此发布企业排行榜。这项测评包括人力素质、资产素质、快速反应能力、创新能力、赢利能力、规模水平、增长能力等指标。这些测度或测评的指标的定义和测量方法，指标的综合和结果的分析，都有较大的主观性，导致整个测度的随意和模糊。再者，这些测度在企业内的信息反馈和对管理活动的改进没有或很少很难产生作用。搞不好，就有可能像所谓的“通过 *ISO* 9000 认证”那样，企业只把它当做一种广告。

这里，我想起了“社会会计”(*social accounting*)。这是企业中普遍采用的复式簿记的原理，对各种经济统计进行整理、综合、分析，而记录国民经济当中生产与分配的活动，从而形成国民收入计算的一种方法。后来，联合国根据 1953 年提议的旧“国民收入计算体系” (*SNA*) 在 1968 年提出新 *SNA*。各个国家都依照这个计算体系报告本国的经济运行状况。为此做出最大贡献的 *Richard N. Stone*(1913—1991) 于 1988 年获得诺贝尔经济学奖。中国管理学能不能结合中国的国情开发研究出一种“企业业绩计算体系”，把企业的“人、财、物、产、供、销，责、育、利”作一个整体运行状况的描述和分析。

时下，通过六西格玛管理引进的“平衡记分卡”(*balanced scorecard*)，我想，实际上是这个工作的尝试①。它是从不同的方面，如基础设施、顾客方面、财务方面、知识发展方面等把企业数据以

① Kaplan R，Norton D. The Balanced Scorecard. Boston: Haryard Business School Press，1996.

日或周计的期间统计得出的对企业业绩的一种评价。国外的一些公司，从瑞典的保险公司 *Skandia* 到美国的 *HP* 公司等都在利用这个平衡记分卡对自己的智力资本的运行和成果做出定期的评价。以此出发，开发研究出中国企业的“业绩计算体系”可能是一条路子，至少是一种消化吸收再创新。

4. 常数的问题

1971 年 11 月 4 日，瑞典经济学家，1974 年诺贝尔经济学奖得主缪尔达尔 (*Gunnar Myrdal*，1898—1987) 应邀在美国哈佛大学做了一场有名的讲演——《社会科学有多科学？》。说起来丢人，我是在 1981 年才读到了这篇演讲的。他在演讲中说，社会科学与自然科学，特别是与物理科学的差距在于社会科学不能产生像物理科学所有的常数，如光速，不同介质中的声速。因此，在物理科学家眼里，社会科学的科学性和预测性显得有问题。实际上，经济学从定性研究转为定量研究，一直都在提出常数的问题。

资本系数（*capital coefficient*）就是其中一个，它是指资本投入和 *GDP* 产出之比。美国经济学家，获 1971 年诺贝尔经济学奖的库兹涅茨 (*Simon Kuznets*，1901—1985) 研究提出的“资本系数不变”的定律，即为 3。这个结果在第二次世界大战的工业国家中大体适合，似乎成了一个经济学的常数。但是，后来发现在第二次世界大战结束后 30 年的发展中国家用 *ICOR*（*incremental capital output rario*）计算的这个数字是在增大的，为 3～6。何况又有研究指出，资本投入甚至不是经济增长的主要因素，我们不太清楚其内容的“剩余项”可能是更大的因素。

另外，收入或物价的各种弹性系数是经常被用来进行经济预测的数字，像对待物理科学常数一样。我看，这些预测向来没有准过。因为，第一，模型假设的市场与现实相差甚远；第二，市场信息在不同利益相关者之间极不平衡。我们搞清楚的一点就是，经济中的情况和反映这些情况的数据总是随时间和空间的变化而变化的。所以，经济学寻找常数的企图尽管仍在继续，但是前途渺茫。

管理学的情况怎么样呢？因为管理学是研究现场的，而现场中存在和使用许多技术因素，所以我认为获得物理科学意义上的常数要容易些。譬如，质量管理学中的也是各类管理标准，如 *GB/T*19000—*ISO*9000 的体系标准要求的工序能力指数 C_p 值。1.33 的 C_p 值就像力学中的马赫数一样，标志一种状态的常数。当然，C_p 值也有一个假设，如正态分布。但是，这是可以通过试验验证的，我曾下过工夫带领学生做过大量的试验。我相信，只要深入现场，研究实际，在生产及营销的全过程中会发现一些有用的常数，这应该是中国管理学努力的一个方向。

5. 标准化的参与

《国家中长期科学和技术发展规划纲要（2006—2020）》（简称《纲要》），虽然没有明文提及管理学，但是在第七章的“科技体制改革与国家创新体系建设”处处指出管理作用的地位。第八章第四节“实施知识产权战略和技术标准战略”提出，“将形成技术标准作为国家科技计划的重要目标”。这是《纲要》中唯一一处明确提出的与管理学有关的内容。注意，这里的“技术标准”含有“管理标准”。“十五”国家重大科技专项中的“重要技术标准研究”的统计表明，2004 年管理标准占全部国家标准的 2.26%，近 500 项，其中最有影响的是管理体系标准。而且，最近公布了“十一五”期间《全国节约资源能源的标准发展规划》和《全国服务标准发展规划》，其中许多都是属于管理性质的标准。

管理学的成果要得到社会、国家的承认和使用，不外乎要做到以下两点：一是提出能够影响企业、社会和国家观点和行为的管理思想；二是提出的理论和方法能够通过标准化成为企业、社会和国家遵循的工作程序、模式和规范。中国管理学之成为中国管理学的途径之一是，参与国家标准甚至国际标准的制定。无论是思想上、理论上还是在方法上如果只是在与国际接轨的幌子下，对国外的工作成果作些修修补补，是走不出中国管理学的路子的。再者，中国管理学界通过30多年的吸收消化所积累的知识如不用于参与中国的标准化工作，实是可惜。制定标准，特别是管理标准，如：环保、节约、安全或者和谐所要的一件工作。从性质上说，是一种集成创新，有时会成为原始创新。

温故知新：读《论语》思管理*

同学们、老师们早上好，学而时习之，这是《论语》第一篇的第一句话，我想大家都熟悉吧？对于“学”和“习”这两个字，历来有不同的解释，我愿意借今天的场合，作我另外一个解释：学，就是学习，大家在这个暑期班上学到东西；习，就是总结，大家对在暑期班上学到的东西再反思一下，作一个总结，来提高自己的理解和认识。

那么如果同学们愿意的话，希望我今天的讲话能为大家提供一点儿帮助。

我想，可不可以从三个方面或者是三个问题上进行总结呢？一个是管理的目标或者说管理要达到的境界是什么？再一个是管理的方法，也就是说达到目标使用的方法是什么？最后一个是管理的关键问题是什么？也就是说要达到的目标、所用的方法、要处理的关键问题是什么？如果有宽裕的时间我再稍微说一点儿其他的。

管理的目标

管理的目标就是秩序，秩序就是次序、程序，对于任何一个组织、国家、企业、事业单位、政府机关以至于家庭来说，最重要的是秩序。那么对于任何一个制度、市场、法律、社会角色来说，最重要的也是秩序。管理的首要工作就是建立一个秩序。这无论在国内还是外国，是在现代还是在古代都是同样的道理。

我们先说中国。公元前 517 年，春秋时代的齐国的君主曾向孔

* 本文为 2007 年在管理科学与工程全国研究生暑假学校开学典礼上的讲话。

子咨询过政治的问题。这件事就记录在《论语》里面，是这样说的："齐景公问政于孔子，孔子对曰：'君君，臣臣，父父，子子。'"意思是说，这其中的每个人都要明白自己的地位和遵守自己的职责。这样呢，社会才有了秩序，天下才能安宁和谐，百姓才能安居乐业。齐景公虽然很是赞赏孔子的这番话，但是他自己却没有做到，因而最终还是垮了台。后来到了公元前 136 年，也就是汉武帝的建元五年，汉武帝采纳了当时的一个儒者的建议，就把这句话给定成国教了，由此就奠定了统治中国 2000 多年的封建王朝的秩序。

国外呢，西方从古代到近代，经历了哲学时代、黑暗时代、神学时代、启蒙时代，始终探讨的也是秩序的问题。每一个时代都有那个时代对秩序的信念和由此信念所建立起来的秩序。到了 1762 年法国人又发表了"社会契约论"，称道人生而平等自由，认为国家和君主都是社会契约的一个产物，于是提出了人权和法制的思想，由此就奠定了西方民主主义秩序的基础。时过仅仅 14 年，受此极大的影响，1776 年，美国的《独立宣言》几乎使用了同样的词句，而形成了美国社会秩序的开始，建立了今天美国社会的生活方式。

东西方秩序的差异是什么呢？东方提倡的是道德秩序，西方主张的是法律秩序。这两者之间没有谁是谁非，只是由不同国家和社会所处的不同的时代背景导致的。实际上这两者不可偏废。我想，中国百年来从洋务运动、戊戌变法、三民主义、五四新文化运动、新民主主义到"文化大革命"，可能这些同学们都没经历过，我是经历过大部分了，一直经改革开放到八荣八耻，到国学热，再到今年的奥运精神，我们中国人也是在孜孜不倦地在寻求一种秩序。

那么我想，同学们在暑期班学到的东西不外乎是如何提高效率和效益。然而这个效率和效益的前提是秩序，没有一个秩序就没有效率和效益的立身存命之地。比如说，没有市场的秩序，追求效益就形如盗匪；没有现场的秩序，追求效率怕是缘木求鱼。如今国内管理学界研究效率和效益得多，研究秩序得少。其中的原因希望大家想一想。

去年年末，我在天津大学管理学院与一些老师们在一次座谈会上提出来，我们要开展制度管理学的研究这样一个设想，就是基于这种考虑的。借此机会宣传一下，希望能有志同道合的同志。

管理的方法

秩序靠什么去建立、维持和传播呢？孔子的主张是礼和乐。孔子一生教授学生的主要课程是两门，一个是礼、一个是乐。礼的典籍是先贤留下来的《礼记》，是“五经”中的一部。《礼记》叙述了各个方面的礼仪。《礼记》开篇有这么一段话：“礼尚往来，往而不来非礼也，来而不往亦非礼也。人有礼则安，无礼则危礼者不可不学也。”

我想这段话都已经成为我们日常的口头语了。“来而不往非礼也”，你打我一拳我得打你一拳，就是这个意思了。但是呢，《礼记》记载的主要是有关祭祀的典范活动。一个祀，一个兵，这是中国历代王朝的两件大事。祭祀是一种什么活动呢？祭祀在实质上是对民族精神的追忆、继承和发扬，是增强民族团结的一种手段。我不知道同学们看不看中央电视台十频道或者四频道，它们经常介绍一些中国的文物发掘，那里有好多都是跟祭祀有关的。

兵呢，就不用说了，是保卫民族生存和发展的一种手段。而且更重要的是，在祭祀和兵事的活动当中，人们自然而然地明白了各自的位置和职责，秩序因此也就自然地形成了。《乐经》已经失传了，早在孔子的时代，孔老夫子是怎么教学生乐的呢？是通过《诗经》去教授学生习得的。《诗经》是什么样的一本书呢？是古代周王朝在举行祭祀的时候，用音乐伴奏所唱的一些歌曲，和搜集当时各个诸侯国民谣的一个集子。《诗经》305 首第一首大家都知道，叫做《关雎》：“关关雎鸠，在河之洲，窈窕淑女，君子好逑。”我想年轻的朋友大概都会背诵吧？温家宝总理在今年四月份访问日本的时候，日本政府特地为他演奏了唐代传入日本而保留至今的雅乐，就是那时的宫廷音乐。

《论语》里还有一句话，“子曰兴于诗、立于礼、成于乐”，这句话概括了孔子关于礼和乐在建立秩序上的作用的一个见解。意思就是说，使人丰富感情、坚定意志的是诗，使人诚信守法、挺立于世的是礼，使人忠孝仁义、完善人格的是乐。其实，还有一个深层次的意思，就是说，礼是经过学习可以明白的也可以去遵守的，但是只有经过乐的熏陶，礼才能成为自己的东西。什么是乐的熏陶呢？就是在祭祀活动中，随着音乐拜舞，自然融入心灵而成为礼的过程。

我想，如果大家看过三星堆，或者去过天坛的话，可以想象到，当时的情景是怎么一个情景了。所以当礼融入心灵的时候，礼就算数了。用今天的话说就是学习与实践相结合。那么，每一个人在礼上做到了，秩序就有了，这就是孔子的见解。

汉武帝把以礼乐建立秩序的思想定为国教，然后用规章制度把它固定下来了，这就是所谓的“独尊儒术”。历史记载，汉武帝开始独尊儒家，其实他并没有忘记法家。比如说，以韩非子为代表的法家思想和主张也得到了他的赏识和采纳。汉武帝在提升儒家地位的同时，也起用了一批有法家思想的人作为官员来担当维持秩序的任务。我不知道同学们平时看不看电视剧，电视剧演了好几个汉武帝的版本，其中有一个版本就提到法家了，描绘的就是汉武帝如何重用法官的故事。

孔子也并不认为，仅仅有礼和乐就有了可持续的秩序。他也承认政与法的必要性。只不过，在政法与礼乐之间有一个区别。《论语》记录有这么一段话：“子曰，道之以政，齐之以刑，民免而无耻。道之以德，齐之以礼，有耻且格。”什么意思呢？你给他讲一些政治的大道理，再用一些刑法治一治，老百姓就不敢犯罪了，但是他对犯罪不感到羞耻。所以说，有个二进宫、三进宫的说法。大家懂不懂啊？进去以后出来又进去，反而学了一身本领出来，变得更厉害了。但是，如果教给他一个道德准则，就像我们胡锦涛总书记提出的“八荣八耻”，再拿一个礼给他提高一下，这样的话，老百姓就会对犯罪感到羞耻，从而遵纪守法不会出错了。意思就是说，政、法是需要的，但是必须要有礼、乐、德配合施教，民心才能安定，秩序才能维持。

刚才讲了《礼记》的“礼尚往来”。我对这个“礼尚往来”有个解释，它讲的是互相尊重、互相切磋、互相鼓励，这是礼的实质。用毛泽东的话来注解，就是“要做一个高尚的人，一个纯粹的人，一个有道德的人，一个脱离了低级趣味的人，一个有益于人民的人”。这段话不知道同学们知道不知道？也许知道吧？这些是应该知道的。我们在“文化大革命”的时候，是要天天背的老三篇中的一篇啊。特别是我早上起来第一句要背的话是：“只许老老实实，不许乱说乱动。”乱说乱动就等于破坏了秩序。可见，这个秩序也是与时空有关而有种种名堂的。

以上我所说的是我国古代的一些事情。这跟今天同学们在暑期班上学到的东西有关系吗？如果大家认同我在第一节讲的关于管理目标的说法，管理就是有秩序，然后又同意我说的这个秩序是效益的前提的话，那么就请同学们思考一下：你们所学的这些课程里面，哪些是讲礼的，哪些是讲乐的，哪些是讲法的，哪些是将讲德的？

现在，我可以再举两个例子来补充一下我刚才讲的秩序。

1976 年开始，我在国内提倡全面质量管理的时候，最初要大家做的三件事就是：文明生产、均衡生产和过程控制。第一个就是文明生产，为什么呢？这是因为当时“文化大革命”刚刚结束不久，人们的思想非常混乱，行动不知所措，生产上完全没有秩序。我讲的文明生产就是要整顿秩序、稳定秩序，再进一步建立新秩序。那么新秩序的下面就是均衡生产和过程控制了。这个阶段从全国来看，花费了 2～3 年。接下来我倡导的第二个三件事就是：目标管理、保证体系和小组活动。那么我下面举的第二个例子就是目标管理了。

目标管理大家都知道是美国的管理学家彼得·德鲁克提出来的。1954年，德鲁克出版了他的《管理约实践》，这也算是一本名著了。书中第一次提出了目标管理的思想。那么他是怎么想到目标管理的？他是为什么要提出目标管理呢？他希望目标管理能达到一个什么境界呢？实际上这些东西在这本书中都讲了，但是讲得不透。下面我再来仔细说说。

关于德鲁克，我可以告诉同学们两个典故。当年，有人送给胡耀邦同志德鲁克写的《有效管理者》，耀邦同志读了，觉得很有益处，就推荐给政治局的委员们都来读读这本书。于是，德鲁克的名字开始在中国到处知晓了。1982年，当时的国家经委副主任兼中国企业管理协会副会长的张彦宁同志找我商量是否请德鲁克来华讲学。我从未近距离接触过德鲁克，只在美国参加一次管理的大会时远远望见德鲁克在主席台上讲演。我们找到了德鲁克的经纪人，对他说明了我们的想法。这位经纪人说，很好啊，德鲁克去过许多国家，就是没有去过中国，他肯定乐意去。接着我们询问了讲演报酬的问题。这位经纪人说，德鲁克对中国抱有好感，讲演费优惠一些，就定为一小时5000美元吧。那时我们中国还很穷，我说，有5000美元可以把他的书全买回来了。这件事就作罢了。大家别笑，这是个优惠价，他在美国讲一个小时至少得几万美元。

有过这样两次经历，我对彼得·德鲁克比较感兴趣，因此对他的事情比较留意，特别是目标管理，它是怎么提出来的？为什么提出来的？它是怎样执行的呢？

请同学们回想一下，当然那个时代大家都没出生，20世纪40年代，第二次世界大战爆发，美国是同盟国的首领。美国举国上下为赢得战争团结一致，企业无国有私有之分，员工无蓝领、白领之别，劳资无纠纷可言，大家共同努力。第二次世界大战结束后情况有了变化，一切又回到资本主义的固有矛盾之中了。德鲁克看到这个情况，感到有建立新秩序的必要，于是他提出三条建议。

（1）劳资双方都要互相承认彼此的贡献，就是资方要承认劳方的贡献，劳方要承认资方也有贡献。说得通俗一点就是你老板赚钱靠的是工人，工人吃饭要靠老板，这个相互依赖关系，大家必须承认。

（2）作为资方，你有盈利的目标，作为劳方也在实现自身价值，而且这两件事和这两种人都有向上发展的目标。

（3）这些目标都要公开，而且还要有同舟共济、互相促进的认识和举措。

过去我讲这个话的时候，有人站起来批评我，说我这是宣传阶级矛盾调和论。我说这个调和论也不是我的调和论，是德鲁克的调和论。今天我想同学们不会向我提出同样的问题吧？目标管理目标的设定、展开、实现三部曲就由此而来了。但是，目标管理在当时的美国并没有推开，而日后的标杆管理倒是兴盛了起来。原因很简单，不管怎样说，目标管理的确有点阶级意识，美国人讨厌这个；而标杆管理呢，这完全讲的是企业间的竞争，美国人喜欢。目标管理传到日本，素有“日本财界总理”之称的土光敏夫先生把它用到日本企业的管理改革上，取得了成功。顺便说一声，我见过土光先生两次，他给我留下了很好的印象，对中国比较友善。

那么，日本的成功原因在哪儿呢？日本的成功在于，善于利用日本工人的那种高度的教育水平和他们对企业的那种归属感。这就加强了目标的设定、展开和实现自愿学习和企业鼓励，使得日本的工人大大提高了创新意识和创新能力，因而取得了创新的成果。

什么叫创新呢？在20年前和今天有一个不同但相辅相成的解释。那时的国家经济贸易委员会（简称经贸委）主任王忠禹同志，就是现在的政协副主席，在《人民日报》等各大报纸上代表官方解释了创新，他说创新有三个：一个叫制度创新、一个叫技术创新、一个叫管理创新。总之，他是把管理也纳入进来了，当时我们听了很兴奋。今年的两会上，温家宝总理在政府工作报告中又对创新提出了新要求、做了一个新解释，即一个是原始创新，一个是集成创新，一个是消化吸收再创新。因此现在我国对创新的理解就是三个方面、三个层次：三个方面就是制度创新、技术创新、管理创新；三个层次就是说的原始创新、集成创新和消化吸收再创新。每一个方面都有这三个层次，三乘三是九了，因此我们创新是九种不同的创新。

我们刚才讲日本，虽然他没有用这些词，但是他的的确确地把日本的创新功能，首先从工人的消化吸收再创新开始，逐步迈向集成创新，如今是要原始创新唱主角了。这就是为什么日本的产品比美国人做得还好的道理。其实原理、专利都是美国的，他们做这个东西比美国做得好，就是因为他的工人擅长于消化吸收再创新。这就是为什么日本能够继续在产品制造上，在科学研究上，走在世界的前边。希望同学们就这三个创新的三个层次思索一下，你最擅长或你最想干的创新是哪个？

我在上面举的中、美、日三国企业管理的例子，不都是说明了企业管理的改革会创造出新的秩序吗？

关于目标管理，现在在中国已是家喻户晓了。我举一个例子。二十几年以前，现在的人大常委会的副委员长王兆国同志，当时从地方调到中央任共青团中央第一书记的时候，到我家来致意过。那时我向他说了一下当时共青团的一些混乱情况，就问他有什么办法。他只回答了一句，搞目标管理。这段往事今天我在这儿向同学们公开披露，也算一段管理史料吧。

管理的关键问题

我在前面讲的达成秩序的管理就是礼、乐、法、德，可以说那是一种文化呀。儒家思想、儒家精神正是形成中华文化的一个重要部分，这是举世公认的。

当下人们在谈论或者研究企事业单位的时候，往往是以企业文化作为研究的核心内容。而且呢，企业家们在说到自己企业成功的时候，也往往归功于他所创建的企业文化，那么什么是企业文化？

企业文化与企业管理又有什么关系？

我说管理是文化的一种表现，企业文化就是企业管理在一个企业里赖以开展的土壤。管理是文化这个论断不是我首先提出来的，我也不敢说是我的首创的，因为德鲁克在他1954年出版的《管理的实践》这本书上已经写得很清楚了，他写了一句话："管理就是文化，管理就是价值观。"他说，管理学界近年来越来越喜欢讨论哲学这个字眼，但是哲学的原意从希腊文、拉丁文来看的话，就是"求知"又说，目标和管理倒可以很合理地称为管理的哲学，因为目标管理是根据有关管理工作的一个概念，管理即文化，以及针对管理的突出需要和面临的障碍所作分析而得来的，而且还是有关员工行为概念的一种总结。那么，他写的这些话跟我上面讲的话几乎是完全一样，只是我用的词句都是孔老夫子的话，仅此差别而已。

那么，文化是什么啊？文化是价值观、是行为准则、是判断人们的思想和行动是非的一个标准。这种价值观和行为准则融入到人们意识当中的时候，就变成了一个习惯。比如说，刚才讲过孔子说的话，"兴于诗，立于礼，成与乐"。我特别解释为什么要成于乐呢？就是说在祭祀过程中，你听着音乐跪拜起舞的时候，有些东西自然就跑到你的心里面去了，变成了你的习惯。所以我说，文化就是习惯。我比德鲁克进了一步，管理就是文化，文化变成习惯。

我上面说的这个礼也好，乐也好，法和德的一些思想，不是变成我们中国老百姓的一些习惯了吗？在《礼记》里面，对孝讲得很清楚。但是对于"孝"记得最清楚的是我们中国的老百姓、是我们中国的农民，我们的城里人就差点儿了。当然，现在已在倡导了。而且这些文化、这些儒教的思想又结合道教、佛教综合形成了中国人所谓的传统文化了。

它们影响我们的思想、影响我们的行为，并且一直影响到今天。而且，这个文化还有一个一时的和永久的区分，就是说，文化有一时的文化和永久的文化。一时的和永久的区别，可以举个例子。我们的女同学也好，男同学也好，你们经常注意的一件事是时尚吧？时尚这东西就是一种一时的文化。女人的裙子，你今年买了一条流行的长裙，忽然转过年来，流行短的了。不要紧，收到箱子里面，明年跟着又会流行长的了。时尚就是这个意思。依次类推，那些不合时宜的，而且最终一定被改掉的就是一时的文化。那些经过时间的考验而不会动摇的就是永久的文化。

今天我怕没有时间跟同学们来详细地说明一时的文化和永久的文化了。我只想说说，当文化变成了习惯，就产生出好习惯与坏习惯的区别了。什么是好习惯，什么是坏习惯，我看也用不着多说。你们看，“迎奥运，讲文明，树新风”的口号响遍北京城，一般的群众大概都知道，要讲什么文明，树什么新风。但是我想强调：管理是什么呢？管理就是发现坏习惯，改掉坏习惯，形成好习惯的工作，这个就是管理。特别是针对现今中国的企事业单位、社会群体，首要的一个急迫任务，就是发现坏习惯、改掉坏习惯、形成好习惯。于是，文化与管理的关系，根据这一点，就可以搞清楚了。若要有好的习惯，必须先有好的文化。孔子在《论语》里的教导就是为了这个目的。

那么从这个观点看，实际上在中国社会和它所有的企事业单位的文化问题或者习惯问题是什么呢？两个字：诚信。比比皆是的假冒伪劣正是最大的坏习惯。又是孔子的话，《论语》记载这样一段问答。“子贡问政。子曰：‘足食，足兵，民信之矣。’子贡曰：‘逼不得已而去，于斯三者何先？’曰：‘去兵’。子贡曰：‘逼不得已而去，于斯二者何先？’曰：‘去食。自古皆有死，民无信不立。’”这段话是什么意思呢？子贡向孔子请教，问什么是政治。孔子说就是三条，第一条让老百姓吃饱，第二条把军队养强，第三条在人民当中树立威信，这个政治就算好政治了。子贡问，那么这三条如果要不得以必须去一条，去哪条呢？孔子说，把兵去掉吧，不要军队。子贡又问，还剩两条，如要再去一条，去哪一条呢？孔子回答说，去食。子贡一听，大惑不解了，军队不要了，那么人民的生存就没办法保障了。粮食都不要了，老百姓没吃的，不就饿死了吗？孔子解释，人没有不死的，不要紧，但是信用不能不留下。

就这段话我想多说两句。我1956年回到祖国的时候，对中国共产党、对毛泽东无比地崇敬、无比地信服，毛泽东真是中国人民的大救星，共产党员真是领导我们中国人民前进的先进分子。经过一场“文化大革命”，我认为这些都要打个折扣。谁是大救星，有大救星这回事么。真要说大救星，我看，邓小平更是大救星。共产党员里当高官的有多少是贪污的腐败分子。中国人在“文化大革命”以前有一种信仰，有一种信念，有一种士气。因此尽管穷，尽管没多少吃的，尽管外国人封锁，“两弹一星”不是照样有了？

孔子早就讲了，这个“信”字是最重要的，不能丢的。现在我们中国人尽一切的努力要恢复自己的信念，所以我们的胡锦涛总书记，我们的温家宝总理，为此日夜操劳，为的就是这个——恢复民众对共产党的信心。大家都看得到的吧？很可喜的吧？中国人对共产党的信任在恢复了吧？至少我现在是看好的。

好了，孔子把这个诚信看得如此之高，甚至高过于生命，这是有道理的。由此引申，中国管理的关键问题是“诚信”，是建立“诚信”。这样说，不知同学们是否赞成。

举个旁证。国家有个管理标准，《卓越绩效评价准则》（*GB/T* 19580—2004）规定，企业必须承担一定的社会责任，其中重要的一条就是守诚信。1996年12月国务院颁布的《质量振兴纲要（1996—2010）》中，明确企业要加强精神文明建设，要努力培育企业质量文化。前不久，我参加了一次国家有关部门召开的会议，讨论如何贯彻国家提出的“又好又快地发展国民经济”。会议做出一个决定，报国务院审批。其中的一条就是，大力推进质量诚信体系的建设。所以说，“诚信”已经成了我们这个社会的大问题。我只不过把孔老夫子扯进来做个讲话的帮手。目的是希望同学们的学习和研究更能贴近现实，看看想想孔子时代的现实和我们这个时代的现实有多大差别，还是没多大的差别。

其　他

现在还有三分钟的时间，我就再来说点儿其他的。

德鲁克的书里有一段话，我觉得有意思，说给同学们听听。“今天大学里开的课程当中，最接近培训管理者的是诗和短篇小说的写作课。对有志于成为管理者的年青学子而言，紧要的莫过于毕业论文的口头答辩。这不应该仅仅是学习教育尾声的一次答辩，而应该成为大学课程中的一门经常性的练习。”这话够深刻的了吧？同学们已经是硕士，有的可能是博士了吧？你们都有毕业论文的答辩经验吧？有没有急急忙忙上场、慌慌张张讲话的情形呢？结果是词不达意，发挥不出水平。

另外，我还有个亲身经历。1982年我带着一个代表团，去美国考察质量管理。我们去了几家公司、协会、学会，还有政府机构。我们到了福特汽车公司在底特律的公司总部，我见到了公司总裁的佩特森先生，同他有过一番谈话。福特汽车公司因为连年亏损，董事会决定福特家族的人退出领导，请佩特森出任总裁，于是他成了福特汽车公司历史上第一位非福特家族的外姓当家人。我跟他谈了许多，当我问到他，福特汽车公司是如何培养质量管理工程师的，他给我看了一张课程表，上面是福特汽车公司委托密西根大学为他们培养质量管理工程师所开的课程。我一看，赫赫然第一门课竟是英文。我惊奇地问他，这是怎么回事，根据公司的规定，报名学习的必须有5年以上的工程师经验，而工程师当然是大学毕业的了，这样的美国人自然是会英文的，怎么还要学英文呢。佩特森先生回答我说，要当好管理工程师，跟其他的工程师，如机械工程师、电气工程师不一样。他们面对的是高级管理层，有时甚至是董事会。因此，他们在工作上要提交的报告和要口述的汇报，必须简洁明了，不能拖泥带水，词不达意。这就需要加强在文字和语言上的培训。

同学们，你们的课程表我看过。五花八门，我不敢说哪一门没用，但却感到缺少一门中国文字语言课，自修也可以。德鲁克的话、佩特森的话，值得参考吧。孔子一生从事“诗、礼、乐”的教育，他自称“述而不作”，我想他的口才肯定不错，不然的话怎能周游列国，劝说君主呢？他“编传”“学易”，文笔想必也是很好的吧！

我要结束我的讲话。今天，我讲了这么多的孔子，引了这么多的《论语》，一来是想从根本上说说管理和文化，二来是想诉说学管理的要过语言文字这一关。《论语》正是一本好教科书。

谢谢大家！

传承和创新*

首先我要感谢中国机械工业质量管理协会的邀请。我已经许多年没有参加过中机质协的大会了，这次在会上见到当年的老领导和老战友，很是高兴。

大会要我讲话，我计算了一下今天下午的会议程序，估计我能有半个小时的时间。我就在这半个小时的时间内跟同志们说一说我的一点想法。

第一是最近有两件质量大事。一个是大量使用三聚氰胺的毒奶粉危害了几万名儿童的健康甚至生命。另一个是神舟七号发射和出舱的壮举。对于前一个，我不愿意多说，因为这已经超出我们这些从事质量管理的人所理解的质量问题，成了一个道德问题和一个法律问题了。刚才工信部的周司长说过，毒奶粉事件在国际上造成了极坏的影响。我给大家补充一个例子。我请大家看一看今天出版的美国《商业周刊》的封面。《商业周刊》在美国是被广泛阅读又很有影响的周刊杂志。这期封面上是个美军战斗机，旁边有个标题："从中国进口的计算机零部件是如何危害到美国的军事力量。"美国老百姓看了这篇报道，会做什么感想呢？他们不但对来自中国的食品感到恐惧，对中国的产品也会不信任了吧。对于后一个，飞船和火箭属于我们的航天产品，代表着我们的军工企业，看了"神舟七号"，想到了我们的民品企业，做了一个比较，产生了一点想法。

中央电视台对"神舟七号"载人航天飞行的报道很详尽，我想

---

* 本文为 2008 年 10 月 13 日在北京召开的"中国机械工业质量管理协会第六次会员大会"暨"机械工业推行全面质量管理 30 年庆祝大会"上的讲演。

大家都观看了。其中，介绍了三位专家：王永志、袁家军、尚志。这三位的年龄分别相差20岁上下。他们说道，我们的航天产品和航天事业的成功在于他们一代又一代的传承和创新。我听了以后，想这传承和创新表现在哪里呢？第一是质量意识。我们的军工企业一向是以强烈的质量意识著称的。我举一个例子。20多年前，美国大企业联合会（*Conference Board*）在上海召开过一次理事会。会上他们要我介绍中国的质量管理。一个企业的老总问了我一个问题，“听说中国的军工企业的质量管理特别严厉，工人出了废品是要枪毙的，真的吗”？当然不是这么回事。不过，这却表明美国人对中国军工企业员工的高度质量意识还是有所耳闻的。对于这种质量意识，我们的航天人是怎样说的呢？这次中央电视台给出了他们的回答，“质量是我们对国家的承诺”。我们的民品企业的质量意识怎么样呢？陈邦柱会长和于珍会长在他们的讲话里介绍了我们的机械工业的发展，提到了一些质量过硬的产品和企业。它们都是优秀的企业文化和认真的质量意识的结果。我听了，很高兴。但是，从全国范围看，从大、中、小企业看，我觉得企业员工的质量意识不理想。距离我们的航天企业员工的质量意识差不少。在我的记忆和观察里，现在的产品质量不如20世纪50年代。如今民品企业都说“顾客是上帝”，它们又是怎样对待上帝的呢？“三鹿奶粉事件”不就是个很能说明问题的例子吗？至于传闻所说，用三聚氰胺掺假已是奶食品行业的“潜规则”，这就更加说明“上帝”在这些企业的眼里是一钱不值的。不知在座各位同不同意。算是我提这个问题，请教于各位吧。

第二是体制。航天采用的是项目集成管理。虽然参考了美国军方的经验，但是它是我们根据国情提出自己体制的。从一开始钱学森先生的“总体设计部”到现在的总指挥部下的各个火箭、飞船、发射场等分系统的指挥部，形成了一整套的管理体制。50年来一贯传承并加以创新。这次中央电视台的报道里有这方面的介绍。我们的民品企业呢，从计划经济到市场经济的过度和转变的过程当中，形势变动太快，企业领导还没弄清市场经济是怎么回事，就被赋予扩大了的权限，匆忙做出决定。质量要求退居二线，全面质量办公室被取消，企业最高领导的质量责任委让给了下级。早期的《全民所有制工业企业法》，其后的《中华人民共和国产品质量法》等法律规定都成了废话。于珍会长的讲话里着重提到机械工业的质量发展纲要，我听了感慨万分。1996 年 12 月 24 日国务院颁布的《质量振兴纲要 (1996—2010)》，现在还有谁记得？我要感谢于珍会长，他依据《质量振兴纲要 (1996—2010)》的要求，制定出到 2010 年我们的机械工业要有几个世界名牌、要有几个世界几百强的企业的规划。我真希望我们的机械企业认真贯彻。体制和机制的问题是个复杂的问题，但还是一句话，总得要参考国外经验根据国内情况想办法吧！我们的民品企业在人员上有的设质量总监，有的设总质量师；在机构上有的设质量保证部，有的设用户满意部。这都是企业新体制和新机制的探索，主要还是认真和负责。

第三是技术。包括航天产品在内的军工产品质量管理的一个特点是对技术状态的规定和管理。将产品在设计、生产、使用中要达到的功能特性和物理特性用技术文件规定下来的状态就是技术状态。在各个环节和阶段落实技术状态的就是航天的质量保证体系。从 20 世纪 80 年代的《军工产品质量管理条例》和《国防工业质量管理体系》到今天一直贯彻其中规定的技术状态的传承和创新。这方面工作的一个突出的成功表现就在于产品的可靠性上。一个火箭有近 3 万个零部件，飞船的运载火箭的可靠性在 1992 年航天工程立项时是 0.97，到神七的火箭已经达到 0.9807。可见，这 3 万个零部件的可靠性分别得有多高。而且，用中央电视台的电视报道的火箭系统总指挥的话说，不到 0.02 的故障率是要通过平时的认真工作和精心操作来消除的。从长征火箭到神七的连续 66 次的成功发射就是可靠性的技术状态的传承和创新的明证。我们的民品企业呢，说到机械产品，恰恰可靠性是个大问题。我从 1979 年任原四机部和后来的电子工业部的质量顾问和东风汽车公司的质量顾问以来，30年的耳闻目睹深感这个问题亟待解决。我知道，中机质协的领导很是关心，我们的机械工业企业里也有可靠性工作做得好的。希望以此次大会的召开为契机，动员我们的机械工业企业，特别是中小型企业，解决这个问题。其实，解决问题并不是那么难。用航天工程的例子，认真地进行数据积累和分析是成功的开始。

第四是管理。航天企业管理的特点是他们的“归零”管理。航天产业领导的讲话中几乎每次都要强调它。从产品的设计、制造、检验、存储到使用的各个环节上都要力求“零缺陷”；一旦出现了缺陷，必须查出原因，找出纠正措施，力图防止再发生。这听起来好像是质量管理的老生常谈，但航天人在这一件事上是认真执行、不断改进的。从航天事业一开始，这件事就被一代一代的传承和创新。所以才在航天事业中深入人心，见到实效。民品企业呢，拿机械工业企业来说，20世纪80年代东风汽车公司就曾提出并实践过“质量否决权”的质量管理，也曾在全国企业中得到响应。1989年颁布实施的*GB/T* 13000的《质量管理和保证体系》国家标准也曾把它作为重要的一条规定。后来不久修改成*GB/T* 19000时，把它取消了，说是等同采用国际标准，但这一条国外没有，我们也不能有。我到现在也弄不懂这是怎么回事。20世纪70年代的全面质量管理，20世纪80年代的“9000系列标准”，20世纪90年代的“六西格玛”。21世纪初的“卓越绩效”，一个接一个，哪个也没真正贯彻到家。时人称质量管理不过是走过场，比形式。我听到后，心里难过，但不是这样吗？企业在这方面有好的，也有差的，程度之差而已。

我做了上面的比较。结论是：传承和创新是我们航天工业的特点，是我们机械工业的弱点。我下这个结论是对全国大、中、小企业的整个情况说的，我承认我们也有极少数在传承和创新上都很优秀的机械工业企业。说到这里，我想起了《卓越绩效评价准则》。该准则中最重要和最关键的是第一章的“领导”和第二章的“战略”。两章五条的规定所使用的文字叙述中有“创新”，没有“传承”二字。创新是在传承中达成的，传承是在创新中发扬的。我常常想，我们即便是等同采用国际标准，为什么不把它用“信达雅”的中国文字写出来呢？何况制定的准则不是等同采用哪个国际标准，而更应该有自己的考虑。

谢谢大家给我今天这样一个机会，让我来宣传一下“传承”。不止是质量管理，我们的中华文化的传承现在也亟待呼吁。当然，这两者也有些关系。

监管与自律*

这次承蒙徐副省长邀请，来河南参加大会，很是高兴。河南有许多我的回忆，我宣传全面质量管理的第一个群众大会就是在河南安阳举行的。今天我的关于监督管理的意见也是第一次在河南开封发表。

2008年的大事

温总理说过，2008年对中国是大悲大喜。我看，2008年对中国也是个大是大非的年头。质量就是一个大是大非的问题。大量使用三聚氰胺掺假的“毒奶粉事件”引起的就是质量的大是大非问题。这个问题由来已久。2004年的安徽阜阳的大头娃娃到2008年的河北石家庄的娃娃尿不出尿，足足有4年的时间。国际上，2007年的毒死美国狗猫到2008年的“北美毒奶风暴”(借用2008年10月12日美国华文报纸《世界日报》的标题用语)，也是整整一年。这个问题现在还没有见到最终结果。我说这个质量问题是大是大非的问题，因为它已经不单纯是一个我们这样一些质量工作者所理解的质量问题，而成为一个道德问题，一个法律问题，甚至是一个文化问题了。并且它已成为一个国内外社会非常关注的问题。借用在1999年的全国质量工作会议上当时朱镕基总理的致辞批示中的话，“假冒伪劣不止，中国就没有希望”，这岂不是个大是大非的问题吗?

政策和措施

其实，产品质量和食品安全早已经是国家关注的大事。太早的

---

* 2008年10月26日在河南召开的“中国开封高层质量论坛”上的讲演。

不说，2007年7月26日国务院令第503号颁布了《关于加强食品安全监督管理的特别规定》，2007年7月27日召开的全国质量工作会议的主题也是食品安全。温家宝总理出席做了重要讲话。大家知道，这都是针对2007年5月间美国对中国食品等产品质量和安全的强烈意见所采取的政策和措施。这次会议上决定成立全国产品质量和食品安全专项整治工作领导小组，当时的吴仪副总理任组长。随即展开了轰轰烈烈的12个100%的整治活动，我想在座各位都参加过了吧。这个活动在9、10、11月连续开过三次现场会，中间的11月26、27日还在北京召开了一次国际会议，产生了一个《北京食品安全宣言》。2007年11月30日第三次现场会上吴仪副总理在讲话中说“全面完成了产品质量和食品安全专项整治的各项任务[①]。

我把这段经过回忆了一下，感到不可思议。怎么政府这样抓这样整，还是往牛奶里掺三聚氰胺呢？有报道说，这种掺假已是奶品行业的潜规则，这就更加莫明其妙了。社会上都说这是因为政府的监管不力，以致国家质检总局李长江局长引咎辞职。那么，国家的监管应该怎样搞呢？当然，质检总局正在新任局长的领导下通过学习科学发展观努力寻求有力的监管办法。我想，我也不妨在今天这个会上说一说我的想法。是对是错，请大家指正。

国家的监管

这里，我给大家讲一个典故。1986年7月28日在京西宾馆，朱镕基同志找我谈话，说国家要成立一个技术监督局，我问他技术监督局是干什么的，技术监督是什么意思。他回答我说，这个词是从苏联来的，干什么吗，管质量。后来，加上质量两个字，让意思更加明确一些。再后来，又把检疫拉进来，成了现在的国家质量监督检验检疫总局（简称质监总局）。有这样一段缘故，我时常想，国家的监管是怎么回事。但从来没敢讲什么，因为我不是官员，也不

① 见《中国质量报》2007年12月6日第一、二版。

知道官场上的规矩，所谓“不在其位，不谋其事”。可是，总局常常叫我去开会，要我提意见，于是，耳闻目睹，久而久之，有了一点想法。

以下分几个问题来谈。

1. 国家监管需要不需要

“产品质量和安全是生产出来的，不是监管出来的。”这样说是因为企业是依据市场的指示安排自己的生产，质量和安全的要求也是由市场确定的，而不是由政府的计划和监管决定。但是，市场不是永远正确，而且由于生产者和消费者之间的信息不对称而导致的种种损害消费者利益的事例层出不穷。最近我们的毒奶粉事件和发生在美国的金融海啸都说明，政府的干预或监管已经成了国民经济发展中的必要工作。因此，我想这个问题不需要多加讨论了。

2. 监管什么

这个问题却是一个值得讨论的问题。无论是从国家质检总局的三定方案看，还是从国家质检总局上个月下达的《进一步做好服务企业工作的若干措施》的十五条看，质检工作真是千头万绪、繁忙紧张。要问其中最主要、最重要、最基本、最中心的工作应该是什么，我看是有关产品质量和安全的标准和法律法规的修订和执行的监管。早在 1979 年 7 月国务院颁发的《中华人民共和国标准化管理条例》的第一条就明确了“没有标准化，就没有专业化，没有高质量、高速度”。河南是个农业大省、产粮大省，农业标准化现在提到了日程。胡锦涛总书记在 2007 年 5 月的一次讲话中指出，“没有农业标准化，就没有农业现代化，就没有食品安全保障”。质监总局曾经发过通知，要求从 7 个方面贯彻落实，我想在座各位也都在贯彻落实工作上是尽心尽力的。刚刚开过的中国共产党第十七届中央委员会第三次全体会议的公报里也有“加强农业标准化和农产品质量安全工作，严格全程监控，切实落实质量安全监管责任”的要求。这个监管不只是不让不合格产品进入市场，更是要从产品质量安全的标准、法律、法规的修订和执行的全程实行监管。质检的其他工作都应该围绕这个中心工作进行。

3. 监管靠什么

监管要靠质量信息。2007 年的全国质量工作会议上温家宝总理的讲话中，说到今后的质量管理工作时，提出了“要加强质量信息工作”。改革开放后的三次全国质量工作会议我都参加过，这一条要求是第一次在全国质量工作会议上提出。质量信息不畅通、不透明，总理很恼火。去年如此，今年也如此。这是个问题。质量信息有两种，一种是市场通过中介组织或媒体提供的，另一种是国家通过行政手段采集的。现在质监总局负责的有产品质量的季度监督抽查和质量竞争力指数。这两种其实都是检查企业对国家标准和行业标准的执行情况和企业在国际标准或国际先进标准下的采用情况。市场信息也是反映企业在产品上的标准执行情况。拿 2007 年 5 月闹得沸沸扬扬的向美国出口的玩具质量事件当例子。美国的媒体大唱反华，肆意攻击“中国造”。等到我们声明，我们的厂家完全是按照美国进口商提供的标准生产的时候，他们不吭声了。而且，那位进口商的大老板还跑到北京来道歉。关于监督抽查，借这机会，我多说两句。国家监督抽查在我的记忆中，大概已经修改了三次，为的是提高它的抽查合格率可比性和现场抽查的可操作性。如果我们把注意力放在标准的执行情况上，把合格率当做执行情况的一种反映的话，我想事情就会简单明朗得多。

4. 企业自律

正在修订并待通过的《中华人民共和国产品质量法》和上述的《特别规定》都规定，企业的生产经营者要对产品的质量和安全负责。只要企业的生产经营者能够自律，本来是不用政府监管的。但是，人人并不都是君子。这一自律现在要由行业协会负责推行。20世纪80年代我曾多次随原国家经委的组团赴日考察过日本的行业协会。日本政府要求由行业协会传达到企业，企业的难处由行业协会转述给政府。通过政府与协会的协商和协调，很多问题可以得到解决。他们的很有成效的工作就是企业自律的指导和管理。去参加考察的我国代表都认为日本的行业协会值得效仿。现在我们也有了行业协会，一种是专业的，如食品工业协会，另一种是综合性的，如食品工业质量管理协会。对于质监总局来说，它有两条腿，一条是它垂直领导的地方质监局，另一条是各种行业协会。今年7月16日在质监总局召开的推行全面质量管理30周年纪念活动的筹备座谈会上，来了许多行业协会的代表，他们一致呼吁，这两腿一条长一条短。他们认为他们的力量没有被利用好。我觉得他们的发言有道理。我上面说到围绕标准、法律、法规的中心工作的其他工作，像宣贯、培训、咨询、评比、认证等质监总局不宜出面的工作都可交给协会去做，特别是有关企业自律的事情更需要协会去做。为此，政府要给予扶持，使它们也在自律的前提下政府给予一定的权威性。这样，监管加自律，双管齐下，国家监管才能发挥更好、更强的作用。

我的讲话就是这些，谢谢大家。

中国管理学的困境*

近年来，关于中国管理学的讨论很多，提出了许多问题。管理能不能成学；如果能成，它会是什么样的一个体系；中国管理学能不能成立；如果有中国管理学，它会有怎样的性格和内容。在讨论这些问题的同时，又提出了一些新问题。学是什么；文化是什么；管理与文化有什么关系；在管理上，理论与实践是什么关系；对于管理，怎样去研究。关于这些问题，我也说过不少话，但绝少在学报上发表过。总感觉到，中国管理学，或者说中国的管理和管理学好像处在一种困惑的境地。借今天这样一个机会，我也来说一说我对中国管理学的想法，只是一个纲要。

管理是什么

这个问题由来已久。几乎每个研究管理的学者都有自己的说法。30年前，我曾有过一种说法，在《光明日报》、《工人日报》、《科技日报》、《北京日报》等报纸上刊登过，引起不少读者的兴趣。今天我想说得更简单一些：管理就是为了达到管理目的所做的工作。

管理的目的是什么

管理的目的是建立和维持一种秩序。任何一种或一个组织都必须在一种秩序内存在、运行和发展。一个国家是如此，一个企业也是如此。这个秩序对于组织成员来说必须是公平的，并且使组织成员在各得其所各尽其能而又各得所获的条件下发挥组织的效率。关

---

* 本文是2008年11月2日在长沙召开的“第三届中国管理学会年会”上的讲演。

于这个问题，2007 年 7 月 7 日我曾在中国科学院研究生院的管理学院的讲演中做过说明。

管理的核心是什么

管理工作要达到管理目的，核心是要建立一套制度。这个制度是管理工作的依据和保障。这个制度体现在法律、法规、各类标准、政府文件、企业规章等有形的文字记载中，和组织成员的价值观、思想意识、行为习惯等无形的方方面面。在过去的许多年里，我参与过许多这样的制度的制定和宣传培训。对于企业，无非是两条，一是政府的监管，二是企业的自律。

管理的要点是什么

管理的工作、管理的制度，这些有形无形的东西不只是要有理论的逻辑，更重要的是要有伦理的要求。近年来在中国和美国发生的一系列企业和市场的事件都说明了这个要求的迫切性。企业的社会责任和诚信已是当前中国乃至世界各国的课题。关于这个问题，我也曾分别于 2007 年和 2008 年在北京、杭州、佛山等地做过公开讲演，概括为两个方面：一是法律的惩治，二是道德的约束。温家宝总理最近在天津的一次国际会议上说，中国企业的发展靠两件事：创新和道德。

管理的难点是什么

以上所说的四件事都与文化有关。归根到底，人是在自己的文化传统中思想和行动的。从中国、日本、美国三国的管理的比较看，这一点是明显的。早在 1985 年 6 月的中日企业管理讨论会上，我曾就中日两国的文化情况做过中日企业管理的比较。文化是什么，说法很多。我的说法是，文化是行动是非的判断准则。这种判断准则是几千年来由前辈的言传身教而潜移默化在我们的心灵中，久而久之，成了行动的习惯。对管理目的有好影响的就是好习惯，有坏影响的就是坏习惯。管理就是发现和纠正坏习惯，树立和维持好习惯。这是很难的。

管理学的建设

不管是国外的，还是国内的，管理学的建设都必须围绕上述五个问题说理说情。国内的或是国外的，差别就在于这五个方面中存在的差异。下面分别来说说。

（1）管理的工作。2006 年在复旦大学的国际管理论坛上，我曾说过，经济学是研究市场的，管理学是研究现场的。当然，现场和市场是有关系的。前者主要是市场，后者主要是现场。从当今市场经济看，有实物经济和虚拟经济两大块。我始终认为，管理学，至少是中国管理学，主要着重研究的应该是实物经济的现场。它就是我们的生产企业的生产活动。这些活动在各自产业链的物品流、信息流、资金流的过程中展开，并在管理和技术的传承和创新中发展。

（2）管理的目的。企业的生产秩序从历史上看，在分工和协作的相互关系上有过几种形式，但不管怎样，均衡生产是必须要保持的。中国企业的生产秩序在过去的 60 多年中几经破坏，在“文化大革命”结束后的拨乱反正时期，在工厂里首先要解决的问题就是恢复秩序的均衡生产。只有在均衡的条件下才能求效率。从管理学的观点看，均衡的条件值得研究。

（3）管理的核心。管理工作在计划经济时代不用说，在市场经济时代也离不开制度的规范。允许我说句不客气的话，中国企业的经营管理靠的不是中国管理学界的学说和文章，靠的是政府的文件和自身的规章，而这些规章又与政府文件有很大的关系。现在看，制度要起的作用就是监管和自律两条，对于政府，是如何监管；对于企业，是如何自律。我刚从河南开封的中国质量论坛上下来，在那里我讲了我对在质量上政府如何监管和企业如何自律的看法。中国管理学家的任务要先弄清楚在监管和自律上有哪些制度规章，再来看这些制度规章要不要改进，并提出自己的建议。在政府的监管方面，要从法律、法规的制定；在企业的自律方面，要从企业的组织、计划、管理和技术的标准化工作上下工夫。当然，从根本上说，管理制度是需要研究的课题，要有符合中国的时代精神的制度思想。

（4）管理的要点。管理伦理是迄今为止管理学界忽视的事项。一提管理，人人都说亚当·斯密的分工学说，但往往忘记他在伦理上的要求。每个人都追求私利，但要每个人都有高尚的伦理道德，才能出现“看不见的手”。这就好像马克思说的实现共产主义的两个条件一样，即物质的极大丰富和人们的高度精神文明。要有中国管理学，管理伦理这一部分必须补上。我在上文说过，企业秩序追求效率和公平，效率是个方法问题，公平就是一个伦理问题。对企业内容的人要公平，对社会上的人人更要公平。公平要有一个定义。

（5）管理的难点。现在人人都说文化。企业家在说到他的企业成功时，都归功于他的企业文化。什么是企业文化。我在2004年《卓越绩效评价准则》国家标准的新闻发布会上曾说，“企业文化，在企业内部表现在全体员工的素质和据此他们为了达成企业目标所做各种工作的互动上；在企业外部表现在全体员工的素质和据此完成对社会、对环境、对资源所负责任的程度上”，“企业文化是要在‘以人为本，全面协调，可持续发展’的科学发展观上建立和贯彻的”。因此，企业文化不是一般的文化，它是与企业的管理工作和员工的工作活动紧密结合的，它是看得见摸得到的，它是有企业的规章规定的。我高兴地看到我们的航天工业企业是以这种精神编写的供他们的员工学习的企业文化手册。管理是一种文化活动，企业管理的好与坏取决于企业领导和员工的文化素质。而这一文化素质的含义，我在上面都说过了。文化是需要传承和发扬的，文化是演进的，中国管理学家的责任就是要在企业文化的传承、发扬、演进的工作上做出贡献的。

我的话说完了，谢谢大家。

质量的理念体系*

理念是我们认识事物和从事工作的依据，理念随着事物的发展和工作的进展也要与时俱进。对于产品质量，在我国经济、社会的发展和国际经济体系转变的环境下，我们有必要重新审视我们的质量理念体系。

印象质量和实际质量

产品质量有两大类别：印象质量和实际质量。印象质量是产品质量在消费者心目中的认知，实际质量是产品实物所具备的性能。生产者自然希望这两者能够一致，但往往有差别。20 世纪 70 年代以来，日本造的汽车在美国的市场上使美国汽车厂家头疼的就是日本汽车的印象质量，尽管在实际质量上，美国汽车并不比日本汽车差。记得 20 世纪 80 年代初，*James Harrington* 博士曾邀请我参加他们发起的 *Quality Crusade* 运动，在美国各地进行宣传，让美国消费者明白印象和实际的区别，从而多买美国自己的汽车。与日本产品相比，中国产品在美国市场上却是印象质量低于实际质量。其中的原因值得我们深思。我们总的说，至少要做到两者一致。我们是不是也应该发起我们在美国市场的 *Quality Crusade* 呢？

质量的评估指标

对于印象质量，有用户满意度和用户忠诚度的区别。这两类指标的评估在中国和美国都在进行，特别是前一个更为普遍。不过，

* 本文是为 2009 年 11 月 24 日在北京举办的第十六届“中国质量高层论坛”而作于 2009 年 11 月 18 日。

中美之间有个差异。美国密西根大学开创的用户满意度调查已经改称为消费者信心指数，并成为一项重要的美国经济指标。在中国，只有一些企业委托有关机构作这类调查，以供他们作为经营管理的参考。我希望，这类调查在中国能够作得更广泛、更全面、更系统，成为一项符合市场要求并对市场有用的经济指标。

对于实际质量，有工序能力指数和工作能力指数的区别。我经常说“三保证”，就是说，企业要用员工质量保证工作质量，用工作质量保证工序质量，用工序质量保证产品质量。工序能力指数正是工序质量的衡量指标，在 *GB/T* 19000（*ISO* 9000）的标准规定企业必须做到的事情。工作能力指数就是所谓六西格玛管理的衡量指标，在国内已是广为推行的了。这两类指数的调查和提高是促进员工质量提高的一个重要的途径。我们要善于结合使用。

质量的提高措施

对于实际质量，有标准化战略、群众性质量活动和开发、设计、研制的增强的区别。其实这三大类已经在我国开始实施，但我想我们必须予以更加认真地贯彻。标准化要第一、第二、第三产业并进，要以企业为主，要以实效为目的。这些要求有的刚刚开始，有的还待落实，有的还要强调。重要的是这三者相辅相成，互为补充，缺一不可。

对于印象质量，有品牌战略、社会责任和追求卓越的区别。第一个，由于“三鹿奶粉事件”，国家决定交由市场去操作。我无法判断，国家行政部门是否应该与此完全无关。中国产学研合作促进会下，有个品牌工作委员会，它主张的“产学研，官民媒”合作模式，我觉得颇为新颖。追求卓越有一个《卓越绩效评价准则》的国家标准，其中强调的一项工作就是企业对社会责任的承诺。这三者也是相辅相成，互为补充，缺一不可的。

质量的文化支柱

文化从本质上说是思想和行为的是非判断的准则，从表现的形式上说是思想和行为的习惯。产品质量实际上依赖这样的质量文化。对于实际质量，企业和员工有没有“质量第一”和“用户至上”的观念，是最初和最终保证产品质量的关键。“质量是企业的生命”、“用户是上帝”，这两句口号早已是家喻户晓，但我还不敢说已经成为了中国企业和员工的文化。对于印象质量，服务意识和法治精神是基础。这两条都是企业能否获得好的印象质量的基本条件。这两条是消费者直接从企业获得的第一印象。所以，我称这四件事是质量的文化支柱。凡是百年老字号的企业都在这四件事上下工夫。

质量的时代要求

21世纪初的中国经济，政策是“调结构，扩内需”。中国企业的质量工作要为这一政策的完成作贡献。我觉得，有这几个方面可以考虑。从调结构说，第一是，第一、第二、第三产业的均衡发展，尤其是作为第二产业的农业和第三产业的服务业的兴起。不用说。上述2～4的工作的推进是必需的，如果我们广大的质量工作者能在这个推进上尽到自己应有的职责，这一政策的落实和完成就有了保证。第二是，解决产能过剩的问题。过去我想利用市场机制让它自行解决，现在看起来行政的措施还是需要的。十大产业的振兴纲要已经出台，但是，优胜劣败或平衡取舍的依据还是包括品种在内的产品质量。至于扩大内需，首先是产品要在各个方面满足消费者的需求，并且做到印象质量和实际质量的合二而一。一句话，贯彻上述1、2、3、4点的工作是保证“调结构，扩内需”政策的一种必要手段。

对我们的企业来说，改变自己的增长方式是唯一的出路。正像朱镕基同志为中国质量协会成立和推行全面质量管理30周年的题词，“质量是企业的生命，质量管理是企业的生命线”。企业的增长方式要以质量为纲，纲举则目张。

质量的科学发展观

以人为本，质量即品质，员工质量是根本。邓小平同志说过，“产品质量的好坏，在一个重要方面反映了民族的素质”。美国人、日本人不怕我们，甚至有些外国人士认为我们中国崛起不到哪里。其原因就是他们认为我们的国民素质不行。我们这批质量工作者要为此奋斗，统筹协调。这项工作一直是我们的弱项。我们要在企业中推行贯彻全面质量管理，以此开始强化我们的统筹协调能力。今日的世界已是软实力的时代。持续发展全面质量管理主张的始于教育、终于教育和持续改进不应该只停留在口头上。环境保护、资源节约，也是质量管理的内容。我们质量工作者，任重而道远。奋起吧！

上面我把质量的理念解释为体系的概念；我把质量管理解释为系统工程。因为只有系统的理解，才使我们有一个正确的方向。

《奋进的中国管理科学》序*

《奋进的中国管理科学》即将问世，我乐之作序。2008年是改革开放30周年，各行各业都在回顾过去，展望未来。中国的管理科学也应如此。我们已经有了两个30年的过去，有过什么样的成就；下一个30年将有什么问题。历史是在保守和改革之中前进的，学问是在传承和创新中发扬的。要知道将来，就要明白过去，此所谓“温故而知新”也。写作这本书的目的正是根据中国的管理科学把这番话阐述得更详尽一些。

1978年3月的中国科学大会宣布了科学界春天的到来。这是对上一个30年的冬天而言的。科学工作者从“臭老九”变成了“工人阶级的一部分”，“科技是生产力”的论断鼓舞了全国广大的科技工作者。但是，这个“科技”里面包括不包括管理科学呢？甚至，管理是不是科学呢？这个问题是经过了长时间的讨论和实践才有了比较一致的正面认识。这本书记载了这个问题的始终。2006年1月的全国科技大会宣布了中国要成为创新型的国家，这是对下一个30年的春天而言的。为此国务院制定并颁布了《国家中长期科学和技术发展规划纲要（2006—2020）》。这个纲要是指导全国广大科技工作者努力奋斗的目标，其中有不少部分是与管理科学有关的。这本书的一个目的就是企图说明这件事。

既然写的是中国的管理科学，那么首先要说清中国的管理是什么，中国的管理科学又是什么。本书的作者在本书里就他或他所从事的专业领域写出了自己的意见。我只想从个人的角度提一个看法，

---

* 《奋进的中国管理科学》由科学出版社于2010年出版，本篇文章为该书的序言。

供读者们参考。朱镕基同志有一句广为传颂的名言，“管理科学，兴国之道”。他的这句话把管理科学在中国的作用和地位说到了家。这里，我想改几个字，即“科学管理，治国之道”。前一句说的是管理科学，后一句说的是管理工作。我想到了中国的一句老话，“打天下易，坐天下难”，又想到了郭重庆院士就任国家自然科学基金委管理学部主任时主张的一句话，“学以致用”。我希望读者们能从这本书看出或者悟出这些话的精神。当然，我也必须向读者们介绍国家自然科学基金委管理学部对管理科学的正式见解。“管理科学是研究人类社会组织管理活动客观规律及其应用的综合性交叉科学。为人类高效率地使用有限资源提供有力的支持。”我希望，读者们能够从本书中了解到中国的管理科学工作者是如何做到为中国人有效使用资源提供支持的。

两个30年的变迁在中国的管理科学上也是有许多事和话可说的。前一个30年，在学科体系上是向苏联一边倒，无事无语不“以俄为师”。西方的管理理念和方法仅是通过钱学森先生的声望和运筹学的名称介绍到国内。我还记得，1957年1月的一个夜晚，钱先生带领许国志、桂湘云和我进入中南海的大院里的一间大厅向中宣部科学处的于光远同志汇报准备开展运筹学研究的情况。天黑黑的，灯暗暗的，大家的心热热的。如今老许走了。但这一时代的特点是豪言壮语，如“人民公社好，亩产万斤粮”，“超英赶美，一天等于二十年”等。当时中国的管理科学工作者大多数没有这个胆量，不敢轻举妄动。但是“大跃进”的浪潮把他们驱赶到了“理论联系实际”的现场。其实，这应该说是件好事。本书里记载的几件事情就是那个时候的案例。“大跃进”总有个收场的时候，1961年中国科学院力学研究所和数学研究所的两个运筹学研究室合并，华罗庚先生对我们说，“好好读读书吧”。我们这些管理科学工作者又得重新回到研究室学习了。1944年出版的 *John'von Neumann* 和 *Oskar Morgenstem* 合写的《博弈论》就是我们研究室集体阅读过的一本书。

总之，前一个30年是中国管理科学的孕育时代。前后30年之间的“文化大革命”不去说它，后一个30年借1978年科学大会的东风迎来了新的局面。这个时代是拨乱反正的时代，把前一个时代犯下的妄想、错误统统纠正过来，国家政策是“改革开放”，指导思想是“解放思想，实事求是”。中国的管理科学在这个新的方针引导下，进入了重生时代。老海归谢幕了，新海归登台了。苏联专家早走了，美国学者到来了。中国的管理科学真正有了一个“百花齐放，百家争鸣”的开始。我希望，这本书能把这一虽然不能说是惊天动地却也堪称波澜万丈的中国管理科学的场面描绘出来。

近三十年中国的管理科学有两件大事，应该大书特书：一是国家自然科学基金委员会同意并且建立了管理学部；二是中国工程院设立了工程管理学部。这本书里有两章分别记述了这两件大事。中国的管理科学如果没有国家自然科学基金管理学部的资助，如果没有中国工程院对管理科学的承认，中国的管理科学恐怕会依然步履维艰。这两件事我都有亲身参与的经历，看到本书的叙述，不禁感慨万千。筹备管理学部之初，我们还不敢向国家自然科学基金委员会（简称基金委）的其他学部看齐而称学部，因而自报学组。成立学部是10年以后的事了。我受学组同志们的委托，去向基金委主任唐敖庆同志解释管理科学的建设必要和汇报管理学组的筹备情况。这是我唯一一次见到这位德高望重的科学家。写到这里，我要感谢师昌绪院士，他是基金委的副主任，他的鼎力支持使管理学组的组建得以顺利进行。中国工程院工程管理学部的酝酿和成立，我并不知情。所里要我申报中国工程院工程管理学部院士的竞选时，我还以为是管理工程学部。当选后第一次出席管理学部的会议时，我讲出了这件类似笑话的故事，徐匡迪院长立即做了工程管理学部性质的说明。附带说一句，今天社会上流传的一些关于工程管理学部的说法，像我犯过的笑话一样，大都是顾名思义的误解。

现在，我要说一说下一个30年了。首先，管理学与经济学的关系。两者是老大和老二的关系。无论从学术渊源看，还是从社会影响看，都是这样。所以人称经济学为显学，而管理学被笼罩在经济学的光环下，只能是隐学了。因此，首先，我主张下一个 30 年管理科学一定要争取话语权，而且是大的话语权。仔细阅读《国家中长期科学和技术发展规划纲要（2006—2020）》，就会发现其中的重大领域和重大专项都有管理科学的问题，我们的管理科学工作者就是要通过自主创新解决这些问题。只有这样才能争取到话语权。其次，现今的时代是实物经济和虚拟经济并存的时代。2008 年下半年的金融海啸揭露出过度依赖虚拟，轻心对待实物的错误。中国的管理学界也有这种倾向。时代的影响，不是管理科学的本质问题，也不是中国管理科学家的嗜好问题。但无论如何，下一个 30 年中国的管理科学学界要着重研究实物经济的管理问题。只有在坚实的实物经济的基础上，才有虚拟经济发展的前途。从我在上面介绍的那种管理科学的定义来看，管理科学的首要任务是，在管理上保证人民的衣食住行的用品生产的质量和效率。最后，管理科学的教育和培训。中国的高等教育的是非与成败是个长生长谈的话题，我没有评论的资格和能力。不过，去年温家宝总理探望钱学森先生时，钱先生的一句话，这些年怎么没培养出拔尖的人才，引起了许多人的共鸣。真诚希望下一个 30 年里，中国的管理科学工作者们集思广益，提出并实施管理科学的教育改革。这本书里虽然没有对这一问题的专门论述，但是在有些篇章里都可以看出少许端倪。

作者的知识经验、聪明才智、精心思考和辛勤劳动是本书可读性的保证。我谨以对他们的敬意和感谢，作为这篇短序的结束语。

一个令人困惑的问题：中国的质量*

质量是一个很广的概念。简单说，是事物的质量。这里有物品，也有事情。物品包括产品和工程。事情就多得很，有服务、有工作、有生活、有经济运行、有社会发展的种种不同范畴的东西。不论是物品还是事情，都可以有个量的表示。而这个表示是有个参照系的。物品的质量有由国家或国际组织制定并颁布的标准，因此符合标准的程度，即合格率，就成为质量合格与否的标志了。事情的质量标准却复杂得多。服务质量和工作质量的度量始终是质量科学研究的课题，现今也有了可行的标准。生活上，恩格尔系数、基尼系数都是早已有之的了，居住适宜度、幸福感这样一些比较主观的判断现在也往往见诸报端。经济运行质量的常用指标有 *GDP*、消费品物价指数等指标。社会发展的质量更有许多衡量的指标。首先是高等教育的普及率。归根到底，社会发展的标志是国民素质的高低。犯罪率就是国民素质高低的一种反映。总而言之，有了物品和事情的质量标准和根据它们得出的判断，就可以有个自己的纵向比较和与他人的横向比较。

那么，我们中国当今的质量怎么样呢？说到这里，我想起了狄更斯的小说《双城记》里开头的一句话，“这是一个辉煌的年代，也是一个糟糕的年代”。用它来形容中国当今的质量倒是很贴切。说辉煌，有无数的事例。连续发射神舟飞船后不久，我们会上月亮去“探望嫦娥”；其他的航空、航天令人丧胆的武器就不去说它们了。

* 本文写于 2012 年 2 月 5 日，为在 2011 年 7 月 28 日在中国科学院科技政策与管理科学研究所所作报告的基础上修改。

动车组、高速列车给中国人带来多少的方便，国家大剧院、奥运体育场馆使多少外国人羡慕。让人眼花缭乱的中国轻工纺织品使多少国内外客户趋之若鹜。但是，说到糟糕，也有无数的事例。食品、奶品里的青黄红绿让国人避之唯恐不及，竞相采购外国货。“假冒伪劣”把“中国造”在国际上的声誉贬到了“中国糟”的地步。至于高等教育的质量，有个“钱学森”之问：“为什么出不来人才”。另外，对于社会发展，现在政府大力提倡“和谐”，这恰恰是因为中国社会太不和谐的缘故。政府要我们活得“有尊严”、“有幸福”，但是，多少的农民工兄弟姐妹有这些东西呢？

说到这里，我又想起狄更斯的小说中开头处后面的几句话。“这是光明的季节，又是黑暗的季节。这是希望的春天，也是绝望的冬天。”这些话为我说出了我对中国质量的感受。“十二五”开始了，我们的经济、我们的政治都迎来了转折。单就质量而言，我们有了《质量发展纲要 1996—2010》，提出了建设“质量强国”的战略方针。冬天是不是要过去，春天是不是要到来，这不仅是个大自然的变化规律。我们不能只是这样去理解。我们要有扭转乾坤的智慧和勇气，“敢教日月换新天”。

狄更斯在 150 多年前看到的他那个时代跟我们现在的这个时代是何等的相似。我们现在不是也有好多的智慧和不少的愚昧吗？作为质量工作者，我们的任务就是寻求智慧、减少愚昧，以此“去伪存真”提高和改善我们中国的质量。

具体说，就是从两个方面下手。一个是文化，另一个是制度。第十七届六中全会首次提出建设“文化强国”的目标和振兴“文化产业”的要求。中国文化镌刻着中华民族的特征，代表了中国的未来方向。

正因为如此，我们不能不对我们现在文化的表现作认真又审慎的观察。而且，我们的制度也必须符合我们的文化。这就更加要重视文化的建设了。

质量源于诚信

就质量而言，我们的中华文化的精髓是“价廉物美，童叟无欺”，两个字，“诚信”。当年，我们的老华侨远涉重洋，创业致富，靠的就是诚信。尽管不识字，不会签合同，但是一言既出，终身兑现。然而现在，我们不就是缺少这个“诚信”吗？不就是这个缺少导致了上面许多“糟糕”吗？而且，“诚信”是与“守法”联系在一起的。诚信是守法的基础，守法是诚信的表现。我们现在要做的就是恢复中华民族优秀文化的“诚信”。我常常看到，小学生放课后，互相牵着手，老师带着队，穿过马路，老老实实等红灯灭绿灯亮，才举步的情形。但是，我又常常看到妈妈领着小学生模样的孩子过马路，她就不管三七二十一地闯红灯过马路了。这使我感到悲哀。“诚信”，让我们从娃娃抓起吧。“诚信”与“守法”连在一起的另一个例子是在车间里干活儿的情形。这里“诚信”就是认真，“守法”就是遵守标准和规程。许多年我在我们的工厂、车间里发现过多少的不认真和多少的不遵守标准和规程。它使得我一改过去下厂时先讲质量科学的大道理的习惯，只是要求、恳求甚至于哀求现场工人工作要认真并遵守标准和规程。

科学家应该成为敢于承担责任的人

如果我们恢复了中华民族的优秀文化，建设好的制度是不会有难度的。又像狄更斯写的，“这是一个有信念的时代，也是一个充满怀疑的时代”。我相信，有了“诚信”，我们的各方面的质量都会上去的。如果说，科学家对社会应该承担某种责任，我作为一名质量科学家，我想我的责任正是在企业里讲解“诚信”，希望有助于我们的质量文化建设和质量制度建设。虽然经历了各种曲折与磨难，但是始终不会改变我们对质量事业坚定不移的信念与义无反顾的热忱。

中国质量的过去、现在和将来*

各位领导、各位同志：

常年的职业习惯，使得我只能站着讲，不会坐着讲，请大家谅解。

刚才听了沈部长的讲话，他提出一些新的概念、新的观察和新的评论，我听了以后很受启发。我下面的讲话希望能作为沈部长讲话的一个补充。

今天是中国机械质量管理协会的盛会，让我头一个来报告，体现中华民族的优秀品德和传统，就是敬老。因为从年龄上讲，我可能是在座的当中最年长的了，今年 88 岁了。

新时代的质量管理应怎样做

新时代是指“十二五”开始、《质量发展纲要（2011—2020 年）》发布以后的 20 年。对新时代的质量管理我认为应该有以下三个新的认识或观点。

关于质量和名牌

质量和名牌大家已经谈得很多了。新时代的质量和名牌已经联系起来了，考虑质量要联系名牌谈质量和质量管理。大家知道，名牌的基础就是质量，没有质量、没有好的质量就不会有名牌了。这里讲三件事。第一，质量是客观存在的，但需要人去主观认知的。因此，质量有实物质量和印象质量之分。而这两者并非总是一致。

* 2012 年 5 月 24 日在北京召开的“中国机械工业质量管理协会年会”上的演讲。

比如，大家都带了数码相机，我敢说，全是日本货。日本货的特点是印象质量大大好于实物质量，不论是它的电子产品还是机电产品。日本货的实物质量是不错的，但它的印象质量比它的实物质量还好。而中国货恰恰相反，是实物质量好于印象质量，特别是在国际市场，日本货的印象质量比中国货的印象质量不知要高出多少倍。这是我的看法，不知大家是否赞成。第二，质量和名牌牵扯消费者行为的问题。名牌的印象质量是怎么形成的呢？首先是实物质量要好，一传十,十传百，消费者的宣传就形成了印象质量。另外，消费者行为还有一个奇怪的地方，如果消费者对质量没有判断能力，消费也没有能力的话，那么他对名牌就不会有正确认识和对待了。特别是在高端奢侈品方面，如果消费者不考虑自己的身份及年龄，就会闹出很多笑话，可以导致消费庸俗化。有个统计，国际高端奢侈品的最大销售对象是中国的消费者。如果消费者一味追求名牌，而能力又不够，就会采购假名牌，这被称为“奢痴”。第三，名牌固然要有质量作基础，但光有质量是成不了名牌的，这里还涉及名牌经营的问题。

名牌经营一是政府推动。我们知道，名牌在国外、国际上一般是由市场形成的，政府并不参与。但在新时期的中国，没有政府推动还是不大容易的。举一个例子，三四年前在纽约的时代广场，我们曾经做了一个 30 秒的广告，通过产品宣传中国的形象。当时由于时间太短，没有引起美国民众很大的注意，也没有引起多大的效果。这个就是典型的政府推动的例子。二是企业自觉。因为创名牌是需要时间的，急功近利是出不来名牌的，要有耐心。以上谈的就是质量和名牌的关系。

关于质量、名牌与企业文化

关于企业文化，下面罗国英教授有更详细的讲解，我就不多说了。创名牌光有质量还不行，还要有诚信。因为名牌也包括服务，没有诚信是办不到的。对企业而言，诚信、认真和感恩是企业文化的真谛，是不可缺少的。此外，还要有社会责任，现在已经有了国际标准*ISO*26000《社会责任指南》，上海质量协会和上海经济团体联合会特别编辑了一个《社会责任指南》的问答来介绍*ISO*26000。社会责任成为企业文化讨论中不可缺少的要素。我认为，企业的社会责任简单地讲就是三条：一是依法纳税，不偷税漏税；二是认真做好产品，落实企业的社会责任；三是公益事业。企业的人、财、物总是取之于社会，又回到社会中去，所以公益事业要大力提倡。在这一点上，我们中国的企业和企业家远远不如美国的企业和企业家。就举比尔·盖茨的例子，几百亿美元的身价，年纪轻轻，40多岁就立下遗嘱，遗产不留给子孙，全部捐给公益事业。中国企业家能有几个带头这样干的？到现在我还不知道有哪一位这样做过。有一位知名的，但好像没有留下遗嘱。

关于标准化与创新

什么是标准化，与创新有什么关系？标准化一般涉及三个方面的内容，一是技术、管理的标准。比如，国际标准化组织（*ISO*）和我们国家的标准，当然首先是技术标准。进入20世纪70年代，管理标准相继出台，管理标准逐渐比技术标准更有名，如*ISO* 9000的系列标准。二是工艺规范。三是操作规程。谈到标准化一般包括这三个方面的内容。我们不能只考虑国际标准和国家标准，制造现场使用的工艺规范、操作规程等也是非常重要的。许多企业*ISO* 9000进行专家认证，而工艺规范却不进行专家认证，操作规程更是不大尽心。但是，我也知道好的企业是很重视工艺规范、操作规程的，这里就不细说了。

标准化与创新有什么关系呢？有一个说法，自从泰勒（*Frederick Taylor*，1856—1915）把标准和标准化工作重视起来后，感觉标准化与创新是不是有些矛盾呢？要求大家都一样干了，还要不要创新，特别是我们还有"枪打出头鸟"的习惯就更糟糕了，所以我们必须正确看待。标准化与创新不是矛盾的。因为标准化的三个方面的内容，如技术标准、工艺规范、操作规程等起源就是创新的成果，也需要通过创新持续改进。两者不是矛盾的，创新的成果，如标准、规范、规程等要靠标准化加以落实，标准化的提升要靠创新得以实现。操作规程和工艺规范不可能是一成不变的，随着工具（如机床）的能力、性能、精度和自动化程度的提高，日常的维护、保养等工艺规范和操作规程也要相应提高，这是不言而喻的。但标准化本身不是万能的，一定要附之于创新才能起作用。以上是新时代质量管理要考虑的三个问题。

新时代质量管理的目标是什么

今年2月国务院发布了《质量发展纲要（2011—2020年）》。温家宝总理在国务院常务会议上讨论《质量发展纲要（2011—2020年）》的讲话中，开头里有一句话非常重要：质量的发展滞后于经济发展。我听了以后很有感触。我们经济已经发展为世界第二大经济体了，*GDP*已经超过日本，据说再过30年就要超过美国了。但是质量呢，我们没有自信说世界第二大质量体吧！甚至远远不致如此吧！如何扭转这一局面呢，要靠在座各位和专家的共同努力了。

《质量发展纲要（2011—2020年）》提出了一个很响亮的口号和目标，就是建设"质量强国"！要由大变强。我们现在已经是质量大国了，去年出口商品1.5万亿美元，今年接近2万亿美元，"十二五"末预测要到2.5万亿美元。但出口商品特别是机电产品，我们还没有进入高端领域，勉强也就到中端。当然这是相对一般而言，但是也有特殊的，如航天就到了高端。所以，"质量强国"先要清楚什么是强，在什么地方强才叫强，总要先把目标看清楚，否则工作起来就无着落，就会无的放矢。

"质量强国"第一要有国际名牌的产品，第二要有生产、销售国际名牌产品的企业。这次到上海来，有同志告诉我，上海就有这样的企业，如我们要参观的马总（宝发）的企业（上海日用－友捷）等就是其中一个。第三，更重要的要有人才。没有创新的人才，就不会有生产、销售国际名牌产品的企业。因为有什么人就有什么产品，有什么产品就有什么企业。人是一切的基础，人不行什么都不行。此外，培养名牌还要有环境因素，我们的经济体制、市场机制、法律法规、企业文化、员工素质，尤其是企业家精神等。这些要素构成的环境既能与国际接轨，又能符合中国社会主义特色的国情。我们这批质量工作者必须努力，把自己锻炼成能为建设“质量强国”作贡献的人才。

新时代的质量管理有什么特征

温家宝总理今年年初在“政府工作报告”里说过这么一句话：2012年是最困难的一年，也是最有希望的一年。我想，他的这句话是不是也适用于《质量发展纲要（2011—2020年）》呢？困难在于国内存在一个转型升级的问题。转型升级提了3年了，成果不显著。国际上因为我们要和平崛起，所以被人重重围堵，南海还在僵持着呢，周边各国都在想法围堵我们，不让你崛起，你的崛起对他们没好处。其实是他们的眼光短浅，中国的崛起对他们是有好处的。说最有希望，在于我们经历了改革开放，30多年积累了不少的物质财富，美元储备已超过3万多亿，是全世界最高的；经过过去30多年国内和国际的风风雨雨的锻炼，我们在精神上强大了很多，对国家的前途充满了自信（当然自信不能过头）。以机械工业为例，刚才沈部长举了马总的工厂的例子，新厂房、新设备、新工艺、新操作，这也是多年积累下的财富，财富转变为设备等。从马总一个厂子可以看出全国很多厂也大致如此，李（俊杰）厂长的工厂也是如此，都具备了一定的物质基础。物质上富裕了，有钱了，在精神上就容易“财大气粗”：“气粗”了别人不敢惹你，太“气粗”了别人也会讨厌你。无论如何，物质和精神上的强大可以让我们有能力克服一些困难。

最后，我想说新时代的新的质量管理应该体现在三方面。一是技术的质量管理。我常说管理离不开技术，没有技术搞不好管理，没有管理也搞不好技术。质量管理老谈*ISO*9000不行，老谈卓越绩效也不行，还要有技术，不懂技术质量管理搞不好。最近质监总局起草《质量发展纲要（2011—2020年）》，与我们谈战略较多，因此我们的很多质量专家都去考虑战略了。战略容易说，说对说错谁也不大清楚，一提战略是几十年后的事了，谁能晓得那么久以后的事情。尽管如此，也总得有个战略，但只说战略不行，一定是战略和战术的结合，没有战术的战略是没有用途的。打仗也是如此，光谈战略，没有飞机、军舰、大炮是不行的。我们的质量管理，还没有很好的战术呢，就老去考虑战略，是不行的。二是要法治的质量管理。假冒伪劣的存在就是因为法治不够，法治精神还不够普及，法律（如《中华人民共和国产品质量法》）没有及时修订，处罚的力度也不够。美国的食品药品管理局5年前开始在北京、上海设立办事处。在一次国际会议上，我碰见几个美国人，关于食品药品的假冒伪劣，他们直接说：你们管不好我们来管。特别是食品药品大量出口美国，维生素的原料全是中国的，阿司匹林的原料全是中国的，你们的制造如果搞不好*GMP*（产品生产质量管理规范），那怎么能行？这话我听了很难受，所以一定要法治。三是和谐的质量管理。刚才，沈部长提到人机工程要改为人本工程，我认为改得好。我们质量管理就应该是以人为本的质量管理。从质量管理史上看都是物管人，现在掉过来，是人管物，人的自觉是最重要的。过去我们老提倡质量意识和质量文化，而且是一把手的质量意识，出发点就是人本主义。和谐的质量管理需要大家的共同努力了。

复旦管理学终身成就奖颁布会上的致辞*

我是在 1957 年进入中国科学院从事管理学的研究和应用的。那个时候，管理学是冷门学问，研究工作是在坐冷板凳。

改革开放以后，由于三件大事的发生，局面出现了全新的面貌。

第一件，1985 年国家自然科学基金委员会设立了管理科学组，并且在 1996 年学组升格为学部。庆贺会上，朱镕基同志在讲话中指出，“管理科学，兴国之道”。他的这句话激起了我国管理学工作者的期待。

第二件，2001 年中国工程院设立管理科学部，并且选出了第一批管理科学的院士。这一举措点燃了我国管理学工作者的热情。

第三件，2012 年在复旦大学设立了由李岚清同志创立并主持的管理学终身成就奖和杰出贡献奖。评委会也是由我国各方面的权威人士组成的。这一奖项承认了我国管理学工作者的作用。

而这首次的终身成就奖给了我。我找不出适当的语言来表达我的心情。我只有感谢。感谢国家自然科学基金会委员会的领导，感谢中国科学院的领导，感谢中国工程院的领导，感谢复旦管理学奖励基金会的领导和各位评委先生。

感谢他们给中国管理学指明了道路，极大地鼓励了中国管理学工作者。我想，在今天这个机会，请允许我代表全体中国管理学工

---

* 本文于 2012 年 10 月 22 日发表。

作者，表示我们的感谢和我们的决心。我们必定会努力工作，通过管理学的工作，提高我们国家的软实力。

谢谢与会的各位领导和同志。

谢　词*

细想起来，我和中国的汽车产业很是有缘。1956 年年底回国后的第二年的春天，最初涉足的工厂是北京汽车配件附件厂，即以后的北京汽车制造厂。到了 1960 年我在长春第一汽车制造厂工作了近一年。自那时在那里看到红旗轿车的生产以来，我对中国的汽车产业的未来做了这样那样的想象。1979 年我就任东风汽车公司的顾问。以后 20 多年的时间里耳闻目睹中国汽车产业的变迁，真是悲喜交加。尤其是，1981~1985 年我受命探讨在汽车产业上中日合作的可能性。其间多次访问日本的汽车公司，也请到日本产业界的知名人士来中国考察，让我学到了很多，想到了不少。深深明白了的一件事就是，造汽车简单，造好汽车不简单，而且国际合作更难。

中国的汽车产业起步绝不晚于日本。拉开两国差距的原因是，新中国成立前中国混乱、国不国的状态，以及新中国成立后的体制和机制的不甚合理。最近的四五年在中国的汽车产业上改革和开放的政策开始逐渐奏效，并有了显著的改善。本稿意在写出这一部始终，以此酬谢先人的劳苦，期待后人的明智。如果有幸为日本读者提供少许的参考，不胜欣喜。

起草本稿时，利用了许多书籍和报刊。特别是关于新中国成立前的事例，参考了人民交通出版社出版的《中国汽车工业史 (1901—1990)》(1996 年)，谨记于此以表谢意。再者，我还要感谢中国汽车工程学会理事长张兴业、东风汽车公司先后任总经理陈清泰、马跃、

---

* 本文作于 2002 年 4 月 3 日，是日本创文社于 2005 年 6 月出版刊行的《アジアの自動車産業と中国の挑戦》内第 398~399 页的“谢词”。

苗圩，副总经理张世端、李绍烛等，以及东风汽车公司北京研究中心主任张剑涛等同志，他们给予我许多恳切的教导和有用的资料。我特别要明谢的是，东风汽车公司的前身第二汽车制造厂的第一任厂长饶斌和他的继任黄正夏。他们两位不仅是把我领进中国汽车产业的恩人，并且他们两位的人格和对建设中国汽车产业的热情和献身精神一直是我敬佩和深受感动的。能够得到二位的信任，并在中国的汽车产业上做出一点工作，是我一生中的幸运和骄傲。决意执笔本稿，其实是想借此形式能少许报答两位的恩惠。然而，如今完稿在即能否达成心愿，感到十分担心。

最后，我要感谢国际东亚研究中心顾问市村真一教授。他不但是国际知名的经济学家，而且在研究中国事务上也是一流的学者。我一直敬佩他对中日两国间的学术交流不惜身心劳累。没有他的援助、鼓励和友情，本稿不会问世。

《刘源张院士学术成长资料采集工程》序

有关部门组织这次院士学术成长资料的采集工作，体现出国家对院士群体的关怀，而我也名列其内，实是感到荣幸，同时，也有几分忐忑。

成长的表现在于成就。古人早有论评，曰：立言，立功，立德。拿这个标准来审视自己的成长和成就，似乎是条路子。也就因此看出一些问题。

立言应有著作，立功应有奖状，立德应有口碑。这样看来，我却有些惭愧了。第一，我很少有专门的著作，有一些，也只是我讲话记录的小册子。平常我总是自诩“述而不作”，到了资料采集工程，交不上卷了。第二，我是有些奖状，国内的、国外的都有。但是，实是过奖，我自己并没有看得那样重。第三，立德。这就更难说了。恐怕只能落得个“自己不能言传，只可让人意会”了。但这又上不了采集工程。总而言之，只有感谢有关部门和人士的好意和照顾了。

回顾我的一生，我是始终一贯为群众服务的。说的、写的，不过是一些通俗的东西。在学界的圈子里，我是够不上“学者”称号的。证明是学术期刊上，我大概只有两三篇文章吧。我向采集工程提供的材料大多是报刊上别人写的报道。写的是好还是不好，写的准确还是不准确，这些都不是问题，都是写作者的好意。在此，一并致谢。

以上简单的几句话，当做“序”，敬请见谅。

我和秘书魏蕾

附录一

刘源张大事年表

1925 年　1 岁

1 月 1 日，出生于山东省青岛市，原籍安徽省六安县，

父张祝三，母刘逸秋，弟张定民，妹张斌。张祝三，祖籍山东潍县，商人。刘逸秋，祖籍安徽省六安县，小学教师。

1931 年　7 岁

9 月，在青岛，上四方小学。

1935 年　11 岁

就读四年，中间两次跳级后，小学毕业。入青岛市立中学（现青岛一中）上中学。过继给外祖母做孙儿。小学校教务长赵老师为我起名，从张定国改为刘源张（此后称外祖母为祖母）。随祖母入基督教，每周日去教会做礼拜，参加唱诗班，常去美国牧师家学习英语。

1938 年　14 岁

入青岛礼贤中学上高中，开始学习德文。

1939 年　15 岁

转入青岛市立中学上高中，有幸结识同学唐之曦，成为挚友。

1941 年　17 岁

7 月，高中毕业。

9 月，考入燕京大学。

12 月 8 日，太平洋战争爆发，日本侵略军关闭学校，被逐出校门，返回青岛。

1942 年　18 岁

1 月，进青岛市私人企业斯宜药厂当学徒。

3月，被当时在青岛经营橡胶工业的一位日本企业家安田理雄送往日本长崎读书，入原高等商业学校改成的工业经营专门学校（现长崎大学工学部），学习机械工程。

3月，从中国青岛上船去日本门司，弟弟定民背着我的行李来码头送我，依依不舍，说哥哥要快回来呀。在船甲板上，我看着弟弟离去的背影，他好像是在哭泣。

1944年　20岁

6月26日，被日本佐世保宪兵队长崎支队逮捕入狱，以共产党特务嫌疑犯的身份受审。

1945年　21岁

1月15日，被释放后，不许居住在军港的长崎市，被勒令迁往高松市，入高松工业经营专门学校（现为香川大学）。

7月3日，高松市遭美军空袭，学生宿舍焚毁，衣物书籍尽失。蒙当地家屋主人吉田老夫人的收留，得以安身。

10月，迁往未遭空袭的山口市，转入山口高等学校。

1946年　22岁

3月，考入京都帝国大学（现京都大学）经济学部。刚去日本时，学习机械专业。日本战败后，社会上兴起一股学经济的潮流，受此影响，选择了学习经济学专业。

4月，寄宿京都大学教授贝塚茂树家，直至离开日本。一生感恩。

1947年　23岁

1月，美国学者罗肖恩率美国教育使节团访日，到京都，在贝塚先生家做客，有京都大学教授吉川幸次郎作陪。席间欢谈，说到中国唐诗，三人皆可用汉语评说；说到日本俳句，三人皆用日语。贝塚先生突然要我背诵一首唐诗，仓促间背了那首“床前明月光，疑是地上霜，抬头望明月，低头思故乡”。先生批我，汉学修养差，说不是背诵，是要吟唱。

6～8月，入京都大学人文科学研究所，读中国古典暑期学习班。

1948年　24岁

1月，著名考古学家董作宾从台湾来京都，在京都大学人文科学研究所讲学，贝塚先生要我当翻译。任务完成，不辱使命。

1949年　25岁

3月，本科毕业，获经济学学士学位，旋即进入京都帝国大学研究生院，师从青山秀夫教授。

7月，移居东京。前往东京拜访东京大学化工系石川馨教授，参加石川馨教授的统计工学讨论班，初次听说质量管理。

8月，认识悦子，相恋。

12月，去东京都阿佐谷悦子大姐山口淑子家拜访，受到祝福。佣人厚见大嫂总是从中撮合。

1950年　26岁

12月，朝鲜战争爆发。赴美前夕，与悦子告别。心碎。经青山教授推荐，进入美国加利福尼亚大学伯克利分校研究生院，跟随美国经济学会会长戴维斯学习凯恩斯经济学理论。

1951年　27岁

3月，遭美国当地移民局传讯，问是否是共产党员。在加大东亚图书馆，认识张充和女士。

12月，青山秀夫教授到美国，建议我改学工商管理，由此开始了运筹学的学习研究，对质量与可靠性感兴趣。

1952年　28岁

7～9月，去斯坦福大学参加质量管理专家Eugene L. Grant教授的暑期班。

1953年　29岁

7～9月，再去斯坦福大学加入Grant教授的暑期班。

1955年　31岁

毕业于美国加利福尼亚大学伯克利分校研究生院，获运筹学博士学位。

10月，重回日本，正式成为石川馨教授的门生，其间认识了田口玄一。看到日本当时正在复兴，国民经济管理、企业经营管理等都在更新，于是借在京都大学经济学部担任讲师之便，广泛接触日本各界人士和企事业单位，开阔视野、增长见识。

1956年　32岁

8月25日，回国。从日本的舞鹤港乘船到天津新港。

8月28日，《人民日报》登出消息称，乘兴安丸船归国的人员中有刘源张。

9月11日，收接到钱学森先生的来信，希望能来中国科学院力学研究所的运筹学研究室工作。

9月24日，前往北京，谒见钱学森先生。

10月22日，去北京，住进前门永安饭店。

11月2日，乘21次列车回青岛，翌日抵达。马大叔、定民弟到站接。回家见祖母和母亲，泣面跪拜。15年未能尽孝，难以弥补。

11 月 15 日，返京。

11 月 19 日，到中国科学院干部局见王副局长办理正式任职手续，为副研究员。

11 月 23 日晚，钱学森先生率许国志、桂湘云和我去中南海，在庆云堂中宣部会议室见科学处处长于光远，说明运筹学的作用。

1957 年　33 岁

1 月，在中国科学院力学研究所建立了中国第一个质量管理研究组，开始介绍、宣传、研究、应用和推广新的质量管理理论和方法。

4 月，到上海国营第二纺织机械厂，宣传并实验质量控制，成功。

7 月 3 日，去清华大学参加批判钱伟长的大会。生平第一次批判别人，不知如何批判。轮到自己时，情急之下，说了一句“你是怎么搞的”。

9 月 11 月，参与组织在北京东郊红庙的第一机械工业部的专科学校举办的由第一机械工业部、纺织工业部和中国科学院力学研究所联合支持的讲习班，并主讲质量管理，后在北京、上海、济南、青岛等地工厂指导学员实习。这是国内首次向机械工业企业介绍质量管理方法。期间，结识苏联工艺专家巴尔索夫先生，联络不断，直至 1960 年中苏关系破裂。

12 月，在北京市崇文门外邮电局作电话交换机的预防性维修的试验，认识邮电学院张公绪教授。自此成为好友，直至他去世。

1958 年　34 岁

3 月开始，响应“理论联系实际”的号召，到北京东郊十里堡的国营第一棉纺织厂工作。做出了“用低级棉纺优质纱”的重大科研成果。

1959年 35岁

1月，陪同日本工会代表团到北京国棉一厂访问，悟出“学术”的真谛和“学贵在实践”的道理。

4月，应纺织部副部长兼中国纺织学会会长陈维稷先生的邀请，到郑州参加学术年会，介绍“用低级棉纺优质纱”的科研成果。

8月30日下午，去吴半农先生家，初次见张宁。

9月6日上午，雨，张宁来。下午，送她回永安里家中。

9月13日下午，同张宁游紫竹院，晚，请张宁在莫斯科餐厅吃饭。

10月19日，接到中国科学院编辑出版委员会的来信，信中写到“钱学森所长推荐您的《纤维性能与细纱强力的关系》值得向国外报道，希望写成论文形式”，并且要求“译成俄、英、法、德任何一国文字”。

12月20日，与张宁结婚，我34岁，她26岁，媒人为吴半农。在建国门外齐家园警察派出所登记。婚礼在中关村科学院宿舍5号楼102室举行。主婚人为力学所运筹室党委书记杨刚毅，宾客五六人，我们夫妻合唱《社会主义好》，以示感谢。

1960年 36岁

6月，主编的《运筹学在纺织工业中的应用》一书出版，被评为开创运筹学理论联系实际之先河。

9月6日，长女刘欣出生于北京妇产医院。孩子出生，全家欣喜。

12月，到长春市一汽车制造厂，解决控制左右车轮同步转向的关键零件、涡轮蜗杆中的质量问题，并解决其他“老大难”质量问题。

1961年 37岁

1月，调入中国科学院数学研究所任副研究员。

3月2～30日，与吉林工业大学许金钊教授组团去成都和重庆考察机械与纺织企业的质量管理。回程，从重庆乘船沿长江而下直达上海，全团解散。这是我第一次的长江游。三峡风光，初次领略，壮观。

6月，应中国科学院化工冶金研究所所长叶渚沛先生之邀，负责验证“三高冶炼”理论的实验设计。

7～9月，为在数学所进修的海军学员讲授可靠性理论与方法。

9月，与化工冶金所年青同志讨论实验设计，并作初步工作方案。

1962年 38岁

1～3月，去石景山钢铁厂化冶所小高炉参加实验工作。

9～12月，到鞍山钢铁厂，参加我国第一次自己制定钢铁行业的技术标准“普碳钢的标准制定工作”。访问鞍钢总工程师马宾，问他知不知道鞍钢有多少种报表。答曰，不知。我说，那就办个鞍钢全公司报表展览会。没过几天，展览会举行了。观众一致同意，精简报表，提高工作效率。

1963年 39岁

1月，北京市纺织局组织了首次质量控制讲习班，担任主讲。

4月1日，小女儿刘明出生于海淀医院。三年困难时期已过，明天会更好。

1964年 40岁

1月开始到吉林省梨树县团结公社房身屯大队第四生产队参加农村社会主义教育运动。

1965年 41岁

12月4日，接到祖母病重的通知，立即动身返京。

12月6日，几经周折，到家后，祖母已经逝世。未能床前侍候、送终，悲痛至极。儿时，读《古文观止》，有李密的《陈情表》，中有词句，“臣无祖母，无以至今日；祖母无臣，无以送终年”。呜呼，孙儿不及，不孝。

8月20日，国家科委九局沈国钧局长指示：要抓质量控制，做三件事。一，办训练班、讲习班；二，出版普及宣传刊物，三，向领导写报告。前两件办了，后一件，没来得及办。

1966年 42岁

2~4月，在沈阳举办由第一机械工业部、中国纺织机械公司、沈阳市机械工程学会所属企事业单位参加的机械工业质量管理训练班，除西藏外，中国各省（自治区、直辖市）都派了学员参加，共163人。主讲“工艺精度”，是国内初次介绍工艺验证的理论和方法。

5月16日，“5.16通知”颁布，说要打倒反动学术权威和里通外国分子。

6月，《运筹学在纺织工业中的应用》再版发行。

1966年8月25日～1975年4月11日以“国际间谍”的莫须有罪名被关进秦城监狱，时长8年零8个月。糊里糊涂进去，糊里糊涂出来。

1975年 51岁

4月11日，出狱。体检发现腰部椎骨损伤。

5月，去中国科学院数学研究所报到上班，无人理会。众人目中，我是特务。一切由顾基发监管。

1976年 52岁

1月8日，周恩来总理逝世。

1月14日，研究所全所人员去天安门人民英雄纪念碑，向已故总理献花圈，致默哀。这倒让我享受了一次“政治待遇”。

6月23日，一年无正式工作后，忽然党委书记找我谈话，说清河毛纺织厂要我去帮忙，当即答应。

6月开始，经王槐荫努力，去清河毛纺织厂开展全面质量管理工作。深入群众、跟班劳动、传授科学管理，组建了我国第一个QC（质量控制）小组，解决产品质量问题。《人民日报》、《北京日报》、《光明日报》等报刊广为宣传。感谢王槐荫，虽然我仍是“特务嫌疑”，他给予了我工作机会，扭转了我的命运。

赵朴初的词曲广被传播。录其《反听曲》的头两句，如下：听话会反听，妖怪现原形。她说是“一个普通的党员”，他说是“一个小小老百姓”（按：她指江青，他指王洪文。）

7月26日，唐山大地震。

9月9日，毛泽东逝世。

12月22日起，在清河毛纺厂开讲《纺织工业的质量管理》。

1977年　53岁

4月28日开始，在北京内燃机总厂开展全面质量管理工作。编写《工艺验证暂行标准》和《工人QC教材》。

5月19日，在北京内燃机总厂向技术干部作科学质量管理的报告。

7月，解决挺杆废品高达25%的质量难题，创造加工40万件无废品的记录。

7月20日，在北京内燃机总厂向领导干部作科学质量管理的报告。

9月8～18日，应邀出席参加第一机械工行业部的“提高产品质量整顿企业管理经验交流会”。

10月17日，顾基发来清河毛纺织厂。总工程师丁鸿摸，车间主任马荣芳，科研室主任李士蓉介绍我的工作情况，给予肯定。其良苦用心，十分感激。

11月22日，中国建筑科学研究院结构所规范室邵主任来所，要我参加安全度问题研究工作。答应。

11月27日～12月15日，征得顾基发同意，飞上海，入住浦江饭店，后搬至衡山饭店，参加“全国纺织工业科研技改经验交流会”。作报告、参观工厂、座谈。期间抽空去林同济家看望伯母，与同济大哥谈诗论词，欢乐之甚，多年未有。赠我手书一首：

撑住残秋是此花，天不叫香断中华；
休将寂寂东篱畔，平白看为隐士家。

他表扬我，他鼓励我，他支持我。我把这首诗裱好，挂在家里客厅墙上，不时看它一眼，默诵一遍。

1978年　54岁

1月23日，清河毛纺织厂丁总召集开会，决定1979年全厂推行全面质量管理，1980年全厂建立质量信息计算机系统。

1月，晋升研究员，任中国科学院系统科学研究所副所长。

2月16日，向研究室汇报1977年工作。

3月16～20日，去潍坊柴油机厂参加现场经验交流会。上海丰收柴油机厂、南昌柴油机厂、潍坊发动机厂、鞍山拖拉机厂和江西拖拉机厂参加。17日作《科学的质量管理》报告，18日参加会议讨论，19日农机局郑局长作总结讲话。

4月16～24日，去南宁参加全国手扶拖拉机行业大会。参观工厂，作报告，并应邀在市委礼堂向全市企业作质量管理的报告。党委书记、革委会主任和科委主任等多数领导出席。

4月28日～5月16日，在中国建筑科学研究院结构所作《安全度问题》六讲的报告。

5月，承担与中国建筑科学研究院合作项目“建筑结构安全度的研究”理论研究的工作指导。

6月9日，在七机部一院作有关产品质量的报告，院领导，各处长，厂领导、干部等出席。

6月11～25日，去上海，在上海科协与浙江大学徐庆瑞等座谈科研组织、计划管理等问题；到复旦大学为师生作科学管理的报告；在科协会堂向公众作质量管理的报告；去上海交通大学在应用数学系座谈运筹学；参观嘉丰棉纺织厂，听取情况介绍，江南造船厂技术干部参加并发言。

7月，山口淑子作为日本政府环境厅政务次官访华，向有关方面询问我在中国科学院的下落，被告知无此人。自此，日本友人认为此人已死。

7月4～13日，去广州，与广州海运局领导和干部座谈配船运行计划问题，讲课，参观广州造船厂、新会造船厂、文冲造船厂，并座谈。游览肇庆。见叶帅题诗：

借得西湖水一圜，更移阳朔七堆山；
堤旁栽上丝丝柳，画幅长留天地间。

录于此，以示不忘叶帅打倒“四人帮”之功绩。

7月12日，应邀在广东省公交办会议上作《企业管理的现代化》的报告。这是改革开放后国内第一次阐述这一问题的公开演讲。又在1979年3月23日在国家经委企业管理研究班上作此报告。全文刊登在1979年10月中国社会科学出版社由马洪、季崇威、孙尚清和我合著的《提高企业管理水平》上。

8月，向国家经委委员会建议，国家设立“质量月”，得到国务院批复同意。

8月22日，高桥芳信率小松制作所人员来北京内燃机总厂工作。

8月24日，石川馨来北京内燃机总厂，视察、讲话。

9月7日，上午，江南、沪东两个造船厂干部来所提问。答疑。下午，去五机部讲课，科技局高景云局长主持，刘、唐两位副部长出席。

9月8日，参加在全国政协礼堂召开的全国第一次“质量月”活动广播电视大会。大会由国家经济委员副主任袁宝华主持，康世恩主任作动员讲话。

9月18日，在北京内燃机总厂第一次见到沙叶厂长，汇报工作。

10月9日，去七机部二院讲《企业管理现代化》，宋任穷部长及副部长出席聆听。

10月10日，在北京财经学院作关于经济学的报告。

10月13日，去三机部讲全面质量管理，吕东部长及各位副部长出席，并有在京司局长、在京厂领导出席听课。

10月，为国家准备成立的管理质量组织起名，称为“质量管理协会”。

10月，北京内燃机总厂授予感谢状，表彰我为提高该厂的产品质量做出的重要贡献。

11月6日，应邀到湖北十堰第二汽车制造厂介绍和指导全面质量管理工作，对该厂做出了“起死回生”的贡献。此后，与第二汽车制造厂结缘，并为之服务20年。

11月18日，新华通讯社《内参》(第2135期)刊登由潘善棠报道的我在北京内燃机总厂的工作和成绩。

11月19~29日，参加运筹学专业会议，作报告，主持讨论，参观企业工厂。

11月30日，《中国科学院简报》第96期刊出方毅同志的批示，“刘源张同志应予以表扬”。

12月1~4日，到峨嵋。在西南交通大学讲系统工程，并看望躺在病床上的岳父。

12月6~15日，参加“建筑结构安全度”会议。作《安全度，质量管理，标准化》报告，一整天，参加讨论。再去省设计院作报告。

12月16~18日，到武昌工学院，给一机部厂长企业管理学习班讲课一天半，再给77、78两届管理工程专业学生讲话。

12月19日，乘东方红轮船去南京，又欣赏一段长江。

12月21~23日，在南京电磁厂作报告，指导质量管理工作。

12月25日，返回北京。到所，胡凡夫书记谈为我平反之事。

12月30日，在中关村礼堂参加张斌的平反大会。

1979年　55岁

1月10日，中国科学院下发《关于为刘源张同志平反的决定》。文中说，陈伯达、“四人帮”强加的所谓特务嫌疑，纯属污蔑迫害。院党组决定平反这一冤案，恢复名誉，一切污蔑不实之词，予以推倒。

1月14日～12月31日，发表《谈谈质量管理》的文章，全年在《工人日报》两周一次的《学管理》栏目中连载。

1月14日，《人民日报》、《北京日报》头版刊登刘源张的工作成绩。

1月19日，经国务院批准，国家经济委员会颁布《中华人民共和国优质产品建立条例》后，成立了审定委员会，任委员。

1月23日，被第二汽车制造厂聘为顾问。

1月25日，清河毛纺织厂书记、厂长等来所送奖状。

1月26日，出席中国教育工会和北京市总工会的迎春茶话会。与蒋南翔谈管理科学何为学问。

1月，提出的“全员、全过程、全意义”的“三全”和“用工作质量保证工序质量，用工序质量保证产品质量，用员工质量保证工作质量”的“三保”理论，获得中国科学院重大科研成果一等奖。

2月10日，下午，在所礼堂中国科学院为我召开平反大会。刘家、张家、林家及亲朋好友参加。

2月26日，在建科院结构所开会，讨论“结构安全度”的研究工作计划。

2月28日晚，在北京内燃机总厂，见沙叶厂长，谈赴日学习全面质量管理事宜。3月7日，再次讨论。

3月2日，社会科学院哲学研究所在北京国际俱乐部召开座谈会，于光远主持。作脱稿发言，贸然说出“知识分子的毛病是脑子里想事，想了的又想讲出来，讲出来的也想干一干。可我是被教育了许多年，知道‘不许乱说、乱动’。现在我只希望别人不要管我在脑子里想什么。不说，不就行了吧。反正，心是交不得的了”。惹得一场大笑。

3月16日，北京纺织工程年会开幕，应邀作报告，讲解全面质量管理。

3月25日，在北京农机厂作全面质量管理的报告。

3月26日，去机场接河合良一与石川馨。

3月27日，去北京内燃机总厂接待河合良一与石川馨。

3月28日，参加北京内燃机总厂QC小组发表会，石川馨评论。

3月29日，石川馨在科学会堂讲演，我任翻译。国家经委领导出席。晚，在四川饭店宴请石川馨与河合良一。

3月30日，上午，参加北京内燃机总厂座谈会，下午，去机场为河合与石川送行。

4月5日，起草中国质量管理协会章程。

4月16～26日，应黄宗汉厂长邀请，参加第四机械工业部和国家广播电视总局在山东济南召开的两机（电视机、收音机）会议。

5月8日，在一机部全面质量管理试点学习班讲课。

5月14日，去首钢作全面质量管理的报告。

5月21、22日，为国家经委、北京市经委讲全面质量管理。

5月26日～7月24日，随北京汽车工业公司团队首次赴日本小松制作所实习全面质量管理。顺便，去东京、京都、名古屋各地访问。时隔23年后重返日本。所见所闻，感慨万千。

5月30日在小山工场掘野工场长宴请，席间对我说，他们厂2000人中400人在学习汉语，并当场为我写出李白诗《客中行》：

兰陵美酒郁金香，玉碗盛来琥珀光；
但使主人能醉客，不知何处是他乡。

景情相宜，叹服老一辈日人的汉学修养。另外，友人大槻一枝来见我，说要我给她儿子找份工作。我知她身世可怜，这个忙是要帮的。向田村副社长说明情况，他立即安排她儿子进小松得了一个职位。《读卖新闻》记者荒井利明来采访，从此相互认识，相交30余年。

6月12日，中央人民广播电台的《对工人同志》节目播出《科学管理的播种者——记中国科学院数学研究所副研究员刘源张》。在日本广播电台（NHK）工作的罗漾明收听到后，知会同窗好友，告知我尚活人世。

6月30日，国家经济委员会颁发《中华人民共和国优质产品奖励条例》，设国家质量奖，任评审委员会副主任。

7月，欣儿考入北京大学计算机科学系。

8月27日，在全国质量管理小组代表大会上讲话。

8月31日，中国质量管理协会成立，任副会长。

9月8日，《光明日报》记者采访我，发表题为《让全面质量管理在我国开花结果》的报道。

8月31日，中国电子质量管理协会成立，任副会长。

9月，中央电视台录制《全面质量管理》讲座，17～20日播出，10月15～18日重播，11月再次重播，受到欢迎。

9月，机械工业企业管理文选第一集收录我的文章《现代化管理与数学方法》。

9月5～7日，应第五机械工业部邀请，前往包头第一机械制造厂宣讲全面质量管理。

9月8日上午，方毅接见部分早期归国留美学生，出席；下午，"质量月"广播电视大会后，康世恩接见日本质量代表团，陪同。

9月17～18日，在中央组织部招待所为国防工办人员讲课。

9月19日，在红塔礼堂为轻工业部局长学习班作全面质量管理报告。梁部长，谢、余两位副部长出席。

9月28日，去铁道部干校讲科学管理。

9月25日，《船舶世界》报出版《运筹学专业会议论文集》，收录我的文章《企业管理的现代化》。

9月28日，国务院在人民大会堂举行授奖仪式，从邓颖超同志手中接过全国劳动模范奖章及奖状。

10月4日，被第四工业部正式聘任为质量管理顾问。

10月18~22日，去杭州，为省市机械局、省经委分别作科学管理的报告。谒岳飞墓，见墓碑刻有《重修岳飞墓记》："一九六六年秋被毁，一九七九年重新修复。历时一年，花费人力五万六千工，人民币四十万元。""造反派"连岳飞都不放过。"精忠报国"都不要了！

10月24日，为总后勤部的工厂管理部讲课。

10月26日，在国务院第一招待所举行的中国质量协会秘书处第一次会议上，提出办期刊的建议。

11月1日，去三机部讲全面质量管理。

11月2~8日，去福州，为省、市经委局领导和技术干部讲全面质量管理，并与市委书记苏里谈落实问题。

11月19~27日，参加在北京召开的第四机械工业部全面质量管理经验交流会，钱敏部长等第四机械工业部领导和国防工业办公室的领导出席会议，并作全面质量管理的报告。

11月29日~12月5日，帮助洛阳油泵油嘴厂整顿产品质量。5日在文化宫为全市企业作全面质量管理报告，河南省副省长兼洛阳市市委书记阎济民出席。

12月7~8日，在西单的北京卫戍区招待所讲全面质量管理。

12月19日，到河北石家庄的第一印染厂大礼堂向全市有关人员做了一场访日报告，报告会被印成册子，广为散发。

1980年 56岁

1月3~27日，于四机部讲习班讲全面质量管理。

1 月 26 日～2 月 9 日，随国家经济委员会副主任张彦宁赴日本名古屋参加联合国地域发展问题专家会议。发言中，我介绍邓小平“解放思想，改革开放”的思想，引起广泛注意。

2 月 8 日，拜访石川馨先生，商谈中国学生赴日研修事宜。

3 月开始，为中央电视台《全面质量管理》讲座筹划、写稿、录像。8 月 4 日开讲。先后播出 4 期。

3 月 10 日，参与编写的《全国工业企业推行全面质量管理暂行办法》由国家经济委员会颁发。

3 月 13 日，参加在北京举行的科学技术协第二次全国代表大会。

3 月 18 日，收孙长鸣为弟子。3 月 23 日《人民日报》以《一个新颖的拜师会》为题报道了这件事。

4 月 17 日，在国家经委、全国总工会企业管理研究班第 5 期上讲质量管理。

4 月 19 日，为后勤部的工厂管理部的学习班讲课。

5 月 6 日，去铁道部党校讲全面质量管理。初次见到傅志寰。

5 月 10 日，为纺织部企业管理研究班讲全面质量管理。

5 月 12 日，为一机部厅局长学习班讲全面质量管理。

6 月 15 日，在第二汽车制造厂作科学管理的报告。

8 月 1～6 日，第一次电子工业 QC 小组代表大会于北京召开，吴本毅司长主持，我在会上作总结。

8 月 10 日，到河南安阳，在文化宫作全面质量管理的报告。市委书记、市经济委员会主任、焦作市的领导和省质量检验协会会长抵达现场，共 1500 多人听取报告。晚上在市体育场作大报告，重点讲 PDCA。

8 月 21～24 日，中国科协组团赴安徽省六安市考察皖西水利建设，任团长。只见管理不善，水渠千疮百孔，效益丧失殆尽。

8 月 26 日～9 月 14 日，陪同中国质量协会岳志坚会长接见、招待日本质量代表团，交流经验。代表团在昌平出席中日 QC 小组报告会，并赴西安参观考察座谈，再转上海访问。一路陪同，互教互学。

10月27～30日，中国科学院第四次学部委员大会召开。胡克实、李昌、严东生作重要发言。方毅作总结报告，言词恳切。整个会议生动热情。

11月11日，资深高级记者柏生在《人民日报》发表署名文章《热爱社会主义祖国的科学家——记刘源张和张斌兄妹》。

1981年　57岁

1月，科学普及出版社出版《全面质量管理电视讲座》。

1月10日，收到安田理雄先生从日本西宫市寄来的信。信中，他为我在日本遭受的迫害深表歉意。这事怎能怪他呢？

2月9日～3月3日，随张彦宁赴日本东京，访问日中经济协会、通产省、外务省、日本生产性本部，商谈老企业改造和管理培训等合作事项。其间，2月16日前往名古屋访问联合国地域发展中心，在中部产业联盟会见中国实习生；23日回东京，访问野村研究所、三菱综合研究所、中小企业振兴事业团。此行获益匪浅。

2月15日，中国质量协会的《中国质量管理》创刊号刊登我的《推行全面质量管理是贯彻执行调整方针的一项重要工作》。

3月19～26日，出席中国企业管理协会年会。张彦宁主持，袁宝华、邓力群、马洪、赵荫华、孙尚清等作大会讲话后，分组讨论。

4月6日，在五机部一个厂长学习班上讲全面质量管理的问题。

4月15～18日，赴西安参加中美系统分析讨论会，任中方代表团团长，美方代表团团长是Paul Gray。论文集于1983年由中国学术出版社和美国John Wiley&Sons出版社出版发行。

4月29日，中共中央组织部召开全国劳模座谈会。宋任穷主持并讲话。邓小平讲话对劳模的贡献表示感谢。我第一次见到邓小平。

6月27日，在化工部厅局长经济规律研究班上讲全面质量管理与改革调整政策的关系。

7月，明儿考入北京大学化学系。

7月3日至12月16日，赴日本名古屋，任联合国地域发展中心特邀研究员。其间，7月31日妻子张宁自北京飞来大阪，友人王敬辰去接。在九番町租房居住。

8月27、28日，访问丰根村，了解当时兴起的“建设新农村运动”。消息刊登在爱知县丰根村的《丰根广报》上。

8月31日，去滋贺县琵琶湖访问湖畔的湖北工业公司，参观工厂，厂长折户正明氏出面接待。该厂严格执行质量管理的各项要求，产品质量一流。整个访问参观过程记载于地域问题研究所的《明日的中部》杂志上。

9月25日，为欣儿办理入日本语学校的手续。26日欣儿住进东京侨胞郑勇昌家。郑先生持家严谨，责任心强，我很放心。

10月13、14日，出席位于日本名古屋的联合国地域发展中心召开的“1980年代的地域发展”国际会议。发言刊登于10月19日日本的《中日新闻》上。

10月17日，出席京都大学举行的国际会议，见到Robert Cole，他是我在美国伯克利分校的校友。

10月25日，趁来日机会，去京都。重访心中怀念的旧居，左京区北白川小仓町15番地贝塚宅，先生和夫人都已逝世①，公子啓明在东京大学任教。小姐惇子出嫁。如今是谁在居住呢？只在屋外观望，久久不忍离去。

11月13日《朝日新闻》刊出我来日消息。悦子读后，来电话，说要来看我。趁公务闲暇，我赶往东京，住进赤坂东急旅馆。

12月1日下午约见悦子，她还是那样年轻美丽，我们一起去神田我住过的神田寮。在外面的小公园转了转。1949年、1950年，

① 刘源张先生的小女儿注：父亲可能记错了。贝塚先生是1987年去世的，1981年秋父亲重访旧居时，也许那时贝塚先生已经不住在这里了。

她经常到这个宿舍找我，可从来不在我这里过夜。每晚我送她回家，一路上是我最幸福的时候。从神田回旅馆，我请她吃了牛肉火锅。女侍者在旁服务，不时问道，“太太，您看菜怎么样？”悦子叹了一口气说，“我要是你的妻子，该有多好。”我看着她，什么也说不出，也没敢问她丈夫的事。离别时，悦子赠我一盘磁带《五轮真弓歌曲集》，其中第一首唱道“突然，你回来了”。妻子知道后，问我为何不请她到名古屋家里来，落下埋怨。

12月3～5日，去名古屋与来日访问的第二汽车制造厂长书记黄正夏商谈开展国际合作。

12月13日，以联合国官员身份去丰田市访问丰田汽车公司，一位董事出面接待，称目前公司领导正忙于制造公司与销售公司的合并事宜，无法洽谈国际合作。

1982年 58岁

1月22日，参加中国科学院召开的工作会议，李昌主持并讲话，提出筹备成立有关管理的研究组，请钱三强任筹备组组长。钱学森、于光远、邓裕民等出席。

3月9日，担任中国科学技术协会赴美代表团团长，负责组团、筹划等事宜。

3月，朱兰来京，在首钢讲质量管理，提出“适用性”的质量概念。部分学员提出在国家经委设质量局的建议，袁宝华来班上宣布，此建议已被采纳。

4月20日，去第二汽车制造厂作全面质量管理的报告。

5月15日～6月6日，应美国科协邀请，率团赴美访问考察美国企业的质量管理。在许多企业都与质管人员进行交谈，特别是在福特汽车公司得以见到该公司总裁，了解到该公司的质量管理措施。17日在美国科学院和美国工程院的联席会议上作报告，介绍中国的质量管理。重访故地，发现加利福尼亚大学伯克利分校校园内到处是亚裔学生。写下了《美国企业的“质量革命”》，刊登在《中国质量管理》，并起草了考察报告，经团员陆首群转呈国务院有关部门。此行开启了中国质量协会和美国质量协会联系的大门。

6月6日，在《中国质量管理》1982年第5期上发表《美国企业的质量革命》的文章。

5月，随国家经济委员会代表团赴日考察，访问新闻机构和咨询企业。

6月15日，出席在国务院体改委第一会议室召开的经济体制改革理论讨论会。

7月16日，与来京访问的日本东工物产社长小林降治先生会见。受第二汽车制造厂书记黄正夏委托，代表第二汽车制造厂提出寻找合作伙伴的设想，洽谈了先从卡车的技术改造开始，最后是轿车的合作生产的意向。

8月22日，应汪道涵市长邀，为上海市局长全面质量管理学习班讲课。上海市经委主任周壁主任作动员讲话，副主任兼生产技术局局长顾训方主持。

9月，日本质量代表团访华，陪同国务委员、国家经济委员会主任张劲夫接见日本质量代表团。

9月，任全国质量奖评审委员会副主任委员。

9月6日，去燕山石化公司见企管处处长傅世广、副处长夏智道，接受委托开展公司机构改革的研究工作。

9月15日，几位科学家参加此时举行的QC小组成果发表会，大加赞赏，说QC小组成果是“智慧和劳动的结晶”。

9月19～27日，石川馨率日本质量代表团来京，举行报告会。

10月19～23日，在国务院一招举行“中日企业管理研讨会”，作《企业与文化》的报告。

11月，赴日本东京参加《质量月》活动。

11月29日，在兵器工业部作全面质量管理的报告。

12月18日，在北京市党校作系统工程的报告。12月，被国务院侨办、全国归侨联合会授予先进分子称号。

1983年 59岁

1月2日，国务院侨办和全国侨联召开的“全国归侨侨眷侨务工作者大会”在人民大会堂举行。胡耀邦等党和国家领导人出席。会上被评为“归侨先进个人”。

1月10～13日，去燕山石化。

1月23～30日，作为联合国特邀评论员出席在印度新德里召开的中小城市国际会议。出席印度国庆招待会，见甘地夫人，即印度总理。后经香港回北京。

3月，当选为第八届北京市人大代表。

3月，当选为第六届全国人大代表。

3月21日，出席全国工业交通工作会议。

3月22日，《湖北日报》以《刘教授六进山城》为标题，报道了我自1978年以来去第二汽车制造厂工作的情况，并且用“正是江南好风日，花开时节又逢君”的诗意表达了第二汽车制造厂对我的赞许。

4月12日，王兆国调京任团中央第一书记，来家致意。

5月24日～5月31日，Herbert Simon（司马贺）在友谊宾馆内科学会堂讲企业组织。我任翻译。

7月1日，任中国质量协会质量管理研究班领导小组成员。7月2～16日，国家经济委员会在大连市举办质量管理学习班，邀请各省（自治区、直辖市）经委和国务院各有关部门主管质量工作的官员参加。主讲全面质量管理。

9月9日，在国务院第一会议室参加国务院全体会议。生平只此一次。

9月15日，全国QC小组代表大会在中南海礼堂召开，赵紫阳总理讲话，全文刊登于10月20日的《人民日报》，总理署名，题为《加强全面质量管理，提高企业素质》，影响深远。

9月17日，赵紫阳总理召集会议，讨论全面质量管理。袁宝华主持，薄一波、张劲夫等领导同志出席，赵紫阳作长篇讲话，强调全面质量管理和QC小组必须坚持推广。

10月3～16日，经东京、洛杉矶赴墨西哥城，参加墨西哥质量协会主办的亚太质量组织会议后，经旧金山回国。当地人称，喜欢中国人。问其原因，答曰，同一祖先。可能远古时代，部分大陆人迁徙此地。待考。

12月2日，国家经济委员会颁发《质量管理小组暂行条例》。

12月22～27日，去黄埔、深圳、广州，为交通企协作报告。在黄埔，匆忙前往一观黄埔军校。

1984年 60岁

1月3日，太钢培训部吴永志来所，邀请讲学。

1月5～10日，中国科学院第五次学部委员大会在北京友谊宾馆举行。

1月9日应邀为大会作学术报告，题为《管理科学与提高企业素质》。

2月21～23日，去燕山石化工作。

2月28日，出席石油部基建局企业管理协会成立大会。

3月8～12日，参加在京丰宾馆举行的中企协年会。

3月23～29日，“世界新技术革命与我国对策”讨论会在京丰宾馆召开，应邀参加。

4月5、6日，去兵器工业部培训中心讲全面质量管理。

4月，任北京市政府纺织工业顾问。

5月，编写的《全面质量管理》讲座稿，被天津人民出版社发行的《工业企业管理知识丛书》收录。

5月7～10日，中日企业管理讨论会在京举行，应邀参加。

6月，任北京东风电视机场名誉厂长。

6月，任中国运筹学学会副理事长。

6月，任北京系统工程学会理事长。

7月，在中国企业管理协会和日本日中文化交流协会共同举办了第一次中日企业管理讨论会作题为《文化与管理》的报告，并在日本的《交流简报》上作为首篇论文发表。

7月25日～8月1日，去太原钢铁公司，会见领导，参观现场，座谈、报告。

8月，任太原钢铁公司技术改造顾问委员会委员。

9月，任太原钢铁公司经营管理顾问。

8月9～13日。石川馨偕光明春子来京，召集原研修生座谈，转赴大连访问，与当地质量管理人士座谈。

8月，在中央、国家机关司、局长以上的领导干部“新技术革命知识讲座”上，作《新技术革命与管理科学》的报告。

8月，国家经委、全国总工会、国家计委、共青团中央、中国科协、中国质协授予全国优秀质量管理工作者称号。

10月28日～11月8日，赴日本与日产柴公司会谈，在东京访问日产汽车公司总部，会见石原俊社长。并在东工物产公司讲演，说明中日合作事业中的注意事项。

11月9日，主持克劳斯比研究所的Dr. Leek来京讲演会。

11月14～19日，去太原钢铁公司，见李成总经理，参观工厂，到培训部听情况介绍，到七轧厂作报告。

1985年 61岁

1月10日，任北京市系统工程学会第一届理事会理事长。

2月6～16日，在上海为上海第二工业大学讲全面质量管理。

2月16日，任国务院学位委员会第二届学科评议组成员。

3月3～24日，赴美访问。首站旧金山，再去芝加哥、华盛顿、纽约、大西洋城，后经旧金山回国。此行到处，参观文化设施和旧迹。并去佛罗里达的Orlando，会见Philip B. Crosby，受到热情接待。

4月11、12日，前往总参谋部讲课，主题为《全面质量管理的几个原则》。

4月，任首都企业家俱乐部副理事长。

5月6日，参加国防科工委军工产品质量管理标准化技术委员会第一次全体会议。被聘为委员会顾问。

4月21～27日，从厦门前往菲律宾马尼拉市出席亚太质量组织的核心成员会议。在厦门机场认识姚嘉波先生，在马尼拉期间，蒙他多方照顾。

5月27日～6月1日，去天津在天津师范大学管理学院讲全面质量管理。

7月，任中国科学院归国华侨联合会副主席。

7月14～30日，赴日本东京日产汽车公司商谈与中国第二汽车制造厂合作事宜。并去名古屋、松山，与有关方面人士洽谈。

8月15～18日，去大庆为中国石油工程建设管理协会年会作全面质量管理报告。

8月18～25日，去牡丹江市，在华林橡胶厂，为全面质量管理的试点讲解开展工作的计划。佟仁城陪同。

9月，中国交通企业管理协会成立，任副会长。

9月8日，去机场送小女儿刘明去日本上学。张斌妹也来家送行。

8月13日，任美国斯坦福大学东亚研究中心主任的美国老同学丁爱国（Al Dien）写信给我，邀我去他那里任研究员。我正忙着我的全面质量管理，没法去。

9月10～30日，应日本组织工学研究所系川英夫所长邀请，赴日本东京、大阪两地讲学。讲课费大大高出一般，我说“太多了吧？”系川先生说，开课收入要上税，不如多给你。

10月19日，参加亚太质量组织在北京召开的成立大会。任该组织第一届副主席，第二届改任主席。

11月29日，从石油工程建设质量管理协会获得一本日本工程振兴协会于1985年10月刊印的技术资料，学习到项目管理和质量管理的关系、监察（监理）与检查的区别。

12月，亚太质量组织授予感谢奖牌。表彰我对亚太地区在普及和提高质量管理方面所作的贡献。

12月23、24日，参加在京举行的中日科技进步与经济发展讨论会。方毅接见双方代表，卢嘉锡宴请。

12月2～8日，去太钢，并访问杏花村汾酒厂。

1986年 62岁

2月，任北京市人民政府首都发展顾问组组长。

4月3～5日，中科院党组书记、副院长严东生率科技合作调研组来第二汽车制造厂，我出面陪同，宋延光总工程师接待（见《科学报》1986年4月19日第四版）。

4月16～22日，赴太原，为山西省经委主讲全面质量管理研究班。

5月15～23日，前往罗马尼亚的首都布加勒斯特。在罗马尼亚科学院的计算机和信息科学研究所交流。

6月6～20日，经南昌去井冈山。

6月7～13日，为江西省经委学习班讲全面质量管理。为九江、南昌两市作报告。

6月14～19日，去常州，在常州柴油机厂和常州拖拉机厂工作。

6月28、29日，定民弟来京，宿我家一晚，翌日回青岛。这竟是最后一面相见。

7月1日，宣誓成为中国共产党党员。运筹学研究室主任孙克定赠诗：“老刘呼吁四十年，心红志坚业终传；盛名已著责益重，晚节黄花共勉旃。”

7月4～15日，应江西省经济委员会的邀请，在经济委员干部学习班上作全面质量管理的讲座。

7月22日，定民弟因车祸去世。痛恨万分！

7月28日，被国务院学位委员会授予博士生导师资格。

7月28日晚，国务院学位委员会管理科学与工程学科评议组会议，评议组召集人朱镕基就任高级职位事找我谈话，好意心领。

8月，江西省质量协会出版上述讲座，题为《究竟什么是TQC》。

8月11～16日，去秦皇岛视察港口，作港口管理的报告。

10月，参与指导的“可靠性理论应用到建筑结构设计统一标准”获得国家科技进步二等奖。

10月9日，黄河大学负责人林子清来家，请我当校长，婉言谢绝。

10月14日，任国家自然科学基金委管理科学评审组成员。

11月，推荐马林去作日本东京大学久米均教授的研究生。后来马林学成归国成为质量管理的专家。

11月16～12月16日，任第二汽车制造厂高级代表团顾问。赴日研修一个月。期间，去百货店订购红茶与糕点托送给悦子。

1987年 63岁

1月13日，为市教育研究所举行的五省、市教育研讨班讲科研管理。

1月13日，悦子来信，贺年。说正在品尝我送去的红茶，并告之她养的猫增至12只。

1月15日上午，中央电视台社教部召开会议、讨论。

1月15日下午，去天津。16日出席天津企业管理培训中心学员班的结业典礼。

1月17日，去天津食品街一游，脏、乱、差。不改怎行？

1月18日，去老友乌兰家，畅谈许久。

1月19日，与培训中心杨主任谈中心工作计划。

1月20日，乘车回京。

1月26日，去北京内燃机总厂参加质量工作咨询诊断会。

1月29日，大年初一。去人民大会堂团拜。

2月2日，参加北京市高级职称评审会。

2月8日，北京电影厂导演黄式宪来家，谈拍摄我的自传电影。

2月11日，人大代表视察京棉一厂，现场讨论《工业企业法》。

2月12日，人大代表视察清河毛纺织厂。

2月15日，一早送张宁去机场，赴日。

2月15日，贝塚茂树先生逝世。

2月16日，《北京晚报》刊出对我的采访记事。

2月18日，任中国科协科技咨询工作委员会委员。

2月～12月参与《服务工作全面质量管理》电视讲座的相关工作。其间，2月23日付印讲座文稿，3月22日～6月27日举行6期讲座辅导员学习班，7月17日去中南海向中央书记处王兆国书记汇报讲座情况。

3月6日，国际城市经济规划会议在京举行，作大会发言。

3月，向国家自然科学基金委员会管理学部申请立项“我国工业生产率的管理理论和方法”的研究。1989年获批准，成为管理学部第一个重大项目。

3月7日，飞长沙。

3月8日，交通部两位局长，湖南省交通厅马厅长，长沙交通干校周校长，交通部企管处孙处长，宴请湖南宾馆，要我出任拟建的实验船队公司董事长。我一笑付之。

3月14日，欣儿和明儿带张宁游冲绳。

4月16～22日，应邀在无锡主持“梅花杯”质量讲座。参观当地工厂，游太湖。

4月27日～5月5日，去胜利油田工作。了解基建工作与采油工作的工资差距，建议油田指挥部再作考虑。

5 月 15 日，去机场接张宁回家。

5 月 27 日～6 月 3 日，再去胜利油田，见石油部基建局局长单永复，出席“奋战三年拿下五千万吨”研讨会。

6 月 11～16 日，乘机深夜到成都。

6 月 12、13 日，为四川省经委高干学习班讲了一天半的全面质量管理，利用半天时间进行座谈，马副省长、冯科协主席等参加。

6 月 14 日晚，去成都电子科技大学，为 85 届干部学习班讲话，秩序太乱，加以训斥。游杜甫草堂、武侯祠、望江楼。思念三国鼎立、英雄辈出，感叹盛唐末日，人才凋零。

6 月 15 日，被聘为四川省广汉县人民政府顾问。

6 月 17～27 日，去长沙。在长沙交通干校讲课三天。去桃源县游桃花源，遥想陶渊明记的桃花源。宿地委招待所时，深夜忽听鞭炮声、高歌声，一问，原来是当地风俗，办丧事、唱夜歌。

6 月 21 日，“尧舜杯”围棋赛开幕，参加。

6 月 25 日，见到吴清源先生，上次见他是 1950 年在日本京都贝塚先生的家中。说及往事，吴先生含笑唏嘘。

7 月 4 日，去机场接张黎明和田中姨来家小住。26 日送她们去机场飞广州转香港。

7月6日，小松制作所社长河合良一到京，陪他飞哈尔滨考察三江平原。9 日返京。期间，请黑龙江大学熊老与河合会谈。

7 月 28 日～8 月 2 日，去烟台，秘书长玄锐陪同，参加中国质量协会全体委员会。参观烟台汽车运输公司、无线电六厂，并讲话。在运输汽车公司题词：“为人民服务，要落在这里；倡精神文明，要显在这里”。

8 月 12～15 日，应邀参加中加企业管理研讨会，作《中国全面质量管理的成就和展望》的报告。

8 月 17～22日，在西山国务院招待所参加国家自然科学学基金委管理学组评审会。

8月25～27日，联合国区域发展中心（UNCRD）主任等来无锡开会，介绍“企业管理与区域发展的关系”。

8月29日～9月5日，飞大连，为一航局三公司作咨询。9月3日乘公司轮船去天津，为一公司作技术与管理的报告。参观天津港后返京。

9月6日，应太原市市长孟立正邀请乘车去太原，为市局长、厂长、经理讲两天全面质量管理。参观建筑机械厂，讲话，《太原日报》记者采访。

9月11～16日，飞大连，宿棒棰岛宾馆。参加交通企业管理协会理事会。魏富海市长到会讲话。13日晚，魏市长来宾馆，相谈甚久。

10月4日，张斌动手术，摘除胆结石。张宁陪床。

10月19～26日，前往日本东京参加亚太质量组织大会。见近藤良夫、Feigenbaum、Harrinton、石川馨、久米均、狩野纪昭。Feigenbaum对我说，TQC是social，不是culture。这话有意思，耐人寻味。但是，两个词连起来，不就可以了吗？

12月8～11日，飞连云港，入住第一招待所。参观开发区、港口，座谈规划问题，与市府、人大、政协领导座谈落实工作。游花果山，不见孙猴子。

12月14～19日，飞厦门，住港务局招待所，参加交通企业管理协会年会。

1988年　64岁

1月，任中国科学院归国华侨联合会主席。

2月，当选第七届全国人大代表。

2月8日，34年交情的老友大槻守治于大阪去世。通过大槻生前所在纺织公司董事西尾秋广发唁电给夫人美枝子。

3月，重任北京市政府首都发展战略顾问组组长。

4月，任中国科学院围棋协会会长。

5月3～12日，率中国科学院归侨联合会代表团赴烟台考察归侨企业。

6月10～19日，赴日访问。在东京，参观NEC展览厅，IBM情报科学中心理工中央研究所。

6月14日，请悦子于新宿三丁目吃俄餐。她说，今后不要再见面了吧。我明白，10年前重又相见到今年，悦子每年都给我写信，每封信都充满了泪水。而那以后，几次在东京见到的悦子已是人家太太，每次我都不敢问她先生的事。但她告诉我，她养了12只猫，每天侍候猫过日子。悦子寂寞，可怜的悦子。每次见面，都感其痛苦，不见了吧！

6月28日，《服务工作在全面质量管理》电视讲座圆满结束，“服务工作优秀质量管理小组代表会”的全体代表在中南海小礼堂受到李鹏、胡启立、姚依林、吴学谦、薄一波、芮杏文、陈俊生等领导接见。

9月21～27日，去兰州化学公司指导质管工作，并参观兰州铝厂。

9月，在《电子质量》上发表《纪念〈电子质量〉50期》文章。

10月18日，参加美国总裁组织（Chief Executive Organization, Inc.）在北京举办的CEO China Forum（CEO中国论坛），作题为《回国后三十年目睹的变化》的演讲。

10月22～24日，经南京去马鞍山，为马钢干部作质量管理的报告。

10月28～11月1日，赴日，经大阪到京都，出席经济发展国际会议，并作讲演。就儒家文化是否有利于经济发展展开讨论。

11月18～22日，去长沙，为公路段长学习班讲课，并参加湖南省交通企业协会的课题评审会。

11月25日～12月4日，经东京赴韩国首尔参加亚太质量组织的核心理事会议，并被推举为第二届主席。巧遇日本留学期间认识的当时姓田中的老朋友，现在已是韩国水泥公司的董事长，恢复原姓裴。他把我拉上车，一路开到一家西装店，硬是让裁缝师给我量身定做了一套西装。大概他看我多年前在北京做的西装太土气吧。抓紧时间，去蔚山参观现代汽车厂、现代重工、现代电机等企业；去浦项参观钢铁厂；游庆州；见汉文化之影响。再回首尔经东京回国。在首尔机场，用剩下的500美元给张宁买了一对黑珍珠耳饰。

12月2日，任国家质量管理和质量保证标准化技术委员会主任委员。

1989年　65岁

1月，参加“陈毅杯”围棋赛，战绩不佳。

2月7日，去孙克定家见许良英，谈上书党中央事，签名。

2月8日，宋季文老来家，公子南平陪同，与之手谈一局，输掉。

3月，任亚太质量组织主席。

3月31日，《美国之音》记者佩森（Pessin）先生采访叶笃正和我。

4月6日，任国家自然科学基金委员会管理科学发展战略研究课题指导小组组长。

4月22日，胡耀邦追悼会举行，守电视屏幕观看，不禁泪下。

4月28日，《人民日报》第二版刊登《巨星陨落　举国悲伤——记胡耀邦同志的巨大历史功绩》和聂荣臻《致胡耀邦同志夫人信》。

4月29日，“五一”劳动节庆祝大会在人大会堂举行，坐第一桌，与李鹏、胡启立、田纪云、秦基伟同席。受此待遇，不知何故。

5月，机械电子工业部颁发《荣誉证书》，表扬我为推行全面质量管理工作做出的贡献。5月，在中国质量协会举办的质量会议上，作《关于质管质保标准与全面质量管理的关系》的讲话。

7月24～31日，去贵阳，主持劳动生产率课题工作会议。

8月，中国质量管理协会在推行全国质量管理10周年纪念会上赠予“质量杯”。

8月1～5日，去吉林市，在吉化染料厂安排全面质量管理试点工作。

8月3日，午觉梦见定民弟，问了一声：“弟弟，你还好吗？”惊醒后，茫然。稍后，泪下如雨。

9月，中国机械工业质量管理协会纪念机械工业推行全面质量管理20年，发表《机械工业的全面质量管理和我》。

8月31日～9月7日，去哈尔滨，在工大主持劳动生产率课题工作会议。

9月23日～10月31日，与张宁赴日本东京。10月15日，在国际文化会馆为明儿举行婚礼，场面隆重、热烈。在东京、大阪、神户会见各地亲友。

10月31日，飞香港。

11月6日，从香港回北京。

11月7日，经方毅特批，林同骥和张斌去美国定居，来家辞行告别。此去，不知何日再见。

12月，任国家质量管理和质量保证标准化技术委员会（TC151）主任委员。

12月2～3日，参加在北京的总参招待所召开全国质量管理和保证标准化技术委员会的成立大会暨第一届年会。

1990年　66岁

2月26日，张宁入北医三院，诊断为直肠癌。

3月8日动手术，发现只是直肠内残存粪便，误诊为癌，但已切除子宫。

3月15日，接出院。

3月，在七届三次全国人大会议期间，向姚依林副总理陈述恢复“质量月”活动的要求。

4月7日，在人大会堂小礼堂召开优秀企业家表彰会，出席。

5月5～12日，去长沙，主持劳动生产率课题会，作报告一天5小时，累。顺访常德轴承厂谈合资经营，在浦沅工程机械厂谈质量成本。常德卷烟厂叫我去参加新产品品尝会，要我写评语。我说，我不抽烟。他们说，不抽也可以写。写什么？

5月24日，参加在北京标准化与信息类编码研究所召开TC151分支委员会的成立大会并讲话。

5月30日～6月4日，去沈阳，参加质保标准试点工作经验交流研讨会。为沈阳市各级领导作报告。闭幕式上讲话。

6月20日，亚运会开幕前，北京市举办“迎亚运服务系统QC小组表彰大会”。

9月3日乘公司轮船去天津，为一公司作《技术与管理》的报告。参观天津港后，返京。

10月17日，接欣儿电话，说生一男孩儿。仿外公，起名Louis。

11月16日，任全国质量奖评审委员会副主任委员。

1991年 67岁

1月8日，去八宝山向原人大教授沈思聪同志遗体告别。沈先生生前为宣传、推行全面质量管理，不遗余力，积劳成疾，不幸逝世。

1月29日，明儿于协和医院生下一女孩，母女平安。外公起名，敦子。外婆起名，刘日华，愿她成为中日友好的见证。

2～3月，亚运会在北京召开，1986年筹办的《服务工作全面质量管理电视讲座》连续播出4期。

3月16～23日，乘民航班机飞澳大利亚悉尼转新西兰参加在奥克兰市主持召开的亚太质量组织核心理事会议。飞机误点，在悉尼宿一夜。

5月5～10日，飞长沙，主持劳动生产率课题工作会议。

6月15日，明儿带敦子离家回日本东京。外婆送至机场，敦子在外婆家住了136天。娃娃刚满4个月，坐飞机不会有问题吧。

7月10日，被选为首都企业家俱乐部荣誉会员。

8月19日，参加在北京召开的首次两岸品质研讨会。

8月27、28日，亚太运筹学会年会在京召开，大会上讲话介绍“刘氏三原则”，说明开展工作必须“领会领导意图，摸清群众情绪，选用科学方法”。这是我第一次公开对它进行讲解。

9月19～27日，去牡丹江市，在桦林橡胶厂主持佟仁城研究课题鉴定会，接受顾问聘书，并在省石化系统班组长培训班上讲话。

9月30日，收到国际运筹学会会长Muller-Merbach教授9月16日的来函，表示完全赞同“刘氏三原则”。

10月20日，北京市电话由纵横制改为程控制。

11月21～27日，飞昆明，出席“机械工业产品质量综合治理研讨会”。作《科技是第一生产力》的报告，参加小组讨论。参观298厂、356厂、昆明重机厂、昆明机床厂、云南机床厂，印象深刻。国际长度标尺竟在云南机床厂。

12月16～22日，去第二汽车制造厂襄樊基地。参观新厂新设施。

1992年　68岁

1月19日，从上海飞青岛，出席日清食品公司开业5周年。晚，市长俞正声宴请。第一次见，此人善谈。

1月29日，外孙女敦子周岁，作诗：

源远流长中日交，和平友好世代传；
愿我敦子长健康，天佑人助多为善。

2月15日，早7时送敦子去机场，回东京。外婆、舅公一起去送。

2月，“质量万里行”活动正式启动。

2月24日～3月4日，飞昆明，转西双版纳。作打油诗：

清晨早早出春城，路弯坡陡千回转；
骤雨又随夜色来，更是路人行车难。
崇山峻岭密林间，来往车辆相互躲；
多谢司机振精神，一路平安到思茅。

4月20日，任国务院学位委员会第三届学科评议组成员。

4月24～28日，参加ISO/TC176（质量保证技术委员会）在北京召开的SC2（第二分委员会）工作会议，这是国际标准化组织在中国举办的第一次会议。

5月28、29日，出席全国质量工作会议。

7月6日，任太原市人民政府质量顾问。

8月，主持修订GB/T 10300《质量管理和质量保证》，以及GB 6583.1《质量管理和质量保证术语第一部分》。

9月2～4日，在北京钓鱼台国宾馆举行了“迎接21世纪挑战——中国质量战略”的高层研讨会，作题为“质量战略和政府职能”的报告。

12月18日，飞上海，住和平宾馆，刘明一家从日本飞来。21日一同返京。

1993年　69岁

1月2日，达夫回日本。

1月29日，作打油诗：

敦子今日庆两岁，
奶奶爷爷忙开怀；
汉调和腔娃娃语，
声声句句是天籁。

2月5日，送明儿、敦子去机场，回日本。

2月，当选第八届全国人大代表。

3月，八届一次全国人大会议通过《中华人民共和国产品质量法》，有幸参加起草全过程。

3月20日，去北医三院为张宁手术签字。22日9时，张宁进手术室，11时出，麻醉不醒，下午2时才醒。

3月25日，张宁出院。

5月28日，去建设部讲GB/T 19000，站了一天，两腿作痛，老了吗?

6月，达夫从住友3M公司调至美国3M公司。

6月7日，送张宁去机场飞温哥华。

7月4日～7月10日，访问日本大阪国际大学和亚洲生产性本部，就“劳动生产率”作学术交流。

7月11日～8月1日，赴美，先去斯坦福大学见Arrow和其他几位教授。遇见久违的Mofat，原加利福尼亚大学东亚图书馆同事。Al Dien 夫妇驾车来接至Berkeley，见Miller。坐公交车到旧金山，参观中国文化中心，发现张充和的手迹书册。18日飞休斯敦，访问考察质量生产率中心（APQC)，受到主人Grayson的热情接待。学生于江驾车陪同。飞至美国东部波士顿，去麻省理工学院和哈佛大学，见Polenske和Jorgeson教授讨论生产率问题。傍晚小方、斌妹来接至她家。同骥请我去Steakhouse吃牛排。宿一晚，次日飞纽约，王仲何夫妇来接至他家住。去纽约大学，见Duchin教授谈论劳资问题。7月29日晚接张斌电话，告知同骥去世。闻讯立即赶回贝德福德奔丧，哀痛。8月1日，经匹兹堡去西雅图，欣儿驾车来，接去Vancouver她家。张宁领小外孙玩耍，开心得很。

8月8日，与张宁飞美，至Baltimore宿友人家一夜，去华盛顿，坐美国国家铁路客运公司列车去纽约。一同去联合国大厦、世界贸易景中心，景点几乎全都游览一遍。在纽约百老汇剧院看了《西贡小姐》的演出。

8月14日，坐灰狗大巴去贝德福德，小方夫妇来接去她家，住一夜。

8月16日，从波士顿经匹兹堡飞圣保罗，去明尼安波利斯市明儿家。达夫驾车来接。在明儿家，会见新朋友，游览当地景点和美国最大的购物中心。

8月27日，折腾一天，乘机回国，经上海入境，返回北京。

9月，国家技术监督局、全国总工会、中国科协、中国质协授予全国优秀质量管理工作者称号。

9月30日，向国家自然科学基金委递交“国家自然科学基金重大项目《我国工业生产率的管理理论与方法研究》访问考察日本、美国的报告”。

12月10日，张宁自旧金山回北京家。

1994年　70岁

1月，任新时代认证中心顾问。

1月24日，寄稿件《新年随感——提倡生产技术》给《电子质量》，并在第4期发表。

5月4日，老友竹内正允在日本广岛逝世。

6月22日，向马来西亚领馆申请签证，8月1日才拿到，太慢。

8月，被选为中国系统工程学会名誉会员。

8月4～10日，前往马来西亚的吉隆坡市，参加马来西亚质量协会主办的国际质量会议。

8月11日，坐长途汽车去新加坡，童雪松来接，住他家。

8月12日，去新加坡国立大学就“劳动生产率”作讲演，会见学校领导。

8月13日，去影院看葛优主演的《活着》，深刻。

8月20日，从新加坡飞回北京。

9月15～19日，飞哈尔滨，参加“海峡两岸经济合作会议”，认识邱毅先生。

10月18日，飞上海，参加上海质量协会主办的“第一届上海国际质量管理研讨会”，会上发表《质量管理与市场经济》。

11月29日，送妻子入同仁医院，12月3日出院返家。

1995年 71岁

1月1日，满70周岁。中关村诗社社长孙克定同志赠诗：

（一）

奇冤竟昭雪，立功声名振；

质量总检察，现代化发轫。

（二）

刘兄虽古稀，尚属少壮派；

今后二十年，群才待统帅。

1月6日开始，在《科技日报》上连载《学管理14讲》。

2月6～11日，去第二汽车制造厂开1995年质量工作会议，参观技术中心，模具厂，装备精良，世界一流，东风有后劲矣。

3月，在八届三次全国人大会议期间，向代表宣传质量亟待改进的问题。《中国质量报》3月24日刊登这次讲话。

3月26日，中国质量协会年会，宋季文会长主持，朱镕基、袁宝华、徐鹏航到会，作重要讲话。如此阵容，空前绝后。

4月24～28日，参加ISO/TC 176在北京召开的SC2（第二分委员会）工作会议。

6月，任中国质量协会质量管理小组工作委员会委员。

7月，当选国际质量科学院（International Academy for Quality）

院士，成为中国第一个国际质量科学院院士。

7月7日，《读卖新闻》驻京记者荒井利明来辞行，回国。

8月6日，欣儿全家从温哥华来北京。

8月17日，明儿带小敦子回家。

8月20～29日，飞牡丹江，Larry父子、明儿、敦子同行。见王见智厂长说明试点工作，与工人座谈，给干部讲质量－成本－效益的关系。去天池，镜泊湖游览。

9月2～9日，飞合肥，为"质量宣传年活动"效力。张省长宴请。谒包公墓，参观美菱冰箱公司；去滁州，参观扬子集团公司各厂，在剧院作报告，到琅琊山观醉翁亭；坐车去下关，乘15次车去上海，访上海汽车工业公司及上海大众汽车厂，公司宴请；在科学会堂作全面质量管理的报告。一路上所见古迹，破烂，无人管理，只知收费。

9月10日，孙长鸣于仿膳宴请刘欣、刘明和我及老伴。翌日，游长城，定陵。

9月18日，欣儿全家回加拿大。

9月27日，张宁、明儿、敦子、舅舅、大姨父和我一起去颐和园。多少年来头一次，也是最后一次。

9月29日，送明儿、敦子去机场，回美国。

9月，主编《质量管理和质量体系要素第二部分：服务指南》，由中央电视台播出。台湾一家出版社将这本书翻印，成为第一本走出中国内地的质量管理书籍。

10月15日，在第二汽车制造厂期间，去丹江水库，知南水北调由此处开始。

10月31日，欧美同学会胡秘书长（女）说，吴阶平会长要成立留日分会，要我任会长。好意谢绝。

11月24、25日，视察唐山。参观豪门集团，题词："但愿豪门集团酒，进入寻常百姓家"。参观京唐港，留言：

京唐港建齐纽约，天下物资通冀东；

孙公遗愿得实现，赖我唐人尽英雄。

1996 年　72 岁

1 月，在《中国质量》第一期上，发表介绍国际质量科学院的文章。

1 月 11 日，中国质量协会召开地区质协讨论“三改（改组，改制，改革）一加强（管理）”，提出主张：目标是现代化和国际化。

1 月 28 日～2 月 3 日，飞广州，为日资企业作报告。

1 月 31 日转深圳，在市政协礼堂作报告，并参观华为公司、石化集团。

2 月 1 日，去世界公园，路过广东艺术师范学院，瞥见大门上挂有对联木板，系陶铸书写启功语，“学高为师，身正为范”。

2 月 7 日，春节去中国质量协会，见大会议室墙上有对联：“再创辉煌，永远辉煌；已经奋斗，继续奋斗”，横批“质量第一”。好！

2 月 13 日，出席在科管所召开的“全民健身”座谈会，国家体委副主任刘吉讲话说，10 年前，科技工作者平均死亡年龄是 58.52 岁，现在是 53.34 岁，是何原因。国内外华人关心中关村人的健康，但中关村少体育设施。说人才，不能只讲“德，智”，还要讲“体”。

3 月，参加《质量振兴纲要 1996—2010》的起草和讨论。

4 月 23～26 日，飞上海，去中国纺织大学，接受兼职教授聘书，作报告。

5 月 12 日，收到《求是》杂志社郑宗汉先生的长信，称赞我关于劳动生产率的研究成果。十分感激。

6 月 12 日，国家自然科学基金委员会《简报第 19 期》以“为解决我国劳动生产率低下问题刘源张等提出新见解”为题，认为“我国工业生产率的管理理论与方法研究”是一个成功的例证。

7 月 25 日，国家自然科学基金委员会管理学组升格为管理学部成立大会。会上朱镕基作题为“管理科学，兴国之道”的讲话。

9月13日～11月9日，飞东京，住后乐园附近的中日友好会馆。

9月21日，送明儿和敦子到新宿，办登机手续，去美国。

10月6日，明儿一家从美国回到日本，移住明儿家。

10月10日，高原友生先生宴请于赤坂见付日本料理店鲤家。

10月14日，参加在横滨举行的美日召开的国际质量大会。接受国际质量科学院院士证书，致谢词。明儿家在东京的郊区南大泽，周围环境优雅，附近又有大学和图书馆。有空就去阅览图书杂志，一乐也。

11月3日，上海质量协会第二届上海国际质量研讨会举行。我正在日本，请西北矿业大学刘建生教授代读我的《经济体制改革中的全面质量管理》。此文于1997年被《中国改革开放的理论与实践》一书收录。

11月5日，接研究所通知，王毓云去世。写挽联：

相遇相识跃进时，相知相许改革期；
壮志未酬匆匆去，寄语后学切切记。

11月19日，从东京飞香港。经台北时，不能下飞机，机上呆坐4小时。

11月22日，在中远香港公司作日本观感报告，张大春总裁等领导出席。

11月25日，从香港飞返北京。

12月24日，国务院颁布《质量振兴纲要（1996—2010）》。

12月，从中国科学院系统研究所退休。

1997年 73岁

1月19～23日，参加在无锡召开的全国企业管理工作会议。

1 月 24 日，在国家技术监督局座谈《质量振兴纲 1996—2010》会上，发表讲话。

2 月 4 日，出席国家自然科学基金委管理学部座谈会。发言说，当前人们偏重效益，而忽视效率。

2 月 15 日，在《经济日报》座谈《质量振兴纲要 1996—2010》会上，发表讲话。此次讲话内容被选进美国纽约科学院（New York Academy of Sciences）。

3 月，被美国新港大学授予名誉博士。

5 月 12～21 日，乘京九线从深圳到香港。去香港理工大学，参加毕业典礼，宿王仲何家，匆匆翻了翻许家屯和千家驹的书。乘机去广州白云机场，再转机回京。

7 月 1 日下午，Louis 抵北京机场，王志强开车，我与张宁去接。

7 月 20 日晚，明儿带敦子到北京。

8 月 3 日晚，达夫从东京抵北京。

8 月 5～12 日，一家人飞长沙，参观岳麓山书院，去张家界、黄石寨、黄龙洞游览。

8 月 18 日，明儿一家回东京。

8 月 29 日～9 月 1 日，国际质量管理小组大会暨全国第 19 次质量管理小组代表会议在北京召开，主持会前的磋商工作会及分会场会议，并撰写会议总结。吴邦国副总理出席会议，并讲话。

9 月 6 日，去郑州，参加在郑州举办的质量管理与经济发展国际会议，作《质量管理与可持续发展》报告，并刊登在中国计量出版社的《97' 中国质量高层论坛》。徐济超参加。

10 月 2～19 日，飞长沙，去中南工业大学，讲课三天。并访长沙铁道学院。到湘潭看桥，到永安看路。

11 月 4～6 日，参加由世界大企业联合会（The Conference Board）在上海举办的全面质量管理会议，作报告介绍中国的全面质量管理。

11月17日，唐之曦逝世。失挚友，添寂寞。

11月23日，去机场接张宁从加拿大回北京。

12月4日晚，在电视重看《巴山夜雨》，深感无论何时何地总有人情在。

1998年 74岁

2月27日，福士达夫父福士英太郎逝世。

3月1～8日，飞武汉，参观神龙汽车公司，给高级职员作报告。参加“质量效益评估体系”鉴定会，在培训中心为干部作报告。访黄鹤楼，风景全非崔颢诗中所云“晴川历历汉阳树，芳草萋萋鹦鹉洲”，刘志中作陪，游东湖、楚天台，凭吊隆中对，知黄正夏老同志于年前逝世，不胜伤感。

4月9日～5月3日，去十堰，看第二汽车制造厂各厂，主要是游神农架。

4月24日，参观湖北十堰市（第二汽车制造厂总部）二汽设备制造厂，为该厂题词：“国力所系，切望珍重。”

9月1日，明儿、敦子回东京。

10月5～8日，参加上海质量协会主办的第三届上海国际质量管理研讨会，发表《知识经济与全面质量管理》。

10月9、10日，在钓鱼台，出席高层质量会议，听A.V. Fei-genbaum讲演。

10月20日，在中国质量协会举行的“邓小平质量思想知识竞赛”新闻发布会上讲话。

11月2～5日，中美质量会议召开，作大会报告。

12月20日，敦子来北京，去机场接。

12月27日，带敦子去天坛。

1999年　75岁

1月9日晚，去机场送敦子回东京。

1月27～31日，飞上海，在锦江小礼堂举行上海质量管理科学院揭牌仪式。被聘为首席研究员。

3月1日，明儿发来电子邮件，说系川英夫先生21日逝世，享年86岁。我失去了一位老师。又说，敦子的钢琴演奏会很成功。8岁的孩子们当中，她是最棒的。还说，她们正在办签证，准备去美国。

4月26日，东风汽车公司新任总经理苗圩来京见顾问，介绍情况和决策。

5月5日，去八宝山向沈志荣遗体告别。40多年的老棋友，今日到那边去，不知有无对手，寂寞否。

5月12日，参加国家质量监督局召开的“质量管理专家座谈会”并发言。

6月16日～7月14日，飞东京，转福冈，出席国际会议作讲演。会见老友久埜收吉、市村真一、松村纪高诸位。去罗漾明家吃他做的山西面。

11月6日，给朱镕基总理写信，建议国家设立经权威机构认定资格，并经国家法律承认地位的质量工程师制度，获批复同意。

2000年　76岁

1月13日，东风汽车公司总经理苗圩来京开顾问会。

1月18日，为明儿办毕业证书及成绩单去北京大学。办公楼在我当年住过的宿舍楼。已别60年矣。

1月21日，陈邦柱今日到中国质量协会任会长，与大家见面。

1月28日～2月1日，去上海接欣儿和Larry回北京。

2月14日，欣儿和Larry回加拿大。

3月15日晚，去京伦饭店见市村真一，同去赴日本公使宴请。

5月8～19日，飞上海，去上海质量管理科学院工作。

6月20日，国家质量技术监督局以质技监标函【2000】091号文批示了《全国质量管理和质量保证标准化技术委员会换届组成方案》，由主任改聘为顾问。

6月27日～7月2日，去天津，参加“用户满意度——理论与实践”的讨论会。美国、英国、韩国、新加坡等国专家各作专题报告。中国官员作总结，一派官腔。

7月10日，与张宁飞温哥华，欣儿一家早在机场等候。

8月9日，去中侨福利中心听“如何考取驾照”。

9月10～15日，飞美国，越过大峡谷至凤凰城，参加亚太质量组织与美国质量协会的联席会议。13日，受Harrington-Ishikawa奖，致谢词。

9月，获国家质量技术监督局授予的全国质量管理突出贡献奖。

11月9～25日，飞上海，为《上海质量》杂志社编辑部开座谈会，讨论方针。访问浦东企业——可口可乐公司、贝尔公司。国际大企业，名不虚传。

11月28日，张宁从加拿大返京回家。

12月22日，管理科学名词审定委员会成立大会召开，选为委员。

12月29日，参加在人民大会堂举行的“海内外侨界携手建设新世纪”大会。初次见唐闻生，印象颇佳。

2001年 77岁

1月1日,《解放日报》今日出100版。雪国耻用了100年。

1月3日上午，去廖冰家，向她致谢，衷心感谢她为我们一家的平反所做的一切，她已84岁高龄，视力下降，说看不清我了。郁文出来，代为寒暄。

1月28日，走遍当代、双安百货大楼，给敦子购得羽绒服，前后6小时。

2月7～9日，“炎黄杯”围棋邀请赛在文津街俱乐部举行。得第 8 名，总算排上名次。

2 月 18～21 日，飞武汉，去神龙汽车公司，工作之余，参观归元禅寺。有多尊菩萨像，陪同居士为之一一讲解。

3 月 1 日，明儿来电话，说已被美国明尼苏达大学录取为人事管理研究生。

3 月 20～25 日，飞上海，去贝尔公司调研机构改革事项，在上海汽轮机厂讲“全面质量管理与企业文化”。初次到此厂是 1957 年，有感：“旧地尽新颜，质量今胜昔。”

4 月 2 日～10 月 15 日，半年多居住在加、美两国，事情很多，只记一件。9 月 11 日上午，明儿打电话来家，要我们赶快打开电视，一看，有两家飞机撞向纽约世界贸易中心南北两大楼，顷刻间尽倒塌。以为是好莱坞电影，事后方知是恐怖事件。因此，全美班机全停。费了好多周折，用了好几天时间，方才购得返回温哥华的机票。过境时，手续变得繁杂。平时只需几分钟，这次费了半天时间。

10 月 15 日，只身从温哥华乘机回北京。

11 月 1～7 日，参加由上海质量协会主办的第四届上海国际质量管理研讨会，发表文章《新世纪里中国质量的几个问题》。中间，去周庄游览，虽有“小桥流水人家”，但已变得商俗太重，索然无味了。

11 月 10 日，世界贸易组织接纳中国为正式会员国。长达 15 年的谈判结束。

11 月 13 日，张宁自温哥华回北京。

11 月，上海市政府授予“白玉兰”质量奖。

12 月，应邀撰写《看兵马俑的品质管理》的文章。发表在台湾 12 月 22 日的《经济日报》上。

12 月 8 日，在中国名牌战略峰会上作《名牌与市场战略》的报告。

12 月 1 日，当选中国工程院院士。

12 月 15 日，许国志先生逝世。临终前还问，刘源张当选了吧。

46年的交情。

2002年　78岁

1月25日，任中国科学院研究生院教授。

2月1日，任名牌战略专家委员会成员。

2月22日，在清华大学讲演，劝中国人要有宗教心。

2月25日，前往国家自然科学基金委员会管理学部，面陈上海质量管理科学研究院的建院宗旨和人员结构，请求对这一新型民间的管理科学研究所机构给予关心和支持。

2月26～28日，连续三天举行“炎黄杯”敬老围棋赛。得了个第二名，对手全是老同志，胜之不武。第一名是四川成都中医院原院长，年过八旬，面色白里透红，一副健康相，棋艺高超，稳而不乱，出击有力。佩服！

3月25日，送张宁去机场，赴温哥华。

4月5日，被聘为国家自然科学金委管理科学专家咨询委员。

4月8日，飞温哥华。

5月6日，接江寿瑛电话，李约瑟在天津家中病逝。早年留日同学又走了一位。

5月20日，飞西雅图前往美国丹佛参加美国质量协会的年会。

5月23日，返回温哥华。5月27日，乘机回国。28日到京后，立即赶往中国工程院院士大会。

5月，获香港理工大学授予的“杰出中国学人”称号。

5月，被中国侨联授予“科技带头人”。

6月，任中国高科技产业化研究会第二届理事会顾问。

6月17日，飞深圳，唐锡晋同行。在报业集团大厦报告厅举行的“深圳青年科技企业家管理论坛”上讲演。再去顺德参加报告会，参观科龙公司和格兰仕公司，走马观花。还看了一家专门制造陶瓷砖压制设备的由三个大学生创业的500人的工厂。厂内设备实难称赞，但产品质量超过意大利的同类产品。

6月20日，飞返北京。

9月2日，被韩以俊拉去城建一公司的质量管理奖评审会讲话，方知此公司乃从部队转业而来，正在承担建设国家大剧院项目。

9月3～5日，应武汉质量协会邀请，飞武汉。在市政府礼堂举行的“武汉质量高层论坛”上作报告。参观爱帝集团公司，私人企业，座谈讲话，无响应。参观武汉钢铁公司一炼钢转炉和在建的轧制厂，与干部座谈，强调学习统计技术的重要性，领导必须提高认识。再去技术研究中心，见中心主任，建议设立质量工程师。刘本仁总经理宴请，介绍发展规划，感觉不错。

9月9日，患肺炎，诊治，休息两星期。

9月20日下午，中国科学院白春礼副院长来家探望。

10月21日，去新世纪饭店为“质量万里行”会议作《质量从哪里来》的报告，提出培养高级技工的迫切性和重要性。

10月25日，科学院侨联大会换届，从主席位子退下。

10月26日，参加在科学会堂召开的中国工程院工程管理学部会议，参与工程院的咨询项目《构建我国综合交通运输体系的研究》，负责第二专题，为体系的研究提供运量和运能的预测和分析。

11月1日～11月20日，飞温哥华，稍作休息后，10日飞檀香山游览。欣儿一家和我们夫妇，欢聚一堂。

12月15日，飞上海，17日去上海大学见方明伦副校长。他提出，要我做管理学院名誉院长，申请下博士点。并说，此事钱伟长校长已经知晓，只好答应。

2003年　79岁

3月7日，赴长沙，应中南工业大学管理学院邀请，讲课。游岳麓书院，千年学府有一对联：

千百年楚才寻源于此，

几世纪湘学与日争光。

8月11～15日，参加中国工程院院士大会。选举新院士。

9月18日，与佟仁城去联想公司座谈，了解公司的运营管理。员工平均年龄28岁，在其公司标识“Lenovo”（创新）的号召下必将有所作为。

10月24日，出席由中国工程院工程管理学部牵头负责的第12项“重要技术标准的研究”评估工作会议，在工作组中担任副组长，负责评估总报告的起草工作，并作《重要技术标准研究》进展的汇报。

10月25日，前往深圳和绍兴进行访问，了解有关重要技术标准的研究情况，负责总报告的起草工作。

10月29日，飞杭州，应科技局和生产力发展中心请，作《创新与守旧》的演讲。

11月8日，飞上海，出席“六西格玛”会议。12日访问动画大学。

11月30日，参加中国标准化工作会议，纪正昆作有关食品安全的报告。

12月11日，飞重庆，为市质检局作报告，指出“质量的概念要与时俱进”。

2004年　80岁

1月12日下午，在友谊宾馆大剧场举行中国工程院新春联谊会。张宁和我登台唱了《月亮代表我的心》，由海政文工团伴奏。开场白，我说，这首歌表示我对妻子的感谢。唱完后，几位老太太跑到我俩面前，说要向我俩学习。

1月28～30日，飞上海，见从德国转日本到来的达夫，说明天就回美国。周太彤副市长宴请。初次认识，谈及上海市的服务业的发展和质量的提高。翌日，建议上海质协认真研究这个问题。

2月14日，在CCTV-4看到大前研一的谈话节目。他给辽宁省省长出了个点子，说利用当地约30万懂日语的人，兴办软件产业。想起，20年前，参加“振兴大连经济”讨论会时，我曾提出，要好好使用大连的懂日语的人。不过，我的出发点是为这些人“平反”的意思。大前不会有这种感觉。

2月19日，参加“十二项重大科技专题评估工作”总结会，并作《重要技术标准的研究》评估工作的汇报。

3月2～8日，为中国船舶工业集团出差飞上海，第一次坐公务舱。去长兴岛，参观船厂的建设情况。报告厅墙上张贴的进度图上贴着一大片的小黄旗。问负责人是何缘故，答曰，计划期到，得赶进度。事前不考虑好，事后忙乱跑，这种陋习什么时候能改！

3月13日，明儿带敦子从美国经日本回北京。敦子长高了许多。

3月14～17日，张宁和我带着明儿母女去西安游览。一切费用全由西安交大管理向学院负担。如此盛情，不知如何报答。

3月20日，一大早，明儿带敦子从北京飞回日本。短短一星期的天伦之乐。

5月5日，CCTV-13播出1872～1875年留美幼童的生活。上百人，被人注意，被人遗忘，又被发现，真可谓历史的悲喜剧。然而，记录这批人的却是一位美国学者。

5月9～13日，飞成都。开中国系统工程年会，应邀为四川大学工商管理学院作报告，讲“刘氏三原则”。去文殊院，方知成都人的悠闲生活。

5月17～19日，在京丰宾馆开中国工程院咨询项目“国家中长期科技发展规划战略研究”会议。

5月24～27日，飞上海，参观新落成的上海质量协会双子座大楼。有我一间大办公室，参加几个评审会，几次宴请。

6月，完成《构建我国综合交通运输体系的研究》的第二专题，为体系的探究提供“运量和运能的预测和分析”的专题材料。

6月1～6日，中国工程院院士大会。2、3日连续听总书记、总理、国务委员的报告，4日上午举行“光华工程科技奖”授奖仪式。我从中国科学院院长路甬祥手中领取管理科学奖证书。6日，王礼恒院士邀请参观航天城。

6月，国务院侨办、全国归侨联合会授予先进个人荣誉证书。

6月11～13日，飞上海，参加上海交通大学安泰管理学院复院20周年庆典，作《管理学的理论与实践》报告。

6月20日，林方一家从美国来北京，请他们吃了几顿饭。

6月24日，夜里梦中得一联，“风花雪月你我他，天高云淡精气神”。

7月16日，中韩质量会议在上海开幕，致辞。

7月24日，去浦东机场接外孙女Mimi (Melanie)，7月31日带她回北京。

9月，国家质检总局颁布《卓越绩效评价准则》，我国企业质量管理水平从此有了衡量标准，任审定委员会主任委员。

9月5日，在稻香湖景宾馆开“京津塘新干线会议”。

11月9日～12月1日，赴日本金泽市参加知识管理国际会议。作《对知识管理和质量管理的关系上的认识》的报告。20天重游我青年时代去过的日本各地。

12月8日，欣儿带Mimi从温哥华回北京。

12月9日，中国质量协会在民族文化宫餐厅为我庆祝80岁寿辰。

12月24日，出席中国机械工业质量管理协会在京召开的专家座谈会。

2005年 81岁

1月，任《〈卓越绩效评价标准〉国家标准理解与实施》编委会主任，编写《卓越绩效评价准则解析与实施案例》。

1月3日，欣儿带Mimi飞回加拿大温哥华。

1月5日，受北京市人事局委托评杰出人才奖，去燕京啤酒公司考核李福成董事长。

1月8日，明儿带敦子飞经东京回美国。

1月17日，赵紫阳逝世，享年85岁，报上只有短短三行字。

1月21日～2月1日，飞上海，去上海质量科学研究院工作。

2月27日，中国工程院在国宏宾馆召开“建设节约型社会”座谈会，出席并讲话。

3月11日，上海大学管理学院副院长、人事处处长等来北京，要我当院长。汪寿阳接待。

3月21～至4月5日，飞上海，去同济大学管理学院为质量专业工程硕士班开学典礼讲话。主持久隆电力“卓越绩效”评审会，出席第五届上海国际质量会议发表《中国的产品质量》论文，去嘉定与上大管理学院教师座谈，给东华大学管理学院师生作《管理科学与知识科学》的报告。

4月8日，收到澳大利亚国立大学来函，邀我在5月11日出席在上海召开的中国同学会。这几年，总是收到该校的联系函件，不知何故。一种荣誉吧！

4月15日，CCTV-9播出Major General John Fu (retired)谈司徒雷登的节目，才知毛泽东写的《别了，司徒雷登》是一篇政治谎言，忆起我曾见过的司徒雷登。

4月18～21日，飞宜昌，访三峡公司，谈防污问题；乘车再去武汉，参观066基地，领导年青，技术过硬，管理有方。受到王礼恒院士热情接待。

4月27日～5月1日，飞上海。上海大学管理学院院长聘任仪式及学术讨论会在上大国际交流中心举行。出席并作学术报告，讲《〈质量振兴纲要〉与管理科学的关系》。

5月1日，连战在西安祭拜祖母。其夫人、儿女同行。60年来第一次。

5月7～10日，飞温州。去德力西和宝石两民营企业。期间，去雁荡山游夜景，去溪口访蒋介石发迹后重修的旧居，方知蒋公实乃大孝子、好丈夫。参观张学良幽禁地，我11岁知西安事变，70年后来此得见少帅故居，不胜感慨。蒋宅祠堂对联：

报本尊亲是谓至德要道，光前裕后所望孝子贤孙。

张公禁地中堂悬挂手迹：

两京听人评不肖，平生误我是聪明。

录于此，以示纪念。

5月10日上午，在浙江大学紫金港国际会议中心开会，提出重视劳动生产率与质量研究的建议。下午，去浙江移动公司讲话，晚，见叶荣宝省长，女强人也。

4月，撰写的《中国汽车工业的挑战和问题》由日本创文社在日本出版发行。

5月17～19日，应成都科技节邀请，飞成都，去四川大学讲演，说科技是第一生产力，但必须通过管理。重游武侯祠，事隔40余年了。见刘备墓，周围180米，高12米。

5月27日～6月7日，飞上海。主持上海电力公司“错避峰质量链管理”评审会。美国工程院院士郭位来沪，陪他逛新天地，听他在上海大学讲演；为上海移动咨询申报全国主力管理奖；在上海质量协会讨论特殊奥林匹克运动会标准；去上海贝尔公司，与质管部夏芳芳部长等座谈，见袁董事长；参加上海大学研究生毕业典礼，换上博士服戴上博士帽与钱伟长博士照了一张相，这时他还认得我，下次见他时，已经不认识人了；与上海大学人事、财务、教务、研究生处、嘉定校区等领导聚餐，致意。

6月16日，我第一个博士后学生程铁信出站答辩，通过。

6月18～24日，乘车经济南，宿一夜，去曲阜。进孔林，谒孔庙，拜孔府。“文化大革命”期间所遭破坏，至今未能全复。曲阜师大范校长陪同，谒孟庙，拜孟府；再去章丘，访李清照故居。我这个山东人，这次总算把至圣先师和亚圣都拜到了。游大明湖，想起60年前来此看望二姑时的事。她质问我，为什么考北平的燕京大学，不考南京的中央大学，她是从中大法律系毕业的，人们总是偏爱母校吧。

6月27日～7月2日，参加中国工程院院士大会，选举新院士。

7月3～5日，被接去黄骅港，作《港口的科学管理》的报告。

7月11日，中日知识创造研讨会在京召开。作《知识管理与计算机》的报告。与会的国藤先生告诉我，杨名时已于上周去世。他和夫人都是杨的太极拳弟子。留日老同学又走了一位。

7月21日晚，在翠宫饭店数学与系统科学研究院为5位寿星祝贺。

7月22日，中国政府宣布即日起人民币与美元脱钩，参考一揽子外币浮动定汇价。1美元换8.11～8.27元人民币。

8月2日，今早明儿来电话，告知老友矢野女士病危，她要赶往东京探望。

8月11～19日，飞上海。去上海质量科学管理研究院工作，明儿从东京赶来。到南汇区质检局，明儿作《六西格玛提高政府工作效率》的报告。上海隧道公司招待去沙家浜，游览阳澄湖芦苇，得见阿庆嫂旧地；又去尚湖，据传此湖曾是姜太公钓鱼处，匆忙赶往虹桥机场，飞返北京。

8月26日，明儿飞回美国明州明市。

9月3日，出席在人民大会堂举行的抗日战争与世界反法西斯战争胜利60周年纪念会。胡锦涛总书记讲话，有些激动。

9月16日，出席国家自然科学基金委管理学部咨询委员会，讨论“十一五管理科学发展规划及优先资助领域”。

9月17～19日，飞长春。季恒宽陪同，在“振兴东北老工业基地论坛”作《振兴东北，质量第一》的报告。游长影世纪城，够累的。

9月22日，今日开始，在中国科学院研究生院管理学院MBA班讲3个学分的《质量管理》。第一次在大学讲课！

9月27、28日，参加在国家质检总局举办的“中国技术标准发展战略研究”和“国家技术标准体系建设研究”验收会议。

10月17日，巴金逝世，享年101岁。儿时，读他的《家》、《春》、《秋》，莫名地感动。

10月21～24日，中国工程院院士大会增选院士。管理学部，堪忧！

10月26日，荣毅仁逝世，享年89岁。

10月29日～11月4日，飞杭州。去新昌县，参观万峰企业，见董事长陈爱莲女士，真乃女中豪杰。游大佛寺，只此一处，已不虚此行。大门有对联：

东晋高风远南朝圣蹟南朝寺，
盛唐翰墨香一路风光一路寺。

期间，一日游四景：兰亭、大禹陵、沈园、鲁迅故里。晚，在咸丰酒店，楼依旧，但不见孔乙已，只是他打的欠条依然挂在柜台。经302国道去建德，沿富春江，上溯至新安江，入住金茂宾馆。当地质监局李局长、王书记宴请，吃大鱼头，鲜美极。一游千岛湖，援建新安江水电站。翌日，回杭州，吃知味观，游大宋坊。一路下来，真是江南好。所宿西子宾馆坐落在雷峰塔下，西湖畔边，从此出发游西湖。浙江移动公司宴请藕香居，醉了。

11月14日，再飞杭州，参加第三届中国管理科学与工程论坛，作大会报告《管理工程教育之我见》。游灵隐寺，30年前来过，那时安静得多。

11月18～25日，飞上海。在上海质量科学研究院工作，并去上海大学，见新任校党委书记于信汇，印象好。在上海地铁营运公司与领导层会谈，再去虹口区质检局与领导座谈。宴请海鸥大厦12层，眼下黄浦江及苏州河，一览无余。

12月5日，出席国家质检总局质量管理司召开座谈会，讨论如何加强宏观指导。

12月9日，参加在北京召开的“中国质量协会科学技术分会成立暨第一届会员代表大会”。会上被选为名誉理事长。

12月20日，担任《机械工业质量管理教程》第五版的编委会主任及主审工作。

12月24日，汪道涵先生逝世，享年90岁。

2005年12月21日～2006年1月5日上海，22日去浦东机场接明儿来沪。去闽行上海发电机公司说明卓越绩效模式；明儿给上海大学管理学院公共管理系，师生讲美国明尼苏达州的行政改革。去静安寺看烧香，善男信女真多。陈宪一家宴请，亲切。2日，送明儿去浦东机场乘机回美国。

2006年 82岁

1月5日，一早去接郭重庆院士来上海质量科学研究院，参加会议。当天飞返北京。

1月7日，程铁信来信，说已任系副主任。

1月8日，全国总工会，中国质量协会授“中国质量领域最高荣誉奖”，我在袁宝华与张瑞敏之间。

1月15日，中国科学院数学与系统科学研究院新春聚会在翠宫饭店举行。老伴和我照例献唱《月亮代表我的心》。不料我中途忘词，全仗老伴支撑下来。

1月18日，中国工程院管理学部院士新春茶话会在航天城举行。参观小卫星研制、发射、使用等情况，袁家军院为之讲解。中午，在招待所进餐，丰盛。

1月19日，陪郭位院士去中国科学院见白春礼副院长，谈纳米技术可靠性问题。

1月29日，大年初一。从凤凰卫视听余秋雨谈文化，佩服他的言辞，希望有个光盘，可以重温复习。

2月2日，大年初五。打扫清理书房，有些书多年没动，不值得看的书，全扔出去。

2月6日，整理旧剪报，找出1979年5月11日的《人民日报》，有头版文章《分清两条思想路线，坚持四项基本原则》，系《光明日报》特约评论员，署名上万言。引用文献：马克思、恩格斯的有7处，列宁的有7处，斯大林的有3处，毛泽东的有2处，还有几条毛泽东语录。平均500字有一处引用。查《邓小平文选（1975—1983)》中的“坚持四项原则”，约2万字，只引用列宁、毛泽东各1处，平均1万字有1条。两者比较，看出，大人物写文章，多是写自己的话；小人物写文章，多是写别人的话。

2月9日，舞蹈家戴爱莲女士逝世，享年90岁。我同她有过一面之缘。1988年的北京US CEO中国论坛上，见她时，她问我做什么工作，我回答在科学院，她立即说，啊，科学家，那你一定也是一位艺术家。此话多深刻！

3月1日，被聘为中国合格评定国家认可委员会专家组副组长。

3月7日，凤凰卫视播出曹景行主持的《说孟小冬》。这个名字我小时候就听说过，今天才知道，一代名伶竟是薄命女子。

3月10日，大槻一枝来家，20多年没见，与她谈了许多往事。临走时，她对我说了一句，“你真像定民”。这句话让我感到了她对定民的怀念。我那可怜的弟弟，若活着，该有多好。一枝已是77

岁，怕再也见不到她了。

3月19～23日，飞上海，去上海质量科学研究院工作，主持“质量竞争力”课题的评审。晚，上海质量协会在丁香餐厅宴请，此处是当年李鸿章姨太的住宅，如今保存完好，实是一景。翌日晚，上航公司周董事长宴请于虹桥宾馆，范总经理作陪。席上向范总请教上航的服务精神。

4月1日，与张宁飞上海。

4月2日，欣儿带Mimi来上海，同住乐乎搂。

4月5日，领她们参观上大宝山校区，去上海马戏城看演出。

4月8日，去南京游览。

4月10日，去同济大学管理学院工程硕士班讲话。晚乘14次车回京。

4月16日，去机场送欣儿和Mimi回加拿大。在机场遇见一大帮出国打工的年轻人。尽管衣服穿得很整齐，但依然一脸稚气。祝愿他们回来时，不但口袋里装满钱，脸面上也有了知性的神气。

4月21日，乘车去洛阳，出席中国医药质量管理协会年会，解艾兰同行。作《药品质量管理与GMP》的报告。游白马寺、牡丹园、龙门石窟，佛像在“文华大革命”期间遭破坏，砍的坎，盗的盗，已是面目全非。25日乘车返京。

4月26日，下午飞常州，出席江苏省检验检疫质量研究中心揭牌仪式，并作讲演，说明检验检疫的作用。

4月27日，乘机返京。

5月3日，妹妹张斌从美国来北京，去机场接。13年不见，已是老态龙钟了。讲起话来，也是唠唠叨叨。她与小宁拥抱时，两眼落泪。

5月11日，师昌绪夫妇来家看望斌妹。当年，他们是同一条船去的美国。

5月15日，叶老夫妇在海淀南路鸭王宴请张斌，严东生夫妇作陪。

5月20日，在维兰西餐厅宴请朱起鹤夫妇，感谢他帮了张斌房子的大忙。

5月22日，斌妹乘机回美国波士顿，小宁与我去机场送行。23日小方来电话，母亲平安到达。

5月30日，任中国标准化专家委员会主任委员。

6月2日，参加中国科学院为了落实《国防科工委关于进一步加强高新工程质量工作的决定》在北京召开的2006年国防科技质量工作交流会。会上作《国际国内质量管理发展动态的报告》。

6月7、8日，在京西宾馆开中国工程院院士大会。学部常委换届选举，我已无选举权。

6月20日，看《白蛇传》电视片第3集，小青离去，法海来收，白娘子蒙难，许仙守诺。儿时，祖母给我讲白蛇和青蛇，非常爱听。今日始觉，人、妖、魔、仙皆在一念之间。

6月26日晚，在中国科学院研究生院管理学院为MBA班作《三十年来中国管理学界的十件大事》的报告。

7月1日，青藏铁路全线通车。从孙中山的《建国方略》算起，已100年，从新中国成立算起，已50年，从邓小平指示修建算起，已20年，从修建之日算起，已5年。如今才完成。

7月11日，国家标准化专家委员会成立，任主任委员。

7月22日，与张宁飞上海。

23日明儿、达夫、敦子到上海。在上海质量科学研究院工作。

7月30日，达夫、敦子回东京，留下明儿在上海工作。

31日张宁和我飞返北京。

8月10日，明儿飞返北京。

8月14日，明儿飞经东京回美国。

8月17日，飞上海。出席在复旦大学召开的“复旦管理科学国际论坛”。开幕式由龙永图主持，韩正市长出席讲话，成思危作主题报告。下午，我讲管理科学的原则，“以人为本”。张宁去机场接欣儿一行三人，再去上海质量科学研究院工作。

8月23日，下午一同返京。

8月30日，国家质检总局召开“制造业质量竞争力指数”座谈会，出席讲话，赞同。发改委、国资委、国家统计局等许多部委派人参加。

9月2日晚，在维兰西餐厅聚餐为张璇赴荷兰留学送行。Louis、Melanie兄妹参加，饭桌上，哥哥照顾妹妹，有情谊。

9月5日，欣儿一家三人飞上海回加拿大温哥华。

9月6日，飞上海，参加现代服务质量国际会议。

9月8日，明儿来上海。

9月15日，一起乘机回北京。

9月16日，开始第二次为中国科学院研究生院管理学院MBA班讲质量管理。

9月18日，“九·一八”这个无法忘记的日子。初中的时候，此日上军训课，列队。原东北军军官的教官讲话，泣不成声，此景今日仍历历在目。

9月19日晚，荒井利明来家，照例谈到深夜。他现在已是滋贺县立大学教授，主讲现代中国实情。说20世纪80年代，8成日人对中国有好感；进入21世纪，8成日人对中国无好感。问何缘故，他回答，看到邻居阔了，嫉妒。

9月23日，国际知识科学会议在京召开，会上用英语作报告，一时不上口，说着说着，好多了。一位爱尔兰教授对我说：你是真正的哲学家。”是吗？

9月28日，北京质量协会成立25周年庆祝大会在城建宾馆举行，讲话祝贺。

9月29日，在五洲大酒店，中国标准化委员会召开“标准化创新奖”评审会，多数院士出席、发言、讨论，积极认真。

10月6日，报上公布《中国公民出境旅游文明行为指南》和《公约》。是呀，中国人阔起来了，但是穷人乍富，忘乎所以。

10月10日，中国标准化研究院在天鸿科苑大酒店举行名誉院长的聘任仪式。国家标准化管理委员会主任刘平均、研究院长郑维华出席讲话，皆是溢美之词。

10月16日，乘夜车去洛阳。

10月17日，对空导弹研究院领导来接，参观产品及设施、车间。作《从良好到卓越》的报告，并与质管人员座谈。宿小浪底度假村宾馆，参观“天子驾六”，可以想象出巡时的气派。在院内种树一棵，留念。

10月20日，返京，荣院长、北京办事处主任钱军（女）同行。

10月26日，飞南京。到后立即奔南京财经大学，经王海燕介绍，见校长、院长；给管理学院学生作《质量的发展》报告。

10月27日，到南京航空航天大学，在院士林种树一棵，再给管理学院学生作同样的报告。第八届中国管理科学年会在此举行，郭重庆、陈晓田、我分别作报告。

10月30日，返京。

11月3日，中国质量协会“世界级CEO论坛”在政协礼堂举行。波音公司子公司前总裁David Spong介绍美国Malcom-Baldrige奖的评选情况。此君态度和蔼可亲可惜翻译人未能把他的讲话的风趣翻译得确切。西门子的输电设备公司副总裁介绍欧洲质量奖和他的公司获奖情况。轮到我讲话，说大家记住，中国的全国质量奖与美国、欧洲、日本的并列为全球四大质量奖。

11月4日，全国质量奖授奖大会在国谊宾馆举行。轻工部于珍部长看到我，对我说，“你老了”，我对他说，“彼此珍重吧”。

11月20日，洪学智将军逝世，享年94岁。我同他有过一次同行经历，祈他冥福。

11月25日，应邀再去太原钢铁公司，陈川平董事长介绍公司情况。别来20年，全变了，如今已是世界一流。去平遥古城参观，又去定襄县，参观阎锡山和徐向前的故居，一个富丽堂皇，一个简陋俭朴。

12月8日，飞上海，去上海质量科学研究院工作，上海市副市长胡延照宴请锦江饭店。

12月15日，乘车去南京。转常州，副市长刘卓军接至马鞍山，去马钢参观，座谈。16年前曾来过，大变了，现代化了。晚，市长、书记宴请于梦都酒店。店名有意思，倒是途中发现一家饭店，名为“村委会”。两家相比，一个梦回京都，一个潦倒穷村。

12月16日，去黄山，宿一夜，看日出。

12月19日，回上海。去崇明岛游览西沙湿地，再去参观长裕有机化农场，看稻谷加工成大米的生产线，“粒粒皆辛苦”。此处生产的大米在超市的价格是1斤6元8角。

12月24日，参加国家质检总局召开《质量发展纲要（2011—2020）》10周年座谈会。青岛啤酒、山东如意纺织集团、北京建材集团出席。蒲长城副局长讲话。

12月25日，收到妹妹张斌从波士顿寄来的剪报，要我和小宁要经常唱歌，才能长寿。妹妹总是挂念着我。

12月28日，交《中国工程院院士自述》索要稿《当我年青的时候》。交出去，发觉有的忘了写，有的没写好。

12月30日，陈传平的儿子在翠宫饭店举行婚礼，我作主婚人，祝愿新郎新妇白头偕老，一生幸福。

12月31日，昨夜大雪。小宁出去买菜，路上滑了一跤，挫伤左手腕，肿胀。真是的！

2007年　83岁

1月5日，我国自行研制的歼-10战斗机公开亮相。

1月8、9日，去天津大学参加接受兼职教授聘书。谢词讲话，提出创设制度管理学的设想。参观滨海新区。

1 月 22～30 日，在上海。去上海质量科学研究院工作。23 日上海质量协会年会在上海卷烟公司大厦举行。场馆充满现代气息，据说花了 2.5 亿。周副市长、俞国生会长分别讲话，称赞我对上海质量协会的贡献。24 日上下午连续听取上海质量科学研究院对工作的汇报。

1 月 28 日，偶然打开电视，正播出梁思成发现佛光寺的故事。于此可见先人治学之严谨。今天是星期日，去西藏中路与九江路交口处的教堂做礼拜。教堂大门口墙壁上刻有碑记：

“基督教慕尔堂，优秀建筑，1989年9月25日公布为上海市文物保护单位。”

此堂始建于 1887 年。另有一碑记：

“沐恩堂复堂十周年纪念碑”，“因‘文革’遭到破坏，1979年重申宗教自由，1988年重建复原，1995年立碑纪念”。

教堂外墙壁上有块小碑，刻曰“1879 光绪五年耶稣圣教堂”。

2 月 2 日，中国工程院管理学部院士春节团拜会在农科院举行。会上朱高峰院士送我几句话：

过六十　官大官小一个样，过七十　钱多钱少一个样，
过八十　房子大小一个样，过九十　男的女的一个样，
过一百　活着死掉一个样。

他是我敬佩的一位长者。

2 月 4 日，航天二院召开“质量管理体系建设”评审会，任主任。课题保密性强，因此，会议地点设在军事要地的军医科院内。

2月6日，中国工程院副院长、中国医学科学院院长刘德培来家拜早年，送花篮。

2月7日，出席中国高技术产业研究会在人民大会堂召开的“航天搭载物品巡回展出”。来了好多老部长，其中见到好多年没见的怀国模将军，中央电视台李瑞英做司会。

2月8日，去看中央电视台春节慰问专家、学者演出。中央组织部贺国强部长出席讲话。郭达、蔡明的《送礼》获得一致好评，描写父母为女儿上学，送礼托人请闹出的笑话，真是“可怜天下父母心”。

2月16日8时40分赶到北京大学，参加北大建歌剧局研究院的论证会。离开会还有不少时间，就在未名湖畔附近走了走。湖岸上的石碑写着“原燕大未名湖”，保留了“燕京大学”的名称，令人欣慰。到校长办公楼进去看了看。这里的二楼是礼堂，我就是1941年在这里听司徒雷登教务长为新入学学生用汉语作的题为《我的人生观》的讲演。今日上二楼一看，讲台底下、地板上，到处散乱着垃圾。北大，北大，怎么搞的，辱没了北大文化。

3月7日，乘机飞上海，在上海质量科学研究院工作。

3月8日妇女节，唐局在锦江饭店贵宾楼设宴招待，客人有几位女性领导干部。房间宽敞明亮，俯瞰市景；设施齐全，既有谈话客厅，又有用餐桌地。

3月13日返京。

3月14日，欣儿带Mimi到京。

3月16日，照例停暖气，室内骤冷。

3月27日，《科学时报》刊出的一篇文章，谈论学术明星与思想家。意思是说，100个学术明星抵不上一位思想家。又引陈四益的诗句：“讲话何须着意新，照搬照转有前因；言无创意官多贵，语不惊人祸远身。”说在假话、空话、套话充斥的社会中，杰出的思想家是难以诞生的。

3月28日下午，送欣儿和Mimi去机场回加拿大。她们一走，家里清静得多，但也寂寞得多了。晚，再去机场，接明儿从美国飞抵北京。

4月1日，明儿去上海，再去美国明尼苏达州家。

4月，何继善院士寄我一副对联：

源远流清人添寿，张帆风顺事称心。

佳句盛意，实在感谢。

4月6日，乘机飞广州。参加“中国工程论坛”。三天的大会，刘人怀院士出了大力气。申玫玫陪同。

4月16日，原中关村民警、工宣队指导员庞彦勋来家。他是我家的恩人。他们二老现已移民美国。

4月17日，入住西直门宾馆，参加军队院士的遴选，两天。

4月18日零时起，京沪线提速，上海北京间9小时59分，实现“朝发夕至”。

4月19日晚，到大门口对面街上的科味思食坊吃饭。两个人，两笼小笼包，两碗鸡蛋汤，一共10元钱，每人5元。一个人一顿饭5元可吃下，1000元的也不稀罕。贫富悬殊，也可过得去，可怕。

4月21日，《凤凰卫视》星云大师的讲话。他说：“管理就是不管理，不管理才是高明的管理。管理不一定需要制度、办法、奖惩。不管理就是包容。”我曾多次说过，只要人有了诚信和感恩的心，就不需要管理了。

4月25～27日，北京质量协会与北京卷烟厂主办的“中南海杯”QC小组成果发表会在良乡的房山假日宾馆举行。讲话希望小组成员明白自己的历史地位。归根到底，QC小组活动会带来科学、民主的普及。

5月2～10日，飞南昌。申玫玫陪同。陈光亚要我来参加评审会，课题是《江西沼气生态模式研究与实施》。晚，见副省长胡振鹏，系统工程专家王其藩的学生。游龙虎山一整天，张天师建道观于此。

5月10～15日，飞上海，去闵行上海交通大学访问江志斌教授的工业工程系，见副校长、院长，宴请于留园，是日本东京的留园原封不动搬过来的。东京的我去过，友人在那里当前堂经理，招待了我一次。原来是留园主人盛宣怀之孙，1986年回上海，见到他祖父参与创办的交通大学，遂生歇业之念，而于1987年将留园赠与上海交通大学。在上海质量科学研究院工作，听取上海日立电器公司的质量工作汇报，之后飞返北京。

5月17日，收到吴达纯从美国传来的两封关于中国食品安全的信，将其邮寄给吴仪副总理。

5月20日，中国科学院管理、决策与信息系统重点实验室公众科学日上，尝试传播“科学精神与民主精神”。

5月21日晚，CCTV-1播出全国牙防组织的欺骗行为。

5月25日，小宁和楼下力丽去外国语大学办敦子来学汉语的手续。

5月28日，国家质检总局李传卿局长召集会议，征求总局代拟的《国务院关于加强推进质量振兴促进经济社会又好又快发展若干问题的决定》。我为之奋斗50年的质量事业终于有了国务院的三条：学科建设、诚信建设、国家质量奖。

6月9日。潘沃流之子潘斌与陈小姐的婚礼在棕榈泉国际俱乐部举行。参加致贺词。沃流与艺墅来京。

6月11日晚，请楼下力丽和小沈去家乐福吃寿司，谈起他去台湾的感想。

6月12～17日，飞上海。在上海质量科学研究院工作。

6月22日，敦子今晚从美国明市经底特律转东京飞抵北京。

6月24～28日，与张宁飞广州，来车接至佛山，参加“不锈钢行业年会”，李成会长要我讲话，强调“质量来自诚信”。游览祖庙、醒狮台武术馆、后赴恩平锦江温泉小住。归途经石湾镇一硕斋，小宁喜爱，要了几个小泥人。我选了个唐太宗，申玫玫要了个“招财进宝”，全是石湾镇麦主任赠送。

6月29日，被中国合格评定国家认可委员会聘为资深顾问。王凤清主任送我一只刻有“清明上河图”和“刘源张”的青花瓷瓶。

7月9日，在中国科学院研究生院管理学院举办的全国研究生暑期学校的毕业典礼上，给同学做了《秩序和质量管理》的报告。

7月11、12日，在铁道大厦出席教育部的“高效创新团队”评审会。

7月17～21日，飞上海，去复旦大学参加“管理科学国际会议”。做了10分钟的报告。在上海质量科学研究院工作2天。

7月26日，报载，上海市市委书记陈良宇被开除党籍、公职，并移送法办。

7月27日，出席国务院在京西宾馆召开的全国质量工作会议。

7月29日一早，送敦子去机场，乘机经东京飞美国明市。

8月16～20日，与小宁乘D55次车去青岛。列车停在四方，北海舰队军官接去北海宾馆。参加师昌绪召集的“资深院士座谈会”。唐大嫂宴请珠海路上的怡情楼，吃海鲜。乘舰队游艇观赏青岛，我的故乡。

8月21～24日，飞深圳。入住迎宾馆，去深圳海川公司，听取科研情况汇报。游仙湖，并访位于梧桐山上的弘法寺。

9月3日，浙大徐庆瑞夫妇来家，请教院士候选人答辩事宜。

9月7日，飞杭州，出席国际创新大会。

9月10日，中国消费者报记者万晓东来家采访。

9月12日，留日老同学雷建德携女儿来家。多少年不见，一见尽谈往事。

9月21～24日，与小宁飞沈阳，参加“百名院士沈阳行”。

10月5日，与老伴去紫竹院活动活动。请路人给我俩照了张相。

10月17日，飞上海，参加第十三届亚太质量组织国际会议及第六届上海国际质量研讨会，并出席国际质量科学院院士论坛。遇见越南来的一支队伍，活像30年前的中国人。参观东海下过长江至东兴岛的隧道工程，张总一直陪同。23日飞返北京。

10月25日，北京国际QC小组会议开幕。国外来了1025人，超过国内。顾秀莲同志出席。

10月26日下午，赶往京丰宾馆出席工程院院士大会，选举新院士。

10月31日，柴生田先生来家，十几年不见了。

11月，被任命为风险管理标准化技术委员会主任。

12月1日，风险管理国际论坛在京举行，加拿大、澳大利亚、英国专家出席。我做了一个10分钟的致词。澳大利亚代表说，“不承认风险的存在是最大的风险”。

12月2日，与小宁飞上海，上海大学派车送到上海市组织部培训中心。集体上车至华东疗养院体检。无锡太湖畔，风光秀美。

12月7日，体检完毕，乘船游览天目湖，可惜下雨。

12月17～21日，乘657次车去杭州，入住西湖畔的香格里拉饭店。小宁与明儿住523房，可眺望西湖，我住307室，可仰望山景。谒岳王庙沿马路走，去西湖公园，依次是黄宾虹像、苏小小墓，再去孤山上西泠印社。这次的旅游全由西子联合控股公司董事长王水福招待。三人住宿费11 000元。乘658次车去上海，到上海质量科学研究院工作，明儿在重庆北路、大沽路口的友和日餐馆宴请我们二老，孝心可嘉。乘机返京。22日明儿飞回美国。

12月27日，欣儿带Mimi飞抵北京，小宁和我去机场接。

12月28日，中国科学院数学与系统科学研究院在昌平凤山温泉度假村作年终总结，我们一家四口参加，开会之余，打保龄球。

12月29日，主持认证认可委员会科研课题验收会。科技部李学勇书记等多数领导出席。

12月30日，陈友庄开车带我和欣儿去买家具，一共花费14 000元。31日忙了一天，在家安装。晚，明儿从美国打电话来，祝我生日。

2008年 84岁

1月1日，妹妹张斌从美国打电话祝我生日。在苏浙汇举行生日宴会，舅爷和舅奶、欣儿和Mimi、六姨和小乐、杜刚夫妇、老伴和我，一共10人，花费1300元。

1月3日晚，我们去国家大剧院，听郎朗的钢琴演奏。果然名不虚传。

1月4日，出席管科所的“应急管理——理论与实际”研讨会，作大会报告。事后收到感谢信。

1月7日晚，上海卫视播出《传奇女子》，介绍李香兰。我想起悦子。

1月8日，飞上海，参加“认证认可对国民经济和社会发展的作用”座谈会。在市政府大厦二楼会议室举行。下午，匆忙赶回北京。

1月10日，欣儿带Mimi飞回加拿大。我们没去机场送行。

1月25日，工程院安排，去参观首都机场三号航站楼。

1月27日上午，开现场统计研究会团拜宴，多喝了两口口子窖酒，有点晕乎。

1月28日，美国佐治亚理工学院的史建军教授来北京我院，帮助于丹建立质量研究中心，大好事。晚上，汪寿阳夫妇来家拜年。这对夫妻很般配，给人好印象。

1月31日，程铁信从天津来家看我，提了好多吃的送我，下了三盘棋，一赢二输后，请他去家乐福，吃鳗鱼饭。

2月2日，中国侨联主席林军来家。谈起话来，说他也是在中粮作领导时搞质量管理的。

2月4日，北京质量协会在万泉庄路大宅门请吃午饭，经郎志正推荐第一次喝了豆浆，吃了灌肠，都是老北京人喜爱的食品。

2月6日，今天年三十。小宁同舅舅、舅奶打三人麻将，不那么熟练了！

2月7日，大年初一一早，陈光亚、顾基发、陈川平来家拜年。这三人可算我在院里的铁杆哥们。

2月8日，唐国强一家来拜年。他大儿子胖胖的、憨厚、有礼貌，我们都喜欢他。小儿子聪明伶俐、有点顽皮。壮丽好像胖了。

2月9日，郎志正夫妇宴请苏浙汇，吃东坡肘子。

2月10日，马振洲开车拉我们去佟仁城家，再出去吃饭。然后，佟馨夫妇送我们回家。

2月11日下午，刘怡君夫妇来家拜年，谈了一些科学论的东西。

2月26～28日，年初五后，无人来拜年，26日乘机飞福州，27日上午参加省电力公司的“电力安全心理研究与应用”科技项目鉴定会。下午，访林则徐故居，游原为林家祠堂的林则徐纪念馆。知林名字由来，仿民国时期北大考题出“胡适之”，对“孙行者”，余出上联“林则徐”，对下联“刘源张”。然而，祠堂有林公自述对联：“吏治十四省，统兵四十万”，与此公相比，余羞愧矣。顺访怡山西禅寺，规模之大、占地之广令人称奇。

3月6日，报载：在日本京都南座剧场，中国苏州昆剧与日本歌舞伎同台演出《牡丹亭》和《杨贵妃》，1080个座位不够，加了许多站票云云。1950年，我在京都，曾去南座观看过，记得好像是“辩庆和尚”戏。

3月14日，去三里河中国科学院院部，《科学网》总编王存富已在大门等候，上7楼会议室，录像讲话，“质量创新是消费者权益的最大保护”。

3月31日，北京2008奥运会圣火点燃仪式及火炬接力传递仪式11时在天安门广场举行。百年期盼，今日实现。

4月4日，清明节法定节日。老奶奶、老娘亲骨灰在何处，每思及此，悔恨交加。“文华大革命”10年，害我家破人亡，而死者无以为祭，哀思无以为托。

4月13日，应杭州市企业联合会王水福会长邀请，为协会作题目为《质量与诚信》的演讲。

4月15～20日，在上海。去复旦大学与几位教师座谈质量管理各个方面的问题。陆院长宴请，提出邀我去任教。

4月23日，北京质量协会在怀柔雁栖湖畔大雁楼的北京电力公司宾馆开会，该处位于半岛，三面湖水环绕，风景宜人，空气新鲜。

4月24日，从会场赶回家，拉上小宁，去机场接明儿。

4月27日，同飞成都。下午，出席四川大学工商管理学科2008年春季博士学位论文答辩会。指导教授许玖平，博士生华北电力公司总经理吕强。

4月28日，飞抵九寨沟机场，乘大巴去黄龙。海拔5000米，力不能爬，只在景区入口检票处前附近活动，但此处已是海拔3000米高。黄龙顶上五彩池有个传说。“王母娘娘看中这块风景，要把它收回天上，村里头领女儿知道后，就把爷爷拐杖上的五颗珠子抛上天，七七四十九天不停念力推动，等到王母娘娘认为这就是她索要的池子时，姑娘知道五彩池保住了。但她已精疲力竭，倒在池旁。”可惜我没上得去，恐怕也永远上不去这五彩池了，但我记住了这美丽的传说和这美丽的姑娘。在九寨沟游览了两天，返回成都。14天后，汶川大地震袭来。

5月1日，与明儿我们三人飞青岛。吕总来接至东海中路的海情大酒店并宴请，唐大嫂和国建夫妇出席。去唐大嫂家和静纯家探望。乘D54次车回京。4日，明儿在北京饭店五人百姓日餐馆请我们吃火锅。7日，明儿飞回美国。

5月17日，参加国家质检总局2007年下达的科技项目“标准化对GDP贡献率研究”成果鉴定会，任鉴定委员会主任委员。

5月19日，国务院公告：5月19～21日三天为全国哀悼日。今日下午2时28分全体国民默哀3分钟。张宁和我起立默哀。中华民族永不倒！

5月27日，国民党主席连战谒中山陵祭总理，祭文见载台湾5月3日《中央日报》。

5月28日，共产党总书记胡锦涛会见国民党主席连战。“但愿人长久，千里共婵娟。”

6月1日，郭位院士偕夫人宴请东城区金鱼胡同和平饭店附近的美味珍餐馆，还有其他几位客人。

6月4日，刘梅笑从美国来京公干，上午来家，中午请她在苏浙汇吃饭，她好像挺满意，送给张宁一副耳环。

6月6日晚，李家明来家接我去白家大院，出席他女儿小斯的婚礼，送贺喜2000元。

6月12日，出席“提高我国制造业产品质量的途径研究”咨询研究项目座谈会。发言中，谈到“不认真，无诚信，再加无质量意识”实是大碍。潘云鹤副院长总结发言道，“质量的提高不仅仅是质量的提高问题，也是社会道德的提高问题”。

6月13日晚，荒井来家聊天。他说，日本的好日子过去了，现在要看中国人的好日子。

6月19日，蒋丽金院士、许国志院士夫人的遗体告别在八宝山小礼堂举行。我着黑西装、扎黑领带、穿黑皮鞋。数百人中独我如此。签名簿上我签下了张斌的名字。

6月22～27日，中国工程院院士大会。

6月27日中午，Louis来家，我不在，张宁给他学费和零用钱共5000元。

6月30日早起，忽然感到右脚大拇指剧烈痛疼，怀疑是痛风，翻开医书一查，果然是。去医务室要来别嘌呤醇片和芬必得。

7月1日，六姨打来电话，告知小丽今日凌晨1时许去世。陈年肝炎转肝癌。小丽是四姨的女儿，一生好强，怎奈命运不济。消息瞒住小宁。

7月2日，冯理达，海军总医院副院长、国际气功学会副会长、冯玉祥之长女。2月8日逝世，享年83岁，今日见报。我与她有过一面之缘。几年前，确切日期不记得了，张重庆在三环路上一家名为釜山的餐馆宴请。客人有社科院的罗元铮和夫人冯理达，我作陪。大家入席坐下，她看了我一眼，指着我，对坐在她旁边的一位年轻女士说，他就是打通天眼的人。以前，在中关村礼堂上过气功师张某的课，其中是有“打通天眼”一课，但我并没打通。我眉心处有块浅色红斑，总以为是螨虫作祟，曾到青岛市立医院查验，说没有螨虫。难道这里就是天眼，我没打通的天眼？可冯先生为何说打通了呢。

7月7日，《凤凰卫视》“文化大观园”播出对谈，说诺贝尔文学奖得主高行健对中国的话剧有重大贡献。我曾收到一本赠书《世纪诺贝尔》。此书介绍开始评奖以来的得主事迹，唯独不见高行健其名。写信给作者询问原因，得到的回答很含蓄，曰：等待再版时更正补进。

7月16日，国家质检总局召开座谈会，讨论“改革开放30周年及推行全面质量管理30周年”纪念活动事宜，出席讲话。

7月23日，小宁和我去五道口的北京外国语大学看了看Louis的宿舍，请他和同屋的两个同学一起在学校内的日式餐馆桃山吃晚饭。外孙的全名是Lanselot Louis Deschner. 第一个名取自英国传说约瑟王时代的英雄，第二个取自外公的曾用名。可是我这个外孙一介书生，怎么看也不像个英雄。

7月25日，召开“风险管理——术语”国家标准审定会。讨论热烈，近似争吵。若非我这老人拍板，恐怕会议难以收场。

7月28日，世界管理大会首次在华召开，地点是上海复旦大学，无缘参加。

8月5日，六姨电话告知小丽的身世和去世前后的种种情节。悲哀极矣，详记于日记，不想在这里写出。

8月7日，2008年“中国标准创新贡献奖”评审会召开，任主任委员。今日，奥运火炬在北京市内传递，为避免交通管制，从昨晚住进香山金涌酒店。

8月8日，奥运会在鸟巢开幕。王仲何夫妇带儿女来家，一同与童雪松一家会合，去酒楼吃晚饭。仲何受邀请参加开幕式，雪松一家来游长城。看见他们，很高兴。我那时的两个硕士生、爱徒。现在，他们都有出息了。

9月1～16日，在上海。2日中午市政协副主席周太彤宴请市政协大楼。下午在锦江小礼堂参加“推行全面质量管理30周年纪念大会”。4日下午去西郊宾馆7号楼报到，翌日参加“2008全国贯彻落实《卓越绩效评价准则》国家标准交流观摩会”。作会议总结，讲了一个半小时。6日，波司登公司派车拉我去常熟，参观公司、工厂后，与董事长高德康夫妇共进午餐。当日返回上海。

9月8～12日，在上海质量科学研究院工作。

9月13日，司机陈昭宏拉我去逸夫舞台看京剧。

9月14日，今日是中秋，万科公司宴请“福荣汇”全球联盟会所。此处原是英国领事馆，旧洋楼，庭院深深，摆设复古，见有刘墉字幅，不知是否为真迹。唐局等出席。

9月17日晚，荒井来家，谈起话来，语及中日关系，他说，还是一样，日本人看到邻居阔起来不舒服。

9月21日上午，高原明生来家，带来其父高原友生赠余所著《悲哀的帝国陆军》。余识友生先生当在20年前于北京伊藤忠商事公司办事处宴席上，其后，数次见面，感到其人颇有旧日本武士风格。如今读此书，方知原本出自军人家庭，先人曾为藩士，而他从幼年军校读到士官学校。毕业后，任中尉，赴缅甸作战。复员后，学习于东京大学政治系。毕业后，进伊藤忠，升至副社长。近日摔倒三次，击中头部，卧床不起，记忆全失。我在《日本经济新闻》上读过他的连载《回忆录》，此人有骨气。

9月27日，“神七”升天返地。

10月5日，国庆长假最后一天。韩以俊开车拉去北京西北郊阳台山自然风景区，入住翠微阳台山培训中心，我们住8888房间，郎志正夫妇住6666房间。游大觉寺，古刹名寺，始建于辽代，距今已有千年。其后历代扩修，至清雍乾大成。并游金山泉。6日，返回。

10月13日，中国机械工业质量管理协会在金台饭店召开第六届会员大会暨机械工业推行全面质量管理30年庆祝大会，作大会演讲《传承与创新》。

10月15日上午，参加中国质量协会召开的全国质量管理小组活动30周年纪念大会，并荣获全国质量管理小组活动30周年个人突出贡献奖。

10月15日下午，香港中文大学校长刘遵义来工程院作《世界中的中国》的经济形势报告。

10月26日，飞郑州出席“中国开封高层质量论坛”，作讲演《监管与自律》，台下有人递条子，说好。28日返京。

11月1日，飞长沙，申玫玫陪同，入住经济技术开发区内的明城国际大酒店，富丽堂皇。

11月2日，参加第三届中国管理学年会。作完报告，年轻人纷纷要求合影，我简直成了明星。

11月8日，北京，与小宁出席在中国科学院力学研究所小礼堂举行林同骥先生九十诞辰纪念会。

11月10日，出席在中国标准化研究院举行的《能源管理体系要求》国家标准审定会。

11月11日，参加在航天工程资讯中心召开的第一次“提高我国制造业产品质量途径的研究”咨询项目研讨会。

11月12日，出席在外国专家大厦召开的《风险管理 原则与实施指南》国家标准审查会，任主任委员。

11月16～19日，飞深圳，参加两院资深院士联谊活动。入住盐田区大梅沙海景酒店，听报告，参观华为、植物园、茶翁古镇、华侨城、茵特拉跟小镇。到北京机场，坐来接中国科学院力学研究所俞鸿儒院士的车回家。

11月27日，明儿从美国飞回北京家。我们没有去接，年纪老了，去机场接客人费心神。

12月4日，明儿为妈妈做75岁寿宴，在魏公村口腔医院北侧国际大厦地下的“外婆家”邀请杜刚、郎玲、沈莹丁、力丽、孙长鸣、小谷、孙小乐、张志诚、张春生、马澄、陈友庄、庞炳勋等加上我们夫妇。

12月6日，孙长鸣为小宁设宴海淀西街的義和雅苑，吃烤鸭。

12月8日，陈友庄在苏浙汇宴请我们娘仨。

12月10日，明儿飞返美国，北京质量协会派车送机场。

12月13日，与杨晓光飞郑州，出席中部企业领袖大会，应邀作《下一个三十年》的演讲，希望它是诚信的30年。游大相国寺，大师堂内供奉日本空海大师。

12月19日，出席国家质检总局的“全国质量工作30年座谈会”。

12月22～26日，在上海质量科学研究院工作三天，并帮助吕强设宴招待上海交通大学副校长江志斌教授。上海质量科学研究院院长唐晓芬宴请上海质检局黄小路局长、沈伟民副局长，交谈之下，深受教益。

12月27日，航天产品可靠性技术与质量科学联合实验室揭牌仪式举行，被评为学术委员会委员。我已离开学术很久，怕不能胜任。

12月31日，2008年就这样过去了。许多事想办都没办成。生性懒惰，火不烧到屁股不会动。总结：想象力有余，执行力不足。

2009年　85岁

1月1日，明儿先来电话，随后欣儿打来电话，祝老爹生日快乐。

1月2日，吕强和夫人、儿子，还有他的办公室主任同去安立路上的全聚德吃烤鸭。头一次到这一带，真热闹。

1月5日，刘梅笑从美国来京出差，请我们去海淀剧院看了《非诚勿扰》，冯小刚执导，葛优主演，对话笑死人。从剧院出来，她请我们吃披萨。

1月6日，中国工程院在中山公园音乐厅举办新春联谊会。我已记不得多少年没来此地了，20年了吧。会前会后，我和张宁好好走了一阵子。

1月8日上午，北京质量协会常务理事会，下午会员大会，都要讲话。午宴时，听说范谨去世。这位老人独自一人居家，不用服务人员，心疑其是江青派来的密探。"文化大革命"之害，又一例证。

1月10日，在人民大会堂接受中国管理科学学会的管理科学特殊贡献奖。

1月14日，中国工程院在中石化大楼召开座谈会，富丽堂皇，花了20多个亿，不包括土地费。李京文院士提出设立经济学的咨询课题，说要研究动用国家储备金购买石油、矿石之类物资。我表示反对，认为这样的课题不属于管理学部的范畴。会议采纳了我的意见。

1月16日，中国工程院在316会议室召开"制造业质量改善途径"的咨询课题汇报会。许多部门派人来汇报。我在会上说，平常不联系、不沟通，一个上午听这么多汇报，一时难以拿出意见。

1月25日，正是除夕夜，欣儿飞来北京。

1月26日，大年初一。杜刚、郎玲驾车来，一同出去游览。晚，去北京饭店吃日本料理5个人1233元。贵，买个记忆吧。

1月28日，大年初三。孙长鸣、杜刚、我们三家聚餐義和雅苑。我请客。

1月29日一大早，欣儿找我谈话，告诫我：一，少下围棋；二，多陪妈妈去小公园走走；三，立遗嘱。全对！她还说，郎志正夫妇早就跟她说过这些事，不是老友，谁来管你家的事。唉，我欠小宁的太多了。

1月30～2月3日，初五。我们去青岛。市技术标准研究所办公室主任邱波和司机张师傅来接，至汇泉王朝大饭店入宿，访静纯弟媳家和唐大嫂家。让小杰带我们游览了我小时候住过、去过的地方。市质量技术监督局王局长请我们在八大关的红日宾馆吃的午餐，房间阔气得很。

2月10日，欣儿飞回温哥华。照了一张相，妈妈提着欣儿的皮箱，弯着腰，往车里送。看见妈妈的背影，想起朱自清的《背影》。

2月13日，在航天科技咨询中心开了一天的“提高我国制造业产品质量的途径研究”会。

3月9～15日，飞上海，去上海质量科学研究院工作。期间，请Cole来上海作学术报告。他现在是美国加利福尼亚大学伯克利分校终身教授兼日本京都同志社大学教授。曾在日本丰田汽车公司调研多年。彼此都在日本住过，晚宴上他问我对日本的看法，我回答了两个字，“爱、恨”。因为这句回答，我们成了朋友。席上，他给我写了个条子，希望有机会多谈一些共同关心的事情。2010年1月20日我收到了他寄来的法国《费加罗报》记者2009年10月的一篇英文文章《软实力是日本的鸦片》。意思说的是日本的一些自欺欺人的行为。

3月17日，从上海赶回来，为的是会见野中郁次郎，所宴请野中夫妇于苏浙汇，顾基发、唐锡晋作陪。

3月30日，去708所。近20年没去，今天一去，新地址、新大楼、新员工。同质量部的年轻人讲了一个多小时的话，谈我对科学发展观的认识。

4月7日，出席中国标准化专家委员会国家标准化体系建设工程研讨会。

4月8日，出席中国质量协会八届六次常务理事会。

4月10日，出席全国风险管理标准化技术委员会（TC310）2009年年会。

4月，编审《工人质量管理教材》、《机械工业质量检验和质量监督培训教材》。

4月27～30日，应南京财经大学王海燕教授邀请，与小宁飞南京，申玫玫陪同。28日见校长徐从方，与管理学院教师座谈并作讲演“中国如何解决质量问题”，认识陶魄总经理。晚，省经贸委副主任宴请。29日去芜湖会见市委书记陈树隆。芜湖市质量技术监督局局长吴正荣从芜湖来南京接，又陪同参观奇瑞汽车厂。

6月2日，中国工程院科技论坛第86场“应对当前金融海啸服务型制造的发展战略”在316会议室举行。上午听了，下午回家。

6月5～9日，参加在武汉的卓越绩效企业大会，发表讲话。访问武汉大学质量发展战略研究院。6月16日，乘D321车去上海，参加上海大学MBA教学和各评估会。

7月26日，出席航天科工集团公司“质量制胜战略研讨会”，讲话指出，要有战略，也要有战术。两个是要配套的。

8月12日，接受《人民日报》记者采访，谈“诚信”问题。

8月26日，中国产学研品牌联盟专家座谈会。去了，谈了，封了我个名誉主任。

9月3～17日，明儿回来给敦子办入北大学习汉语事宜。去北京饭店五人百姓日本料理店，明儿请客。

9月4日，2009年全国质量奖审定委员会会议。这是我第10次参加了。坚持说公道话，做到了吗？

9月21日，国家自然科学基金委管理学部召开咨询委员会会议，讨论《“十二五”管理科学发展规划》。我指责，成思危主任过于强调虚拟，恐怕把管理科学引上歪路。王应洛院士表示同意。

9月27日，中国科学院副院长詹文龙来家看望。

9月29日，连续三天去中日友好医院，诊治脚腿肿，申玫玫陪同。

10月1日，新中国成立60周年大庆，天安门前举行阅兵仪式，受到邀请，但恐怕体力不支，婉谢。

12月2、3日，中国机械工业质量管理协会理事会及会员代表大会在京召开，我作题为《质量工作大有可为》的讲话。全文刊登于《机械工业质量管理》2010年第1期。

10月28日，出席在京西宾馆举行的全国质量奖颁奖大会。

10月31日，钱学森先生逝世，享年98岁。

12月8日，参加在北京全国政协常委会礼堂举行的我国推行全国质量管理暨中国质量协会成立30周年大会。会议上被授予全面质量管理卓越推进者称号，并代表全体被授予人员致了谢词。

12月11日，参加“钱学森先生99诞辰纪念座谈会”。

12月25日，在《人民网》的“强国论坛”上，谈“质量是名牌的基础，诚信是名牌的保证”。

2010年 86岁

1月1日，元旦一大早，中国工程院送来花篮，祝贺我85岁生日。

1月3日，在苏浙汇做生日宴，请亲朋好友来聚会。

1月7日，清华大学工业工程系郑力教授来家，征求办学意见。

1月8日，与小宁出去走走大雪地，去家乐福吃康师傅面。

1月11日，郎玲带小宁去北医三院看心脏有无问题，检查结果：血压90/170毫米汞柱。

1月13日上午，上海贝尔阿尔卡特公司质量总监夏芳芳带助手来家，送来世博礼品的精美茶具。同她们谈了一些亲身经历的质量小典故。下午，林方介绍的美籍华人王勇先生来家。刘明人大附中的同学、林方北航的同学在东莞开设了一家齿轮加工厂。这次来京，是与政府有关部门商谈促进内地齿轮加工业的技术改革。叹道，在中国搞创新太难。国人大都急功图近利、忽远益。

1月18日下午，中煤集团公司总经理王安来接，去人民大会堂出席院士专家新春联谊会。车内交谈，才知道“没人就安全”一语出自他口。

1月21日，上海质量科学研究院唐晓芬院长来京公干，晚宴请俏江南，吃了一道菜叫“文房四宝”。中国人在吃字上真是费尽脑筋，下尽工夫。

1月22日，明儿打电话来，说达夫查出了胃癌。29日发来电子邮件告知详情，看起来不至于有大碍。

1月29日，今天是敦子的生日。舅爷、舅奶来家，带来敦子在协和医院的出生证，亏他保存了19年。正好杜刚、郎玲来，一起去鹭鹭酒家庆敦子生日。19岁，花样年华。

2月5日，中国质量协会质量保障中心黄金夫宴请阜成路的黎昌海鲜大酒楼，客人有马琳、罗国英、郎志正、韩福荣。戚维明从青岛赶回赴宴。饭后写一对联交给邓总：“旧年已是牛冲天，新春更望虎生威”。

2月8日，郎玲带张宁去北医三院诊治，定为阿尔茨海默病。3月24日，张宁再去复查，取回报告单。医生诊断从初期向中期发展，需用药延缓。

2月9日，中国质量协会质量保障中心总工程师邓镇非来家给我带来内联升的布鞋，老干部穿的布鞋。

2月13日，除夕夜。舅爷、舅奶带来做好了的春饼。

2月14日，大年初一。唐大嫂、静纯弟媳打来电话拜年。这两家男主人都不在了，失此至亲好友，无人可以与之谈心了。

2月16日，顾基发来家，闲聊起来，谈及他当年审问张宁的事，露出道歉的口吻。过去，就让它过去。谁还记得那些陈年旧账？

2月24日，张斌妹和Check昨日抵京，今日来家。

3月3日，张斌妹来家辞行，回美国。今日一别，恐难相会。

3月4日，交敦子7500元，五道口租房三个月的房费。两人合租两居室的房，比纽约还贵。

3月7日，欣儿和Larry到京，入住魏公村附近的神州国际饭店。

3月12日，晚饭给欣儿、Larry送行。春生、杜刚两家参加。

3月14日，欣儿回温哥华，行前来家向妈妈告别。母女相抱，小宁满眼含泪。翌日欣儿打电话报平安。

3月26日下午很晚，柴生田来家，话了几句家常，匆匆离去，赶往东单。

3月27日，敦子来家，吃了晚饭，说要报考清华。

4月10日，首列“和谐号”动车组开始在沪宁城际铁路上线。

4月17日，中美工程技术研讨会质量管理论坛在外国专家大厦举行，到会讲话。

4月20日，陈晓田带一青年人贺晓辉来家，要我出任中国标委可靠性技术委员会主任。以“无能力”、“无兴趣”、“无时间”的“三无”谢绝。

5月1日，国际劳动节，带小宁出去走走。

5月11～27日，与小宁飞上海，见机场枢纽工程接近完工。去上海质量科学研究院工作。

5月14日，在上海大学管理学院作《管理科学：昨天，今天与明天》的报告。与师生座谈，指着墙上挂的写有王国维的“三个境界”，说我在质量管理的经历也大致如此。5月15日乘动车去杭州。5月16日，出席浙江大学西子研究院授牌仪式。讲演者多，主持人要我最后一个发言，作“创新，创新什么”演讲。参观中国计量学院。5月20日回上海，参观2010年上海世博会，很累。5月27日回京，学生王永车送。

6月3～5日，去华中科技大学，申玫玫陪同。

6月7～11日，中国工程院院士大会。徐匡迪退任，周济接任。

6月11日，《管理科学学报》总编蔡玉麟来采访，第一次见面。

7月5日，国家质检总局质量管理司孙波司长电话通知，我任《质量发展纲要（2011—2020）》起草组组长。

7月6日，与张宁飞贵阳。出席“黔东南生态文明建设发展研讨会”，经凯里去西江千户苗寨参观。回贵阳，翌日返京。一路游黔东南，有感：

天高地远物稀风景好，山清水秀人美情谊厚。

7月19日，京沪高铁昨起全线铺轨。

7月21日，敦子回美国，身上背着在北京买的琵琶。在门口，我嘱咐她，要多来看看奶奶和爷爷。

7月23日，去家乐福旁的哈根达斯吃冰激凌，明儿付钱。

7月27日，孙长鸣邀去全日空宾馆内的唐宫酒店吃早茶。大半年没在一起吃饭了。提起小乐还没有对象，小谷说，现在年轻人就是这个样子。

7月28日，明儿离京返美，中国质量协会田华来机场送行。

7月30日，《质量发展纲要（2011—2020）》研讨会举行。领导小组组长刘平均，起草组组长改为张纲，我转任专家咨询组组长。

7月30日，钱伟长先生逝世，享年98岁。“三钱”皆去矣。

8月13～15日，去兰州参加第三届“管理学在中国”研讨会。夜间，乘大巴游览黄河两岸。

8月23日，参加“中国标准创新贡献奖”评审会。这次是第五届。

8月27、28日，中国质量协会“中国质量学术与创新论坛”在铁道大厦举行。出席开幕式，讲话。

9月2日，工信部在京西宾馆召开“首届中国工业产品质量信誉论坛”，出席，讲话。

9月3日，李昌逝世，享年95岁。他始终关心、支持我的工作。谢谢！

9月3日，全国质量奖审定委员会开会，第十年的第十次。鞍钢参加并入选，大企业放下了架子，好现象。

9月8日，与小宁飞重庆，申玫玫陪同。国家质检总局殷处长同行，入住市质检局宾馆。

9月10日，作报告。孙波司长特地赶回，陪同。当地质检官员热情接待，方知孙波任重庆局局长时，为他们做了许多好事。每次宴请时，大家对他特别尊敬，气氛热烈，官情、友情、故旧情令我感动。

9月18日，唐国强来家。带来一大些中秋礼品。两个孩子都在美国洛杉矶上学，妈妈陪同。亮亮夫妇依旧还是吃老子。

9月26～29日，与小宁飞广州，郎玲陪同，参加广东省质量协会成立30周年庆典。两天来，饱吃了广东茶点。

9月27日，在广东质量论坛暨第30届中南六省区质量管理学术研讨会作主题报告。

10月11～13日，中国工程院管理学部成立10周年暨学术报告会在京举行，出席，作报告。

10月21日，出席在京西宾馆召开的全国追求卓越大会，颁奖。

10月22～24日，飞成都，出席第17届中国质量高层论坛并作报告。感冒，咳嗽不止，坐主席台上一个下午，台风阴森，只得忍耐。

10月25日，入海淀医院诊治，肺炎。住院20余天，郎玲天天来侍候，多亏了我这个侄女。

12月4日，小宁77岁生日。杜刚、郎玲来庆祝。

12月9日，欣儿从温哥华回家，一起在中关村走了一圈，44楼下面、中关村一小大门前，照了几张相。这些地方有女儿们的记忆。

12月13日，欣儿的几个好同学来家聚会。

14日，欣儿飞回温哥华。

2011年 87岁

1月1日，元旦。小宁和我在家客厅大柜前，照了一张合影。愿我们健康、愉快、长寿、无病无灾。

1月1日，晚9时50分，明儿进家。在家13天，天天做早饭、晚上烧水给我老俩口洗脚、临走前的晚上还给我剪了脚趾甲。

1月3日，在苏浙汇做生日，招待亲朋，陈友庄带虫儿来，给我们这些老人添了亮点。

1月9日，收到久埜由利的电子邮件，对我8日给久埜收吉信的回复。收吉不能动笔，是不是患上了阿尔茨海默病。

1月11日早，陈安翔来送站。

1月12日中午，来电话，平安抵达。

1月15日，中国工程院管理学部在九华山庄举行新春座谈会。

1月18日，中国质量协会质量保障中心在翠宫饭店举行报告会。黄金夫作主题报告，我即席讲话称赞。

1月19日，国家质检总局召开《质量发展纲要（2011—2020）》专家组会议。支树平局长出席。

1月25日，中国机械工业质量管理协会在京滨饭店宴请机械工业部原老领导，作陪。

2月2日，除夕夜，春生夫妇来。上午，陈友庄带虫儿来拜年，给一个红包，本来是压岁钱，挂在床头辟邪的，现在成了送礼钱。从前，压岁钱只要一个铜板，现在，得多少个铜板。

2月5日，初三。我们去马振洲家做客，佟仁城一家来，合影。

2月8日，朱凯、朱选兄妹来家，请他们喝茶。

3月11日，日本“3.11大地震”，利用电子邮件给几位日本友人发去了慰问信。

3月17日，欣儿、Melanie和她的同学Emma Lee来京。

3月30日，小姑娘们向奶奶告别，欣儿带她们回加拿大，张宁去机场送行。

3月31日，工信部《工业产品发展“十二五”规划》讨论会在中国职工之家宾馆举行，出席，讲话。

4月1日，近藤良夫逝世，我失去一位老友。立即写下《悼念近藤良夫兄》，寄往《上海质量》。

4月22日，从《凤凰卫视》“我的中国心”看到顾准这个名字。他生于1915年，死于1974年，最早提出社会主义市场经济的人。被打成“右派”。子女五人，皆已成材，与其父断绝关系，不肯到父死前病床一见。此等“人才”，不要也罢。

4月29日，出席全国纺织行业质量工作大会，讲演《质量与名牌》。

5月1日，劳动节，与小宁去紫竹院散步，请游人给我们拍了照。

5月，《感恩录：我的质量生涯》由科学出版社出版发行。

6月1日，有感。每次收到邀请函，上面写“请着正装”。中国人的正装是什么，难道只有“西服加领带”。

6月8日，“顾客满意指数评审专家组成立仪式”在中国标准化研究院举行。我被推选为专家组组长。

6月9日，主持在国家质检总局召开的《质量发展纲要（2011—2020）》专家论证会。

6月11～17日，在上海质量科学研究院工作。与钱仲裘来交谈，说他从质检局局长退下来，担任某制药集团公司监事会主席，去过几十个药厂，几乎都是无管理、无质量意识、无责任心。听了，不知该说什么。在上海几天，总是听小宁唠叨，“我要回家，妈在家等急了”。闻之心酸。只好安慰她，“我们这就回去”。

6月26～29日，中国工程院在北京会议中心召开新增院士评审会，与小宁同去。

7月17日，张大明的同学马明来家，送她一本《感恩录：我的质量生涯》。

7月23日～8月17日，欣儿、Larry回家，带着三位老太太来华旅游。春生宴请她们吃烤鸭。Victoria (Vichy) Johnston送我一本Henry Kissinger的《On China》，586页的著作。18日，欣儿和Larry回加拿大。

7月28日，在中国科学院科技政策与管理所作报告的《一个令人困惑的问题》，谈质量问题，引用狄更斯的《双城记》开头的几句话。

8月4～6日，与小宁飞杭州。申玫玫、郎玲同去。入住香格里拉饭店。应浙江大学西子研究院邀请，为其培训班作报告。综合管理部的尤梦请我们在楼外楼吃饭。

8月8日，国家科技支撑计划重点专项"关键技术标准推进工程"验收会议于国家质检总局召开，任验收组组长。科技部万纲部长出席。

8月10日，我国航母平台首次出海试验。

8月24日，《科学时报》的"大家风采"刊出郭传杰写的对《感恩录：我的质量生涯》的读后感。

8月29日，金国强自上海寄来"哈根达斯"礼券。

8月31日，中国科学院研究生院工程教育学院工程管理硕士专业学位教育指导委员会成立暨第一次全体会议在玉泉路校区召开，我被推选为主任委员。

9月2日，获北京质量协会"推进质量活动特别贡献个人奖"荣誉称号。

9月6日，应中国高科技产业化研究会邀请，与小宁飞陕西榆林。到煤老板发财的地方一看，好像满街都是阔佬儿，因为奔驰车到处都是。

9月9日，全国质量奖评审会，会上散发了我的《感恩录：我的质量生涯》。

9月20日，在《人民日报》上发表《说质量强国》。

9月24日6点，与小宁飞广州，申玫玫陪同。住一夜，飞越南胡志明市，街上看到到处尽是西贡的字样。在亚洲质量网组织的大会上接受“石川－狩野奖”。参观市容，法国文化影响随处可见。游湄公河，去古芝看抗法遗迹。9月30日回到北京。

10月21日，出席在京西宾馆的全国质量奖颁奖仪式。

10月30日，与小宁飞上海，出席第八届上海国际质量研讨会暨国际质量科学院院士论坛。获“上海白玉兰质量特殊贡献奖”。报上评论，这次会议规格高，品位更高。

11月1日，游览上海世博会纪念馆，欣赏了“清明上河图”的动画片。展品只有中文解说，无英文。这么好的东西为何不让外国人欣赏呢。上海电力公司在浦东太平洋酒店宴请，郎志正夫妇出席。

11月2日，在第八届上海国际质量研讨会暨国际质量科学院院士论坛上，获亚太质量组织颁发的“费根堡姆终身荣誉奖”，以表彰我为全球质量做出的贡献。

11月4日，一同从南京乘动车去南京，参加王海燕教授主持的“首届国际质量－安全－信用论坛”。6日回北京。

11月10日，出席《标准化事业发展“十二五”规划》征求意见会，提了几条。

11月17日，“神八”回家。

11月25日，飞广州，到华南理工大学，美丽的校园，原中山大学旧址。参加“2011中国－实践－管理”研讨会，结识陈春花教授，在企业界有盛誉的学者。访问金蝶软件公司，见总裁徐少春。

11月28日，应黄总邀去粤北河源高新开发区，路上的标语好，“既要金山银山，也要绿水青山”。

12月1日，去上海，晚在上海大学宝山校区给经济管理专业一年级学生讲话，满满的一屋子，加广播，宣传了我的“三感”。

12月2日，邓绩陪同，去上海文化广场大剧院观看英语音乐剧《巴黎圣母院》，一种心灵的享受。我们的票价880元，高的1280元，低的80元。

12月4日，遵守1988年的再不相见的诺言，整整22年不曾与悦子联系。今天托荒井给她送去红茶和糕饼，都是她喜爱的食品。

2012年　88岁

1月1日，我的生日。杜刚、郎玲来家，叫来外卖的烤鸭，四个人的生日宴。

1月6日，同小宁出去走走，在街对面的粥店吃了两碗皮蛋瘦肉粥。

1月8日，欧育辉自宜宾来家，送我一条龙装的五粮液。尤佳在北京中国航天集团公司工作，给我带来黄山毛峰，又请我们在鹭鹭酒家吃上海菜。师生情！

1月10日，国家统计局公布2010年GDP最终核实数据，401 513亿元。

1月11日，国务院第189次常务会议审议并原则通过了《质量发展纲要（2011—2020）》。

1月11日，中国工程院管理学部在克里木宾馆举行新春座谈会。周济院长、王礼恒院士在会上都强调质量，让我说要有个举动。手交何继善院士贺年片，上写："兔跃匆匆去，龙腾呼呼来；愿借君子笔，写尽人间爱。"何院士是书法家，他抄写了一份送我。

1月13日，中国科学院数学研究所在青年公寓礼堂举行新春团拜会，看见许多老同志，向他们问好。

1月17日，中国机械工业质量管理协会在上海老饭店宴请老干部、老领导，互相拜年。地点是陆燕荪副部长挑的。

1月18日，去中国合格评定认证中心做客。肖秘书长对我讲了国务院1月11日国务会议的情况。总理、副总理、国务委员、部长们一致同意，强调质量。

1 月 21 日，孙长鸣拿了一大盒樱桃来。李迎菊送来一盆兰花。

1 月 22 日，今天是除夕。明儿、达夫从美国回家。大年初一，达夫就忙着下厨。

1 月 24 日，杨晓光、顾基发、陈川平来拜年。刘怡君夫妇带着孩子也来了。

1 月 26 日，天气晴朗。朱凯、小孟、春生夫妇，再加我们俩，在家吃饭，又唱又笑，热热闹闹，一派天下太平气氛。

1 月 26 日，收到滨本良一一家合影的贺年片。两个女儿都大了。那年我去东京，到他家做客，她们还是五六岁的儿童。从他父亲一代，都是中日友好人士。

1 月 28 日，孙长鸣在丰泽园宴请明儿、达夫、春生夫妇、我与小宁。舅舅用俄语唱《莫斯科郊外的晚上》，煞是动听。

1 月 28～31 日，明儿请我们住进了木棉花宾馆。店招牌写道“自然、时尚、简约、亲切”，的确如此。在宾馆房间，从电视看了《武士的一分》，描写夫妻之情，令人感动。

2 月 3 日，明儿、达夫回美国，望着离去的车辆，难道相会只是为了离别。

2 月 7 日，国家质检总局召开基于质量管理体系的政府部门执行力建设研究课题验收及鉴定会，任验收组组长。

2 月 18 日，许久不通音信，罗伯特·科尔忽然给我来了一封电子邮件。说他刚看了一本《作为李香兰的生活》，感到她和我都好像是夹在两个文化冲突和政治斗争当中受煎熬的人。

2 月 19 日，我给他回复了一封长长的电子邮件，告诉他，我与李香兰（山口淑子）和她妹妹悦子的交往。

2 月 27 日，罗伯特告诉我，他把我的复信的英文稍加修改，发表在美国的全国亚洲研究所（National Bureau of Asian Research）的日本论坛（Japan Forum）上。他可真让我“名扬四海”了。

3月13日，单体大容量固态聚合物动力锂电池应用技术汇报会在上地嘉华大厦举行。见到多年没见的怀国模将军。

3月17日，与小宁乘高铁去上海，申玫玫陪同。19日星期一，去上海外国语大学MBA教育中心。20日去大众书局，闻名24小时营业，前去一看究竟。

3月21日，访问上海外高桥第三发电厂，并到上海质量协会听取工作汇报。

3月23、24日，在上海大学，为管理学院研究生作报告。

3月27日，秘书杨丹开取走文件、资料6大纸箱。

4月9日，刘梅笑从美国来京公干。来家说，她爸爸读了我的《感恩录：我的质量生涯》，说我很有组织力。我还有组织力？不知道。

4月10日，国家质检总局召开“品牌价值评价国家标准”研讨会，出席讲话。

4月12日，郎玲来，与小宁一同出去走走。在中关村大厦内的台湾饭馆吃午饭。

4月12日，收到荒井的电子邮件，说，他把《感恩录：我的质量生涯》给悦子寄了去，收到感谢信，信中悦子写道，“看了书上的相片，想起年轻时的事，泪流满面”。

4月17日，出席国家质检总局召开的“科学技术委员会全体委员会会议暨科技表彰大会”，被聘为咨询委员。支树平讲话，很有水平，想必平日读书不少。

5月8日，与小宁乘高铁去上海，郎玲陪同。10日在上海大学“质量创新论坛”讲解《质量发展纲要（2011—2020）》。并与学生对话交流。11日去上海质量科学研究院，看见邹红，癌症休养一年多，来院上班。12日，王永一家到乐平楼，女儿小果果真健康、活泼、伶俐。13日去南京，王海燕安排游览。阅江楼，我们坐了坐朱元璋的龙椅。14日去南京财经大学访问，宋校长接待。中午，鞠兴荣副校长宴请张公馆。问是哪个张公，答不知。16日回上海。

5月15日，任江苏省质量安全工程研究院名誉院长。

5月17日，参观位于马陆的上海日用友捷汽车电气公司。见马宝发总经理、周伟刚技术总监。公司有技术、有设备、有人才、有管理、有战略。

5月25日，与上海大学学校科学研究中心人员座谈“面向社会的科学研究”。

5月26日，参加上海经济管理中心举办的高端讲座，就2012年2月6日国务院颁布的《质量发展纲要（2011—2020）》发表演讲。

6月4日，孙长鸣宴请全聚德，吃得很满意，把家里的电动缝纫机送给家乐，希望她像小宁一样裁缝衣服。

6月5日，李振鹏送来计算结果，如果可用，《劳动生产率的研究和应用》可以结题了。

6月9日上午，在中国质量协会会员代表大会上看见袁宝华老，走向前，致问候。

6月15日，中国工程院院士大会，决定大力宣传科技工作者。

6月18日，“神九”发射成功。

6月25日，去青岛，魏蕾陪同，与王林会合，游览名胜和旧居，不胜感慨。

6月30日，欣儿从温哥华回家，8日回加拿大。短短7天，给家里办了许多事，还向魏蕾交待了许多事。

7月6日，到南京，入住钟山宾馆。此处主楼四周的房屋皆为中国古典式建筑，原系戴笠大院。

7月7日，参加第二届南京国际质量、安全、信用论坛，并作《从食品、药品方面谈中国质量管理的现状及措施》报告。见到台湾来的客人，合影。Watson与会，告诉我，他们家有阿尔茨海默症的遗传，可能下次见到我，也许不认识。

7月14日，魏蕾和李新建开车把我们拉出去，转了一圈。先去小宁念念不忘的慕贞中学（现改名125中，索然无味）。又去东直门内草原胡同的百合素餐馆吃午饭，很喜欢这里的氛围。回路上，过双安商场，买了顶夏日帽子，240元！

7月18～20日，回青岛，参加院士采集工程活动。下榻火车站对面的达宾汉君悦维多利亚大酒店，青岛大学的乔晗教授来访。去唐大嫂、静纯家。

7月22日是定民弟的忌日，只能让小杰领着去海洋大学看看弟弟工作过的地方，缅怀昔日。

7月20～22日，到日照参加"中国运筹学企业运筹学会第七届学术年会"，并做了《关于劳动生产率》的报告。在日照，中暑再加上食物不净，20日呕吐多次，从日照乘校方车去曲阜，换乘高铁到北京。21日晚，暴雨中魏蕾来接，她妹夫王强开车，路熟走小巷，避免沉没积水。我在车中，发烧昏迷，丝毫不知车窗外情形。翌日，住进海淀医院。4天后，难耐折磨，自愿出院。

8月4日，魏蕾邀我们去她故乡甘肃天水。天水市交通局局长张栋梁偕夫人到机场来迎，热情亲切。文化古城，塞上江南，从前不知道是这样的好地方。

8月30日，与小宁飞合肥。

8月31日，参加"2012年全国'质量月'活动启动仪式"并颁奖。抽空去了包公祠和包公墓，一路有导游小宋讲解，甚为中肯。30年前的1982年来过，今日市容大变。市政府的"八字楼"，高高丛立，前面就是我们下榻的天鹅湖酒店。

9月7日，复旦管理学奖评奖办来京就"终身成就奖"获奖采访。

9月8日，中国科学院大学"创新管理博士班"2012级开学典礼上讲话，题目是《传道，授业，解惑，创新》。

9月13日，北京友谊宾馆参加中国工程院"关于道路交通事故防治工程论坛"。

9月25日，"中国质量发展论坛"在钓鱼台国宾馆17号楼举行。支树平局长主持，王岐山副总理讲话，结合生活和工作，讲的有意有趣有启发。我也讲了话。

9月25日，我国第一艘航空母舰正式交付海军，名“辽宁”舰，舷号16。

9月27日，下午明儿从美国回家。

10月11日，好久不见，哈尔滨工业大学的尹瑁瑞教授在日航大厦上海食府宴请叙旧。作陪的有原北大校长周树青、苏州大学校长等，还有三位年轻人。

10月15日，明儿回美国。

10月16日，滨海活塞厂厂长（董事长）李俊杰来家，送小米等特产，回送他一本《感恩录：我的质量生涯》。

10月19日，与小宁出席中国科学院系统控制重点实验室50周年庆典仪式。地点翠宫饭店，宾客真多，有许多多年不见的老同事，上前一一问候。

10月22、23日，去天津出席由复旦管理学奖励基金会授予的“复旦管理学终身成就奖”颁奖仪式。李岚清颁奖，徐匡迪、成思危、汪寿阳出席祝贺。晚宴有天津市市长和市府、市人大、市政协、天津大学领导出席，频频敬酒。一生荣誉莫过于此。魏蕾同行，负责照相。

10月26～29日，乘G154次车去镇江，魏蕾同行。27日领取中国系统工程学会终身成就奖，致谢词。下午乘车去扬州。李白有诗云：“烟花三月下扬州。”我是秋日访扬州，天高人气爽。名胜古迹，游览两日。导游孙小瑞，颇有文化，讲解有趣，从中学到不少知识。28日，游何园，与归堂有对联，“莫教春秋佳日过，最难风雨故人来”，甚喜此语。小宁与我坐堂前木椅合影，60年金婚。再游个园。

11月1日晚，汪寿阳在翠宫饭店宴请美国迈阿密大学工学院院长James M. Tien，我、魏蕾出席作陪，欢谈甚久。

11月8日，全国纺织行业质量大会召开，作专题发言。

11 月 13 日，明儿发来电子邮件，告知就职可口可乐公司，任 Operational Excellence Leader，可能相当于我们的全质办主任。

11 月 18 日，与小宁乘高铁去上海，郎玲陪同，到上海质量科学研究院工作。

11月23日去杭州，参加在中国计量学院举行的“标准化与知识产权管理”研究课题验收会，26日回京。到杭州三天，只有一个晴天，趁机一游断桥。西湖有三绝，“断桥不断，长桥不长，孤山不孤”，然而断桥第一，缘自乃白素贞与许仙相会之地也。

11 月20 日，郭慕孙先生逝世，享年92岁。28日去郭家看望先生夫人，方知记者来采访，长达三小时之久，先生谈及往事，激动不已，突然心肌梗死发作，而离去。记者“杀人”，要小心了。

11 月 30 日，在院晨星楼为电力大学一年级生作报告，提出“沉下心，耐寂寞；勤观察，善思考；找小题目，作真文章”。

12月4日，小宁生日。魏蕾买来蛋糕，庆祝，吃了三天，才吃完。

12月7日，新时代认证中心 20周年座谈会在望远楼宾馆举行，出席，合影。

12月8日上午，北京工业大学奥运体育馆在“首都大学生科技创新作品与专利发明博览会”上讲话，鼓励大学生创新。下午，在中国科学院大学为思危讲座作第一讲，主持人为汪寿阳，先为我说了许多好话。

12月11 日，与小宁乘高铁去上海。

12月12日，在上海市作政协文化俱乐部出席“上海市质量协会成立三十周年纪念大会”，获30周年特殊贡献奖。

12月20日，中国工程院李仁涵局长来家，传达周济院长的意图，筹划“质量强国”的研究。

12月 27 日，收到斌妹从美国寄来的一包巧克力，附信中写道，“知道你们不缺钱，送一小包糖果，敬祝大哥生日快乐”。过去，每年这一天，她总是给我寄美元来做贺礼，每次，我都退回。妹妹记着大哥，大哥也惦记着妹妹。

12 月 31 日，中国科学院系统研究所举行年终总结大会，借机为我做了生日庆祝会。王淑君来找我跳舞，搞得我手足无措，早该好好学学跳舞了。

2013 年　89 岁

1 月 1 日，在中关村苏浙汇设生日宴会，请亲朋好友出席。张春生夫妇、杜刚夫妇、佟仁城夫妇、魏蕾夫妇、申玫玫、杨舟赏光参加。并且，申玫玫和杨舟送来花篮，魏蕾送来蛋糕。李新建还特意送来一个泥塑的齐天大圣孙悟空。悟空我是逐渐做到，齐天可不行。

1 月 9 日上午，刘梅笑从美国来京出差，带一瓶加利福尼亚州所产葡萄酒来家。晚，新建请我们去国家大剧院观看京剧《白蛇传》。这是我喜爱的一出戏，主角史依弘唱念做打俱佳。

1 月 10 日，中国工程院一位局长、两位处长来家拜年，合影留念。

1 月 13 日，北京深陷雾霾。10 时 35 分中央气象局发布北京气象史上首个霾橙色预警。

1 月 19 日下午，中国工程院在国家大剧院举行新春音乐会，新建驾车来接送。会后，请新建夫妇在苏浙汇吃饭。

1 月 25 日，妹妹张斌在美国贝德福德小方家中因肺炎猝死。妹妹走了，弟弟早走了，大哥已哭干无泪，只愿他俩在天上安息欢乐。

1 月 26 日，中国高技术产业研究会在中国工程院礼堂举行京剧名家清唱会。季恒宽公子季文涛来接送。

2 月 1 日，唐国强从青岛寄来海鲜一箱、红酒一箱。

2 月 4 日，首都经济贸易大学领导从老家看望，合影留念。

2 月 5 日，郭建带女儿郭春妍来家拜年。多年不见，他老多了。女儿从美国留学归来，有工作，但无房，与父母住在一起，生有一个小女儿。够她累的了。

2月7日，耿平从加拿大回京探亲，顺道来家，说女儿在读大学，很好。欣儿、明儿的同学来家，我们见了，都很高兴。

2月9日，今夜是除夕夜。上午陈友庄来家，带来许多好吃的。让她开车拉我去苏浙汇取回预订年夜饭的订金500元。遵照习近平总书记号召，取消大吃大喝。

2月11日，郑萍从天津来京，与郑妈妈一道来家拜年。看到欣儿小时候的玩伴，心中亲切，又伤感。我小时候的玩伴都不在了。

2月13日，大年初三，郎志正夫妇来家拜年，

2月17日，马振洲宴请无名居，郭传杰、佟仁城作陪。同是没有架子的朋友，谈起话来，轻松得很。

2月18日，中国标准化专家委员会开会，换届。我从主任委员退下，继任者是邬贺铨院士。

2月26日，上海质量协会领导唐晓芬等来北京开会，顺道来家。

2月27日，可靠性座谈会在数码大厦23层华信技术检验公司举行。陆燕荪、沈烈初出席指导。我就目的、任务、分工、计划做了发言。

3月1日下午，去中关村美嘉欢乐影城看歌剧电影《悲惨世界》，唱得好。晚，在影城二层南京大排档吃饭，热闹得很，魏雷做东。

3月5日，六姨来家，带来礼物，提前祝贺小宁妇女节愉快。

3月17日，欣儿、Larry从加拿大回北京。

3月22～29日，欣儿、Larry、郎玲、杜刚、申玫玫、小宁和我，一行7人赴海南旅游。

4月4日，魏雷说，中国科学院大学管理学院购得我的《感恩录：我的质量生涯》300本，要我签名，作为礼品，去香港赠送有关人士。今天是清明节，打电话给小杰，要他去给他爹上坟时，替我鞠个躬，拜一拜。亲爱的定民弟去世27周年了，

4月8日，小宁连续高烧39℃，已是第四天，让海淀医院耽误

了四天。今天再去，照了片子，说是肺炎。为什么不早照片子，要求住院，回答无床位。转至北医三院，也说无床位。无奈给中国医学院刘德培院长打电话，请他帮忙，这才住进了北医三院。

4月17日，“提升学院教育教学质量研讨会暨2012年全国管理科学与工程年会准备会”在香山植物园的景明苑举行，出席讲话。

4月19日，韩庆愈自日本来京，知道他的名字已有半个世纪。近日来家，畅谈4小时。彼此共同认识的人太多，话题不绝。中午，从吉野家叫外卖牛肉饭，一起吃。他在建国门外买了处房子，正在装修，准备当做办公室，兼作“中日老人会”的会址。好，我报名参加。送他一本《感恩录：我的质量生涯》。他借走我保存的《1946年中华民国留日同学录》，说借去复制。侄女陪同。

5月2日，小宁出院。整整25天。郎玲几乎每天来医院病房侍候，多亏了她！

5月7日，学生马振洲通过博士生论文答辩，获博士学位。

5月16日，《人民画报》来采访，编辑记者李舒亚、摄影记者董芳，说了不知有多少话，照了不知有多少相。

5月22日，乘高铁去潍坊，出席在潍柴动力举行的机械质协可靠性会议，讲话后，立即乘高铁回京。

6月9日下午，去天坛东路金鑫烤鸭店。单程1小时30分钟。36年不见的原北京内燃机总厂的老朋友聚餐，话旧。陈兰通代表当年北京内燃机总厂全质办书写一幅挂轴给我。忽然间，往事一一回来。

6月9日上午，李新建和魏雷来家辞行，假期回天水。

6月10日晚，佟仁城在中关村亢龙大厦内东海海鲜会所宴请。他的学生男女多位出席。学生们都各有成就。

6月17日，收到《人民画报》2013年第6期，42～45页《刘源张——中国工厂大夫》。

6月18日，被邀参加“长江学者”评审会，未去。

6月23～30日，出席中国工程院院士大会。

6月29日，欣儿从加拿大温哥华回北京家。

7月2日，河南大学工商管理学院院长王性玉由中国科学院科技政策与管理所陈安陪同来家，提出在大学建立刘源张质量研究所，答应！定10月15日去开封。

7月12日，欣儿回加拿大。

7月23日，山东大学建立管理科学与复杂决策研究中心，要我任主任。答应。

8月4日晚，荒井利明来家，说6月间与悦子通电话，得知她曾病了三次，目前身体比较衰弱。她要荒井告诉我：她忘不了刘先生。

8月5日，王仲何夫妇来家。

8月23日，首届中国质量奖提名7人，其中有我。今日殷荣伍来家通知，我以超过2/3票数当选唯一获奖者。赠他一本《感恩录：我的质量生涯》。

8月30日，给悦子写一信，寄出。与上封信相隔24年。

9月3日，葛能全先生来电话，说他受中国工程院委托，担任《刘源张自传》的审稿人。并且说，他很喜欢我写的“悦子”。有这样一位读者，我满意了。

9月7日，张大明一家来，女儿杨莹作为日本外务省官员在北京大学进修。

9月8日，去中日友好医院体检。有些小病，无大碍。

9月10日，第13届全国质量奖审定委员会会议在中国质量协会举行。

9月13日，中国科学院数学与系统科学研究院召开“党的教育实践活动”院士座谈会。陈翰复和杨乐都说，两个学不宜合在一起。

9月17日，工信部信息化推进司司长徐愈同信息化研究与促进中心主任周剑来家，谈今后工作。

9月24日，去中国质量协会开“企业文化建设”标准评审会。

9月25日，杭州大学的马庆国教授从杭州来北京，找我为他写资深教授的推荐信。

9月27日，科学出版社王丽平送来《经济与效益》书稿，要修改补充。

10月10日，在唐锡晋讨论班上讲“说三不道四”。说明三是个有趣并且神秘的数字。杨晓光听了，赞曰：上下五千年，东西南北中。①

10月20日，国际质量科学院（IAQ）来函，全员一致同意我升为 Honorary Member（荣誉院士）。让我在2014年10月间选择在美国、瑞典或是日本举行仪式。我选日本东京。

10月21日，叶笃正逝世。回忆起与叶老共同经历的往事，不胜惋惜。

10月23日～27日，参加中国工程院院士增补大会。将存有《刘源张自传》书稿的U盘交予李仁涵，请他转交科学出版社。

10月30日，河南大学来人谈，要设立刘源张质量研究中心，不知是何用意。寄来协议书，条款甚是霸道，不悦。此事交魏蕾处理。

10月31日，王丽平来家取去《经济与效益》书稿。

11月1日，收到 Lennart Sandholm 从瑞典寄来的 *50 Years of Quality* 一书。我也真想写一本同样标题的书。

11月3日，中国质量协会在京西宾馆召开卓越绩效大会，颁发第13届全国质量奖。

① 当刘源张小女儿刘明问及“说三不道四”的论题时，中国科学院数学与系统科学研究院杨晓光副所长回答道：“刘先生报告的题目是‘说三不道四’，是实验室的一次公开学术活动（不限于唐锡晋的讨论班，当时我要求青年老师和研究生都参加）。‘说三不道四’是刘先生的幽默，刘先生从数字3谈起，用一系列与3有关的故事讲世界的多元性。‘不道四’是几层意思，一个是对成语‘说三道四’的‘反动’，使得话题更吸引人，二则是从三就足够表现，不需要扩展到四；三则刘先生开篇的谦虚，用四是事的谐音，说他老了，只能谈古论今，对于现在研究所的‘事’，就由你们年轻人去干，他不‘道’事。刘先生报告时气氛很活跃，大家很多问题。‘上下五千年，东西南北中’是我作为主持人的总结评论，当时是要年轻人向刘先生学习，要有广博的视野、深厚的学养，能够把‘上下五千年，东西南北中’中的形形色色用一根线给串起来。刘先生给了我们教育和培养。刘先生逝世，损失最大的是我们实验室的青年一代。”

11月4日，工信部召开产业化信息化两化融合标准研讨会。苗圩部长主持。我提出，此项标准是世界首创而且有完全自主知识产权，应报国际标准化组织立项。苗圩赞同，指示立刻办理相关手续。

11月10日，李新建拉我去翠宫饭店浴池搓澡。生来从未有过此等享受。

11月13日，几经周折，最后谢绝河南大学意向。

11月28日，去上海出席上海大学校庆。之后应于丽英教授请，去湖州吃大闸蟹。再去杭州。途中参观巨石集团公司。

12月16日，首届“中国质量奖”颁奖仪式在航天城会议中心举行。国家质检总局副局长陈纲主持，局长支树平讲话。我是唯一个人奖获得者，由王勇国务委员颁发奖牌。12月17日《中国质量报》刊登纪事。

12月19日，在钓鱼台宾馆出席设计大师Coloni欢迎会。

12月23日，获中国高技术产业研究会杰出贡献奖。

12月24日，获美国质量协会（ASQ）Lancaster Medal（兰卡斯特奖）。

12月28日，佟仁城主持我的生日庆祝会。

12月30日，明儿带敦子回北京家。

附　记：

1. 内容多为私事、家事、小事，原本不足为外人道，但因友人诸君频频劝告，只得从命撰写。

2. 工作单位的人和事，绝少提及，因为不想触碰。

3. 所述根据的是我的日记，报刊纪事很少利用。

4. 文中年龄是虚岁。母亲胎中10个月，不敢忘记。

附录二

人名索引

J

L

跋

这本集子包括写人和写事两个部分。前者大都是初次在这里刊登的，后者大都是发表过的文章。

因为在质量这个领域里长年工作的缘故，我认识了许多这个专业的名人。不过，集子里我只写了朱兰。付梓紧迫，我只能在这里记下其他各位的名字，借以聊表敬意。日本的石川馨、狩野纪照，美国的James Harrington、Gregory Watson，瑞典的Lennart Sandholm。我特别要提到的是美中两国工程院院士、现任香港城市大学校长的郭位。郭君生长在台湾，深受中华传统的熏陶，为人谦虚厚道。他与我相差30岁，然而一见如故，遂成忘年之交。

30多年前[①]，记者侯艺兵来家采访，看见我书房门上挂着一块牌子。刻字“MY ROOM”。于是他写下了“MY ROOM我的房间”这篇文章。现在，那块牌子依然挂在那个地方。

有几篇写人的曾给大女儿和小女儿看过。她们都很喜欢我写妻子的那篇，说很高兴知道母亲年轻时的情况。大女儿从加拿大托人带来了两大瓶椰子油，要妈妈每天早上喝粥时加上一勺，这样可以延缓妈妈的记忆衰退。小女儿每隔两三天就给妈妈打电话，也是希望跟妈妈多讲讲话，能够让妈妈常常记住她最疼爱的小女儿。

小女儿还写信来说，她非常理解那篇“我与悦子”、因为她也有过一段刻骨铭心的初恋；并且说，明年她要回日本看望她婆婆，顺便去探望悦子。我告诉她，见了，叫她一声阿姨吧。悦子已经86岁，身体有些衰弱，但头脑还很清晰。

集子里的人物都有相片，唯独悦子没有。这是因为“文化大革命”一开始，我就被抓进了秦城监狱，所有的相片都被抄走了的关

---

① 刘源张院士小女儿刘明注：记者侯艺兵大概是2002年左右来家采访的，应该是几年前。

系。不要紧！我和悦子曾在日本东京的影院看过一部名为“蝴蝶梦”（Rebecca）的美国电影。名为Rebecca的主角是一位受人推崇的美丽夫人，但在影片里并没有出现过，却让人感觉到处有她的影子。对于我，悦子正是这样。

担任中国工程院审稿人的葛能全先生给我写了满满三页的一封读后感，从词汇到标点符号提出许多中肯的意见，我都一一遵从，对原稿作了相应的修改。实是受益匪浅。此外，如果没有中国工程院吴晓东和常军乾的督促，本书不会及时交稿出版。在此一并对他们三位表示衷心的感谢。

刘源张

2014年3月31日

为父亲送行*

最害怕接到的电话还是来了

2014年4月1日，我的生日。一大早，我像往常一样，忙着早餐和打理，准备着7点15分离家上班。丈夫达夫这天一早要去出差，奋斗了5年的一项技术开发专利，终于走到了投入大批量生产的关键环节，他要去工厂进行最后的指导和把关工作。这时我正在楼上洗手间梳洗，听见放在楼下的手机响了。谁会这么早打来电话？我看了一眼时钟，差5分7点（北京时间4月1日晚，差5分8点）；达夫接了，却立即没有了声息。片刻，只见达夫面带我认识他近30年却从未见到过的表情，对我说："北京来的。"一种不祥的预感从心中升起。母亲因患阿尔茨海默病，已有好几年不能用电话了；若是父亲来的，达夫一定会用日语和父亲寒暄的。我接过了电话，果然是一个陌生的声音，问清是谁后，我说："家里出事了吧？"

几年前，为了以防万一，我在家里电话旁的墙上贴了一张纸条，上面写着我和姐姐的联系电话。三个月前我回家时，还特地确认了那张纸条还在原处。近十几年来，我一直警觉着这个可能随时会不约而至的电话；没想到它真的来了，还是在我生日的清晨。

楼下邻居小沈在电话里简单地向我说了当时的情况：下午4点，家里的小时工晓燕来家，门是锁着的。直到晚上7点将门撬开，见父亲坐在那里，昏迷不醒。父亲在中国科学院的秘书魏蕾接过电话，问我是不是就近送医院。我心急如火，怎么这时父亲还在家里躺着！但我深知自己没有尽到作女儿的责任，强压着心如火燎的焦灼，以尽量平静的口气对魏蕾说："不能就近，必须送往北医三院。"并且安慰她说，我父母曾在北医三院工作过的朋友小陈姐会在医院接应他们。

放下电话，立即微信小陈姐，幸好她在网上，说她已在去北医三院的路上。想到去上班的时间已过，马上短信上司，说我刚接到父亲脑出血的消息，现在得打几个电话，得晚到班上一会儿。上司立即回复："把你手头上要办的事办好，不用担心今天上班的事。"之后，只见手机上微信不断，有堂妹郎玲的、堂妹夫

---

* 本文系刘源张院士逝世后，小女儿刘明所作，以寄托对父亲的热爱与怀念。

杜刚的、姐姐中学同学陈友庄的。大家都这么快知道家里出事了，让我痛心地感受到了中国古语“远亲不如近邻”的真意。

之后8点，小陈姐微信我：CT结果显示父亲脑内大面积出血；中国科学院领导和我的堂妹夫杜刚都已赶到北医三院，医生正在给他们交代情况。陈友庄也从微信给我发来了在医院的照片，父亲的秘书魏蕾和申玫玫、楼下邻居小沈、还有很多我不认识的人都聚集在医院的大厅里。这时已经是北京时间晚上9点了，大家都还在为父亲忙碌着。作为亲生骨肉的我，却帮不上一点儿忙！我告诉小陈姐我马上订票返京。

想到公司的惯例、每天早上9点的管理人员碰头会，我匆忙离家，准时地赶到了会议室。因为这天是我的生日，大家为我准备了生日蛋糕。我强作笑颜地感谢大家的好意，和大家分享了蛋糕。会后，上司示意我去他的办公室，他听完父亲的情况后，说：“情况很不好。”自从接到了那个电话以来，我一直想否认的事实就如此直接了当地被别人当面点破了，我感到脸上一下子失去了血色，告诉上司我现在就去看看能否买到明天出发的机票，并向他保证临走前我会将刚刚结算完毕的3月份的各种总部要求的报表做好。上司一定是察觉到了我的失态，安慰我说报表若做不完，他会替我完成。

回到办公室，却发现来谈工作的人不断。大概是看到我异常的神情，大家又都退了出去，说：这事不重要，下次再谈。上午11点我订好了第二天一早出发的机票，立即通知了小陈姐、杜刚，还有陈友庄。虽然这时已经是北京的半夜，他们还都不断地用微信让我知道父亲和留在家里的母亲的情况。下午5点半（北京时间4月2日清晨6点半），一直守候在医院的杜刚发来微信说，刚才父亲发出较大的呻吟。当他告诉父亲我今天往回返，明天下午到时，父亲像是听懂了，一会儿就不再呻吟，平静下来了。杜刚的微信给我带来了一丝希望：也许在我赶到时，父亲还有神志。

归心似箭

提交了总部要求的各种月份报表，并和各部门领导打好招呼后，晚上6点我离开了办公室。自从4年前上了大学以后就很少回家的女儿敦子，也赶回了家。我边忙着安排家里的各项事宜，边查看微信。从父亲的秘书魏蕾那里得知中国科学院的院领导和中国科学院数学研究所的领导非常重视父亲的病情，大家都在医院守候着。我恨不得马上就赶到父亲身旁，但眼前只能拜托魏蕾，请她大声地告诉父亲，我马上就到，让父亲一定坚持。

我很小的时候，母亲就对我说，“文化大革命”前有一天，父亲突然发高烧，昏迷不醒。被送到中关村医院后，人烧得几次从病床上跳起。父亲后来怎样奇迹般地康复了，妈妈没有说明，只是说后来父亲告诉她，当时每喘一口气都十分困难，因为想着幼小的我和姐姐，才艰难地拔起了一口一口的气。所以此时我坚信，只要父亲知道我正在往家赶，一定会顽强地坚持住的，等着我的归来。

晚上 7 点 45 分（北京时间 4 月 2 日早上 8 点 45 分）收到了父亲早在 1980 年收的第一个学生孙长鸣叔叔的微信："刘明：镇静！我也彻夜难眠！长鸣。"我回复孙叔叔，请求他替我去医院看看父亲，大声告诉父亲我马上到家，让他加油。孙叔叔回复："我正在去医院的路上，我一定让他加油！他很坚强！"

我开始整理行装，看见了我前不久给父亲买的两双袜子。三个月前回北京给父亲祝寿时，我发觉父亲穿的袜子都不够舒服。回美国后，我专门跑了两家大百货店，找到了适合于父亲的、做工细致的、超软型的袜子，准备夏天回家时给父亲带去。我不禁摸着这两双松软的袜子，想到这些年来我把所有的休假都用在北京，尽我最大的努力能陪父母一天，就陪父母一天，为的是今后不给自己留下任何的悔意和遗憾。可是此时，哪里还谈得上今后，眼前的两双袜子是不是已经给我留下了遗憾？我恍惚地、不情愿地从壁橱里拿出了一套黑色西装放到行李箱里，以防万一吧，万一这次父亲醒不过来了。

和在加拿大的姐姐通了几个电话，商量了父亲医治的可能性和相应的方案后，已是半夜 1 点（北京时间 4 月 2 日下午 2 点）。我赶紧上床休息，明天一早还要赶路。从来都是躺下就能入睡的我，此时却是翻来覆去地睡不着。后来，迷迷糊糊地看到了父亲和母亲。盛夏中午的阳光里，父亲身着背心和短裤，脖子左边长着一个像乒乓球大的瘤子，伤口还没癒合。父亲一个劲儿地跑，我在后面紧追，着急地大声劝说："爸爸，别跑了。你好不容易出院了，呆会要是瘤子恶化了，就危险了。"父亲好像没听见似的，照样地向前奔跑。这时我又远远地看到马路对面的母亲，正站在一辆大公交车的车尾侧面，我担心她的老年痴呆症，正要横跨马路把她从车旁拉开，却见母亲焦急地朝着我这边摆着手，大声地招呼着："妹妹，小心车！"

我被母亲的呼声惊醒了，呆呆地躺在那里。此时此刻的梦，不正描绘出了我这些年来的心境：心疼父母，为父母担心、焦急，却又无能为力。这些年来，我忍受着被阿尔茨海默病夺走了记忆的母亲待我的冷漠。上大学时我曾在日记中写道："妈妈爱我胜过于爱父亲。"可是几年前，妈妈就不认识我了。感谢上天带给我这个梦，让我在梦中又看到了我曾经是那么熟悉但却又永远也看不到了的母亲那为我担心的表情，又听到了我曾经是那么熟悉但却也永远听不到了的母亲叫我的小名"妹妹"的声音。

想到梦中奔跑的父亲，此时一定是和病魔拼搏着，坚持着等着我的归来。我赶紧起身，却发现了魏蕾一小时前发来的一连串的微信，要我立即授权于她，同意“放弃手术、保守治疗”。显然，给父亲治疗的方针在过去的几小时内发生了变化，和我临睡前与姐姐的商议略有不同。魏蕾在微信中补充写道，这是当时在场的王跃飞院长、张继峰所长、王林主任、佟仁城夫妇和马振洲等人的共同决定。从魏蕾急切的语调里，我知道现在不是刨根问底的时候；感激父亲的领导和学友的关怀，坚信他们在关键时刻替我和姐姐为父亲做出了最优的选择。与此同时，魏蕾的微信让我对父亲也许能恢复神志的一丝希望彻底地破灭了。我立即在微信上授权魏蕾，之后便向机场赶去。

到了机场却被告知飞往芝加哥的航班晚点，虽然担心是否能赶上从芝加哥飞往北京的航班，但也无奈，只能等着。趁等飞机之时，给我在青岛的干妈（注：唐之曦的夫人。《唐大哥小传》中的父亲的高中挚友唐之曦在 1984 年春节来北京时，认我为她的干女儿），想告诉她父亲的情况。没想到干妈已经知道了，上来就训斥我：“你们也太粗心大意了！”我无话以应、有口难言。2012 年秋天我回家时，发现母亲生活已经完全不能自理，跟父亲说是不是考虑把妈妈送到养老院，否则爸爸也得被妈妈累死了。父亲面带痛苦地说：“养老院都有欺负人的呀。”三个月前我回家时，又劝父亲雇个上午的小时工，还为他找了一位，我又亲自培训了小时工两天，说好春节后开始。可是隐隐约约地感觉到父亲不是很乐意，大概是不希望家里有个外人晃来晃去吧。春节过后，这小时工的事也就不了了之了。电话里干妈又对我说：“你国强哥正好明天回北京，让他赶快去医院看看你爸。”干妈让百忙之中的国强哥哥看望父亲，让我再一次感受到了刘唐两家父辈的近似于亲情的友情，内疚自己没为唐家做过任何事情。父辈的情谊，我何时能还？

晚点 40 分钟后，飞机可算起飞了。因为晚点，飞机在芝加哥机场不能靠近登机口，几经周折，我一路小跑地在最后一刻冲进了飞往北京的飞机，机门随后在我身后关闭了。

心目中的父亲

无论我长到多大，父亲对我总是百般地宠爱。在我的成长过程中，虽然他几乎从来没有当面对我进行过说教，但从小父亲对我的言谈举止有着严格的要求，家里家外有好多规矩我必须遵从。比如，家里来客人时，亲朋不用说，就连每天因工作来找父亲的人，我都必须出面问候、作陪。虽然当时很不情愿，但后来才意识到其实这个过程让我了解到了父亲工作的很多情况，也从中学到了不少东西。多年以后，当我也从事了企业管理工作时，我惊奇地发现自己的工作作风与父亲的一样，也喜欢亲临现场，仔细观察运营流程，多方听取各级员工的意见。

父亲被媒体称为“中国质量管理之父”，作为女儿的我，不曾想到自己有一天也会走上管理之路。2005年夏，作为美国明尼苏达州州政府首批的五名六西格玛黑带之一，在州政府推广六西格玛管理方式的时候，我应上海质量协会之邀，为其会员企业和政府部门介绍开展六西格玛管理方式的经验。年过八旬的父亲整整两天都坐在台下听我讲课，给予了我极大的鼓励。

2006年夏，我又来到上海，为上海质量协会的会员企业作题为“从质量管理到质量决策”的演讲，回顾了半个多世纪以来质量管理的演变历程，分析了中国、日本、美国三种不同文化在此演变过程中对质量管理方针及方法的影响。在座听众反响热烈并展开了激烈的讨论，当时的场景让我感慨万分：从我中学到大学的10年里，我亲眼目睹了父亲和其他有志之士奔赴全国各地，为推广全面质量管理而辛勤耕耘；30年过后的今天，我终于看到了父辈对质量的执著和他们所推崇的质量管理理念已深深地感染了与我同龄的这一代人的心。那年秋天，我又有机会和父亲一起参加了上海现代服务质量国际论坛，第一次目睹了父亲在大型会议上演讲的风采。父亲演讲的题目是“现代服务业的质量管理”，是这场国际论坛上最后的压轴演讲。父亲以他那平淡自然的语调、通俗易懂的语言，深入浅出地讲述了“诚信”，即诚心、诚意、诚恳乃是服务的根本。

父亲对工作的态度不用说，父亲面对老年的态度和心态更是让我无比钦佩。父亲无论年岁多大，他总能意识到前方仍有路要走、仍有坡要爬；更难能可贵的是，他总有毅力再往前迈一步。记得1989年夏天的一天，我正走在东京涉谷的街道上，急急忙忙地去赶地铁，迎面走来一位女子请求我协助调研答卷。以往这种事情也常常发生，我从来都不予理睬；可是这天的调研题目“你最钦佩的人”，却让我不由自主地停住了脚步。不记得调研答卷上的具体问题，也不记得我当时是怎样回答的了，但至今我仍清晰地记得那个女子听完我的回答后非常羡慕地看着我说：“最钦佩的人是自己的父亲，你真幸福！”是啊，从那以后，又过去了20多年，父亲始终是我向往的人生楷模和心目中理想的男性形象。

母亲的阿尔茨海默病和父亲的晚年

妈妈比爸爸小九岁，妈妈照顾爸爸养老；爸爸比妈妈大九岁，爸爸挣钱给妈妈养老。这是我从小就知道的家里的“机制”，家里的状况也好像是围绕着这个“机制”运转的：爸爸的工作和健康是一家人的中心，其他的大事小事、里里外外，大到钱财管理、房子申请、室内装修，小到父亲的一日三餐、每日衣着、电话书信，都是由妈妈一手操办的。

可是没想到一个突如其来的病患却将一个完美运转的家庭彻底地搅乱了。

2001 年 6 月，父母来美国看我们。上次见面还是在 1999 年 7 月，因达夫的工作调动我们将移居美国，父母特地赶到东京为我们送行。虽然两年没见，父母看上去却和两年前没有什么变化。可是没过几天，我就发现母亲的记忆力大大地衰退了。在日常生活中的一些小事上的健忘成了“家常便饭”，比如，到了晚饭的时候，已经想不起来中饭吃了什么。母亲的健忘每每让我觉得不可思议，总是忍不住再问问比母亲大九岁的父亲，父亲总是理所当然地说出了中午吃的是什么。开始我还没太在意，可是不久我就发现母亲不是简单的忘事，而是刚刚发生的事情却莫明其妙地没在她的记忆里留下任何痕迹。

有一天，母亲在我和她常去的超市里走丢了。每次我们都是按着同样的顺序，先去买蔬菜，再去买豆腐、肉类、面包、乳制品，最后去买饼干糖果，然后结帐。这条路线我和母亲都不知道走过多少遍了，虽然两人在购物时不是时时刻刻都相依在一起，但是以往只要是按着这条路线，过一会儿两人总会又碰到一起的。这天当我找到母亲时，她脸上的焦虑和迷惘让我好奇怪，怎么母亲好像根本不记得这条路线了。

直到有一天，我真正意识到母亲的记忆出现了严重的问题。一天，我带父母去看密西西比河的发源地；源头很窄，踩着几块石头，就能横跨密西西比河。当时我只有十岁的女儿敦子不小心在石头上滑倒了，一屁股坐在水里。母亲好着急，给敦子擦身上的水，又在汽车里给敦子换裤子，好一通忙。几天过后，当我们一起看冲洗好的密西西比河源头游玩时的相片时，母亲问：“这石头，能过人吗？”我和父亲吃惊地对视了一下儿，不知该说什么好。

从那以后，母亲的情况像一块大石头似的重重地压在了我的心口上。为母亲担心、为母亲着急，我几次婉转地劝说母亲求医并且训练脑子，没想到生性好强的母亲把我的关心视为对她的蔑视，拒绝一切劝说和治疗。

这些年来因为母亲的病情，我读了不少有关阿尔茨海默病的书，也从不少家里有阿尔茨海默病患者的美国朋友那里听到了他们的亲身经历，所以我对阿尔茨海默病病况的进展和患者给周边人带来的苦痛有所精神准备。即便如此，母亲的阿尔茨海默病，加上因失去逻辑思维而变得更为显突的母亲的倔强性格，对天天在一起生活的父亲的身心所带来的摧残和磨难，却大大地超出了我的预料。而母亲，虽然一句也不听父亲的话，却变得一步也离不开他了。看着既相爱又无奈而相依为命的父母，让我作女儿的阵阵心酸。进入晚年的父亲以他的“三感”——时代感、使命感、科学感，带着患病的母亲，转辗于全国各地，一如既往地苦口婆心地传播他的质量理念、质量准则和他的质量情怀。在一个被阿尔茨海默病患者制造出的特有的烦乱的家庭环境下，父亲竟能为各种重大年会和高层论坛写下了无数篇的演讲稿，并出版了记述他半个多世纪的质量事业的长篇《感恩录：我的质量生涯》，年近九旬的父亲是以怎样的毅力支撑着他面对生活的艰辛来完成他坚信的事业？每每想到这里，都让我泪流满面。

几十年来父亲的生活和家里的大小事宜都是由母亲一手操办，父亲不用操一点儿心，没想到年过八旬，却突然一步步地被逼着担起了料理家务和照顾母亲的重任。也许是母亲意识到自己记不住事也记不住人，所以这些年一直不许家里雇佣小时工。自2008年以来，我不得不放弃好不容易和上海质量研究院建立起的质量管理的交流机会，每次回国便一心扑在了北京的家里。2009年9月我回家时，发现家里已经脏乱得到了看不下去的地步。那年我临回美国的那天，将行李拎到楼下后又上楼和父亲道别；父亲站在门口，带着哭腔地对我说："你要常回家呀！"泪水在眼眶里打着转儿，我对父亲说："我知道。"心里却哭着对父亲说：爸爸，你还不知道吗，我已经把每一天的休假都放在北京了！这么多年过去了，那天父亲看着我时的那凄楚的面容，依然从我眼前挥之不去。

转过年的一月，达夫在他的一年一度的体检时被诊断出胃癌。每每打电话，父亲都要问我："达夫好吗？"并且还总是安慰我说胃癌容易治，应该没有什么大碍。我也总是报喜不报忧，想着不能给父亲再增添任何的精神负担。2010年夏，虽然达夫还在化疗中，我还是回了北京。当和跟了父亲30年的学生孙长鸣叔叔说起达夫的病情时，从孙叔叔那惊愕的表情里，我隐约察觉到了此事对父亲的打击该有多大。而我以后再也没听到过父亲说让我常回家了。

母亲的阿尔茨海默病日渐严重，偏偏这时达夫又患了癌症，进入晚年的父亲承受着精神上的一次又一次的打击。更给年迈的父亲雪上加霜的是家里住的楼层较高，在4层，是楼的顶层。20世纪70年代末，中国科学院为期待中的"海归"学者们在中关村的"隔壁"黄庄盖了3幢4层的住宅楼。地点我们是非常稔熟的，就在我们上小学时每年夏天参加"学农"劳动的庄稼地上。我们在中关村长大的孩子们因为从小成长在"十年浩劫"中，从来没见过在中关村盖过新楼房，对于此次黄庄盖楼的"重大事件"，我们怀着好奇的心要一探究竟。付诸行动是在有一天我从人大附中放学回家时，同路的是和我在中关村44楼一起长大、从上小学第一天起就是同学的好朋友，我们打算路过黄庄时去还在施工中的"海归"楼窥视一下它的神秘。我们俩躲过施工人员的视线，溜进了一幢小楼。哇，从来没有见过的房间格局和内饰展现在我俩面前——宽敞的客厅，带玻璃窗的封闭式阳台，光滑的石材地面，淡蓝色的、半透明的玻璃隔断，还有漂亮的吊灯，让我俩眼花缭乱，情不自禁地在带有花纹的石材地面上转起圈儿来。之后，有点儿留恋不舍、又有点儿惆怅地离开了工地：不知怎样幸运的有福之人才能住上这样漂亮的房子呢。

没过多久，从中国科学院传来消息：黄庄的3幢小楼将分给各研究所的所长。刚从秦城监狱出来还没几年的父亲，此时在中国科学院没有任何头衔，只是个普普通通的研究员，我们一家还住在44楼的一套房里，而且是和“文化大革命”中住进来的另一家挤在一起。当时母亲灵机一动，对父亲说：“你不是刚刚被选为全国劳模吗？”随后便自告奋勇地跑到父亲所里党委书记那里请求分配新住房。结果出乎意料的顺利，看重父亲能力、积极扶持父亲事业的胡凡夫书记真的同意了母亲的请求。一个像是从天而降的好事，给刚刚经历了“文化大革命”近十年的苦难的一家人带来的喜悦，是无法用语言来形容的。公布分房名单时，父亲看到分配到同一个楼里的人都比他年长，和母亲商量后，主动向领导提出他可以住到最高层的4层。于是，1980年春节前的一天，我们一家兴高采烈地搬到了位于黄庄的新家；当时我还不到17岁，姐姐才刚进北大。

随着岁月的推移，不知不觉地父亲成了楼里最年长的。进入2000年以后，有消息说中科院又在中关村新盖了几个院士楼，但没想到的是，向来“喜新厌旧”的母亲这次却坚决不同意搬新楼，说住惯了808楼，哪儿都不去。2002年底我回家后的一天，父亲在他的书房里告诉我所里给他分配了院士楼的房子，问我该不该搬。我想起在回北京之前我和父母在上海时，有一次外出回来母亲居然费了好大的劲儿才找到住处，而这住处是这几年来她陪父亲去上海出差时每次都住的地方。我对父亲说如果搬家换了新地方，担心母亲会不会家里家外什么都找不到了。父亲默默地听了我的想法，最后说：那好吧，不搬了。父亲过了80岁以后，这4层楼的上上下下渐渐地成了“老大难”问题。我开始责怪自己几年前只考虑到母亲的情况，没有多方面地权衡一下，为自己草率的决定给父亲带来的痛苦感到痛心。这时院士楼的房子早已分完，想搬也不可能了。搬家的事后来父亲是这样记述的，在他的自传里收录的《我的大女儿》一篇中，父亲写道：“单位和朋友都劝我们搬进新盖的有电梯的院士楼。妻子和我都婉谢了，不搬了。这个家有着我们许多的回忆，我们老伴俩在这个家还能感觉到欣儿姐妹在家时那几年的欢乐气息。”哎，父亲就是这样，眼泪往肚子里流。显然是父亲想搬家，而考虑到母亲的病情又不能搬，只能自我安慰地说是因为对808楼的深深的眷恋之情而不舍得搬。想到父亲写下此段文字时的复杂而无奈的心境，催我泪下。

父亲去世后，我在父亲的书桌上发现了以下手稿：

……近来爬上爬下益感吃力，恐怕明年就爬不动。恳请研究院考虑，给予安装一部电梯。

刘源张

2013年7月8日

9个月后，父亲还没到彻底爬不动的时候，就永远也不必再爬这个4层楼了。我说不出是应该感到可悲还是可幸。

给父亲过的最后一个生日

不记得从什么时候起，家里逐渐形成了给父亲过生日的习惯。现在想想，也许真的是始于1985年父亲60岁的生日。那天，我在家里为父亲点上了60支蜡烛，并请来了他高中时代的两个好友——唐之曦和赵经甫（见《唐大哥小传》）还有他们的家人。父亲的干儿子、唐之曦的长子国强哥哥充当着“导演”，以新颖的角度给父母照了好多相，大家在一片欢笑中度过了一个美好的夜晚。9个月后，我离家东渡留学。虽然远远地离开了家，但给父亲过生日的事却是一年一度的心事。自从母亲病重，不再能下厨房以来，我纠结于是每年1月回家给父亲祝寿，还是春节期间在小时工休假时回家照顾父母。想到能给父亲过生日的机会也不会太多了，我决定从今年（2014年）起，年年陪父亲度过他的生日。于是去年12月30日我和女儿敦子一起回到了北京的家。

我此前回家还是14个半月前的2012年10月。那年7月爸爸在电话里说想去坐游轮。是啊，70年前父亲飘洋过海求学和后来重返祖国时，乘坐的都是轮船，一定是还想在有生之年再次体验年青时经历过的海上航行吧。我上网一查，发现有一两家外国游轮公司已经在中国开展业务，而且我已多次乘坐过的美国皇家加勒比游轮公司还有去日本的航线，更让我兴奋的是这条航线经过日本长崎。70年前16岁的父亲离开青岛去日本时，就是先在长崎落脚的。爱爬山的父亲到了长崎不久，居然被日本宪兵队抓进监狱，起因是站在长崎的山顶上，可以看到停泊在山下海湾军港的军舰，被怀疑是共产党间谍（具有极大讽刺意味的是，20多年后的“文化大革命”期间，父亲又被抓进当时中国的监狱，被怀疑是日本特务）。想象着带父亲重返长崎港，让父亲从山的这边远眺港口和在港口停泊的大小船只，一定会让他百感交集。我高兴地和父亲交换着电子邮件，商量着如何成行的细节。没想到一个多月过后，发生在北京的反日浪潮不断高涨，去日本的游轮被取消了。我感叹着这残酷的现实，一个老人单纯的心愿能否实现居然会受世界风云所左右，想着若是错过了这次行程，不知以后父亲还有没有机会了。我临上飞机回北京的前一天收到父亲的电子邮件，告诉我预定的游轮又复航了，真是让我松了一口气。

2012年9月27日我回到北京，随后立即开始了带两位老人出远门的准备工作。先是请小陈姐帮我买来了轮椅，又将父母在长达一周的旅行中各种场合里所需要的穿戴装好箱。特别是为了不让母亲感到由于出门而带来的任何焦虑和不安，我想尽办法“悄悄”地带着父母上路了。先从家坐出租车去旅游团的集合地点，再乘旅游车去天津港，最后登上了游轮，七天后再按原路返回。一周下来，转辗了日本和韩国的四个城市后，我将父母平安无恙地带回了北京。值得一记的当然是长崎。那天清晨，游轮在朝霞的映照下缓缓地驶进了长崎港，我陪着父亲站在甲板上，细细地品味着远方山脉起伏的模样。父亲靠在船舷上，双眼凝视着前方，默默无语。70年后的归来，我不知道父亲有着怎样的思绪，只是一声不响地陪伴在他的身边，相守着他的沉默。那天他在他那本厚厚的日韩游轮日志上，只写了四个字：“长崎！长崎！”我后来发现父亲将那天清晨的一张长崎港的照片收录在他的自传里（见《我与绪方隆夫》），在照片的注解他写了短短的一行：“70年后的2012年，我回到了长崎，不认得了。那时山这边没有什么房子。”

游轮回来后没几天，又到了我离家回美国的时刻。那天父亲没有下楼送我，当送我去机场的汽车启动时，我突然意识到父亲这时一定是趴在窗台上，朝楼下看着我离去，而我却忘了朝站在楼上窗口边的父亲挥手道别。大概是试图减轻心中的无比内疚，我转身对送我去机场的堂妹郎玲辩解说：“你看这趟游轮我爸妈把我累得，我是不是像从家里逃出来似地，连和爸爸招手都忘了。”父亲去世后，我在他的电脑里发现了我那天临行时父亲给我照的好几张照片——父亲打开了阳台的窗户和纱窗，将我从楼门洞走出的那一瞬间起，每一分钟、每一分钟的情景都收进了他的镜头，直到我将行李在车上放置完毕的那一刻。此时，本应见我仰起头来，向他挥手道别，可我却没有，径直地上了车。父亲见此，一定是失望地收起了相机，关上了纱窗和窗户。

2012年见到父母后，母亲已经搞不请我和父亲是谁，经常指着父亲和我向别人介绍说：“这是我爸爸，这是我姐姐。”尽管如此，父母看上去身体还都健康、精神也都不错。谁知2012年12月的一天突然收到了姐姐中学同学陈友庄的邮件，告诉我和姐姐12月7日下大雪的那天，母亲失踪了，大概是趁父亲午休时，一个人开门跑了出去。当天傍晚，黄庄小区以及周边的监控摄像头都被利用起来了，派出所的警察、父亲的秘书魏蕾夫妇和父亲的学生马振洲分三路分头去找，直到半夜才找到了母亲，这时她已经在寒冷的冬夜一个人从黄庄走到了北师大。

转年的4月初，又传来了母亲住进了北医三院的消息。打开陈友庄给我传来的她去医院看望母亲时的照片，病床上母亲好似生命最后一刻的样子让我震惊。我又从别人那儿听说，每天下午小时工晓燕4点来家以后，父亲就会和晓燕一起到医院去看母亲。有时晚上回家时，站在路边等出租车得等上一个小时。家里的这些苦事父亲从来都不告诉我，都是我从别人那里听到的。我打电话劝父亲是不是没有必要天天往医院跑，不要把他自己也给累垮了。父亲回答道，不行，我得天天去看你妈妈。

母亲近10个小时的失踪和近6个星期的住院，半年里发生的两件事情，对父亲身心的打击可想而知；可是每次给父亲打电话时，父亲都是乐呵呵的，不久我也就没太在意这两件事情，还和父亲商量着年底带敦子回北京后，再一起去青岛老家看看。去年（2013年）12月30日我和敦子到家后，父亲就对我说，敦子去青岛的事已和我堂哥小杰打招呼了。我有点儿意外，问："爸妈不是也一起去吗？"父亲却说："我们不去。"还又加了一句："你也不去。在家。"我也没多想，想着大概是天冷，父母不愿外出吧。而我却是注意到家里好像更"安静"了——母亲几乎不会说话了，父亲也不象从前那么兴致勃勃地说这说那的了。我也很少开口，因为一开口不过都是这些年来同样的苦恼和没有答案的问题：这个4层楼爸爸还能上多久？今后妈妈该怎么办？我只是默默地每天早晨早早地起床，为父母做好早点；之后又准备中饭，下午去海中市场买菜；傍晚虽然有小时工晓燕来做饭，我还是常常抢着掌勺做父亲大概想吃的东西；到了晚上，和晓燕一起把父亲的洗脚水准备好，我再给父亲脚上有裂口的地方消毒、涂药；跟父亲说，趁我在这儿，每天坚持洗脚上药，尽快把病治好。我特地让小陈姐带我去看朋友推荐的一家在通州的养老院，的确，养老院越办越好，各方面的条件都符合我的要求，但没想到的是，往返花了将近一天的时间，回家带给父亲的却是一个十分让人沮丧的消息：这家养老院不收阿尔茨海默病患者。

又到了离别的时刻。我把午饭给父母准备好，可父亲却一口没吃。还有半个小时就要动身了，我见父亲坐在沙发上忙着整理报纸，一张张地把他想留着细读的文章用剪刀剪下来。父亲在我离家前突然忙着干活的样子让我一阵心酸，我知道此时父亲心里有多难过，因为我也是这个习惯——伤心至极的时候，会立即找事去做，让自己忙碌起来。父亲要送我下楼，我没有阻拦，因为我也想和父亲多呆一会儿，哪怕是多呆一分钟。临上车前，我紧紧地抱住父亲，在他耳边说道："爸爸，我夏天回来，等我。"父亲却没吭一声。

父亲去世后，我在他的书房找到了他的相机，果然不出我所料，父亲又是一分钟一分钟地用镜头记录下了我离家的时刻——从我上车的瞬间，到我在车里打开车窗向父亲挥手道别，最后一张是车驶出808楼前小路的瞬间。

这是和父亲最后的一次相处，父亲自始至终的少言寡语，一直让我感到蹊跷。父亲去世后，翻开他放在书桌上的《我的自传》的手稿，我找到了答案。在《我的妹妹》一篇中，写到妹夫同骥兄的突然去世时，父亲写下了这样一段："在追悼会上，在墓前，我注意到妹妹始终无语，人到伤心处，恐怕都是如此吧。"

我恍然大悟，父亲的沉默，一定是出于伤心，因为不知道还能和我相伴多久吧。

最后的肖像

我回到美国后有一天给父亲打电话，父亲接起电话说："我们刚刚从照相馆回来，带你妈照相去了，给她打扮起来了。"我一楞，父母从来不去照相馆照相呀，唯一的一张就是他俩50多年前的那张订婚照。从小就被父母称为"小管家婆"的我立刻就问："到哪儿去照的？"父亲说："啊，就在楼下的照相馆。"我心里一阵酸痛——心酸的是爸妈照相怎么也得去王府井的中国照相馆呀，怎么能就在楼下的小店呢；心痛的是自己没能带父母去王府井的中国照相。听出父亲好像有些气喘吁吁，大概真的是刚刚从楼下上来。我嘱咐父亲让他过后把照片给我电邮过来，之后就赶紧放下了电话。

几天过后的3月12日，晚上收到了父亲的题为"爸妈的新照片"的邮件。父亲在邮件中没有写下一个字，只是附上了两张照片。我把两张照片打开，一张竖版的和一张横版的；父母偎依着，父亲笑得那么慈祥，母亲笑得那么安详。留意地看了母亲的穿着，是那件十几年前在东京我和她一起上街时买的一件黑色外衣。父亲一定是参照了挂在墙上的日历上我们游轮旅行时的照片，从母亲的衣柜里找出了这件外衣。从小到大那么爱打扮漂亮的母亲，到了阿尔茨海默病的晚期，突然变得不肯换衣服，春夏秋冬地穿着那件灰毛衣，给她换衣服需要进行一场"拼搏"。这天，不知道父亲用了多大的耐心和气力才给母亲打扮起来，为我和姐姐留下了一幅父母恩恩爱爱的幸福画面。

我楞在电脑前，不知该怎样回复父亲的题为"爸妈的新照片"的邮件。我决定只是高高兴兴地安慰父亲，没有告诉父亲我的心酸："爸爸：照得太好了！妈妈有你在，好安心的样子。我元旦回家，也带妈妈去照相了，照出来的可没有这样安详。看来妈妈最认爸爸了。明儿"

父亲去世后，我翻开他2014年的日记本，发现他把我的这封邮件印了出来，剪下来贴在他那天的日记里。这封邮件竟然成了我给父亲的最后一封邮件。

我在父亲的电脑里还发现了同一天照的父亲的单人像，父亲给这张照片取名为"美签"，一定是美国签证的意思。我1月回家时父亲跟我说他5月初要去达拉斯领取美国质量协会授予他的2014年“兰卡斯特奖”，我担心他岁数太大，不宜进行20多个小时的长途旅行，婉转地劝他不要去了。我临回美国的那天，父亲叹了口气，说：“哎，20多个小时，太远了，不去了。”我心里还有点儿高兴，父亲可算被我说服了。回到美国后和父亲通电话时，他又提起了来美国的事，还说：“我5月去你家看你。”我好好地想了想，明白了父亲一心想来美国，其实不是为了领奖，而是对我放心不下；因为知道我和他一样，报喜不报忧，所以一定要来我这儿亲眼看看我的情形。现在回想起来，大概是3月1日我打去电话，当父亲又说他要来美国时，我没再加以阻拦，只是说：“那爸爸你得去办签证呀。”

父亲标有“美签”的肖像，睿智、平和、儒雅；双眼像是在遥望着远方，含着慈祥而憧憬的微笑。让我坚信此时的父亲一定是看着前方的镜头、脑海里浮现出不远的将来与我的重逢。一张父亲想念我时的珍贵照片，却也给我留下了永久的遗憾。

照片的电子文件显示父亲的单人肖像和父母两人的合影摄于2014年3月8日，父亲去世3个半星期前。

最后一面

从芝加哥登机十几个小时之后，4月3日下午2点半我降落在北京国际机场。姐姐的中学同学陈友庄和郭蓉来机场大楼接我。上次见到郭蓉还是我十一二岁的时候，40年后的突然相见，像是在提醒我事态的严重。在去北医三院的路上，接到了父亲的秘书魏蕾打到陈友庄手机的电话，告诉“唐国强大哥到医院了”。我接过电话，和国强哥哥通话，感谢他这么忙还来医院看父亲；告诉他我还有15分钟就能到，让他一定在医院等我。

5点30分我们到了北医三院。我被陈友庄和郭蓉带到急诊室门口，见到了国强哥哥、堂妹夫杜刚、从青岛赶来的堂哥小杰、父亲的学生孙长鸣叔叔、父亲的学友郎志正教授、小陈姐、父亲的挚友“唐大哥”的朋友的女儿朱瑛姐，还有父亲的两个秘书魏蕾和申玫玫，大家都表情沉重地聚集在急诊室外的大厅里。张张稔熟的面孔，有两个月前刚刚见到的，有几年没见的，也有近20年没见的，此刻都向我投来了关切和沉痛的目光。

急诊室的大门紧闭着，守门的工作人员坚持原则，不让任何病人家属进入。朱瑛姐几次帮我恳求，最终才得到许可让我进去看父亲。和我预想的病房情形完全不同，父亲躺在一间有近10张病床的大房间里靠着墙边的病床上。从小无意中形成的概念是，父亲不顾自己岁数大，终日在为我们娘儿仨拼命；所以我从小就总是心疼父亲、怕父亲倒下。我常常会在他午休的时候，悄悄地来到他的跟前，观察他是不是在正常呼吸。此时，父亲平躺在那里，双眼紧闭着，没有一点儿声息。考虑到不宜打扰周围的几位病人，我只能跪在父亲的床前低声地对他说："爸爸，我回来了，妹妹回来了。"不知道父亲是否听到了我的声音。我认出盖在父亲身上的薄被还是他在家里盖的被子，病床上还放着两个家里沙发配的垫子。我想象着两天前的晚上楼下邻居小沈、小时工晓燕、还有秘书魏蕾，他们边顾及着父亲的舒适边匆忙送父亲上医院的情景。我掀开父亲被子的一个角，两年来我一直担心父亲略微浮肿的双脚，此时他的双脚却没有一点儿浮肿的痕迹。我用双手擦抚着父亲的双腿，向父亲心脏的方向，希望能促进血液流畅，使父亲能舒服一点儿。片刻之后，护士们催促着我离开急诊室。我沉重地走出急诊室的大门，发现大厅里此时已经聚集了很多人。秘书魏蕾和申玫玫簇拥着我，向我介绍着——这位是中科院所里的领导，那位是上海大学的老师……我惘然地听着看着，一个个陌生的名字、一张张陌生的面孔，我深知眼前的人们是这些年来和父母亲近的人们，对这些年来爱戴和关怀父母的人、对父母在我不在身边时度过的这些岁月，我却都一无所知。无声的泪水，是伤心、是内疚、还是遗憾？

北医三院内科和外科的医生相继来向我说明了父亲的病情和他们所能采取的抢救措施。我感谢了医生，也感中国科学院数学研究所的领导代我和姐姐确认了医疗方案。接着，所领导问我有关最后的抢救措施和后事处理的问题，我都一一地作了答复。最后我请医生和所领导务必答应我的请求：在父亲咽气的最后一刻，我必须在父亲的身边。

之后，姐姐也从温哥华赶到了。父亲的学生孙长鸣叔叔和父亲的学友郎志正教授把我和姐姐叫到一边，担心我俩长年生活在海外、不懂得国内情况，嘱咐我俩父亲走后家里应该注意的事情和办事策略。感激他们的关怀、细心和周到，可同时我也突然意识到自己已成了"孤儿"。

天渐渐地晚了，我要留下来陪夜。所领导说，不用，他们已安排了两个学生在这儿值班。我坚持要留在医院，所以最后决定让一个学生回家，我留下。大家说看样子父亲的情况还算稳定，劝我先回家休息一会儿再回来。我和姐姐向来看望父亲的人们一一致谢，将他们一位位地送出急诊室大厅。我和留下值班的学生打了招呼，刚要转身回家时，只见一位医生从急诊室大门冲出来，对我说："刘院士的自主呼吸马上要停止了。"这么快？我吃了一惊，立即跟着医生走进了急诊室。只见护士正在用气泵抢救，我请护士将父亲头上的冰套取下，让我看看父亲原有的模样。冰套一摘，父亲花白、干枯的头发零乱地散落在头顶上。爸爸，我没把你照顾好……泪水哗哗地流了下来。我抓着父亲的右手，跪在他的身边。想到父亲这时也许正在跨越生命和死亡的交界线，便对父亲说："爸爸，别害怕，有我在，我在这儿。"我重复地说着，但又和以往一样，也不知道自己对父亲的这一番苦心，父亲能不能懂、对父亲有没有用。突然，我感到父亲的手紧紧地捏了我的手指两下，我楞了一下儿，赶紧低下头，目不转睛地盯着父亲的手，却不见一丝动静。我又抬起头，看了一眼床边的检测仪的屏幕，却又看不出任何能读懂的数据。这时，听见正在用气泵抢救的护士问我："还继续吗？"我说："不用了。"

没有看到父亲咽气的那一瞬间，不知道父亲怎么就走了。

后来读了父亲的自传，吃惊地发现在《我的外祖母》一文中，父亲描绘的半个世纪前所经历的和外祖母告别的经过，竟然和我与父亲的告别那么地相似！

送　行

不知道自己怎样走出了急诊室，也不记得这时急诊室门外大厅里还有谁在等候。只听见一个声音问我："你父亲的衣服准备好了吗？"是啊，虽然父亲已经在这儿没有生还希望地躺了整整两天，可是因为母亲的阿尔茨海默病，没人来考虑这些细节吧。我让姐姐的中学同学陈友庄开车带我回家给父亲拿衣服，因为这几年我每次回家都给父亲整理衣橱和抽屉，所以非常了解父亲的衣服都是怎么放的。打开装内衣的抽屉，拿出一套还没有打开过包装的内衣；又从我的行李箱里，取出了那双前不久我在美国给父亲买到的超软型的袜子。再打开父亲挂西装的衣柜，有点儿犹豫，好几年没看到过父亲穿那种正式的成套的西装了，爸爸会喜欢哪套呢？看到一套黑色的、隐约地带着咖啡色的竖条，可是没在照片上看到父亲穿过，爸爸不一定喜欢吧？但看起来是全新的，就拿这个吧，让我给爸爸作一次主吧。很快地选好了衬衫，对了，还有领带。爸爸最喜欢的领带是哪条呢？那么多条领带，没有一条是我见过他戴的。想起两个星期前父亲给我寄来的那张他和母亲在照相馆照的照片，我打开手机，对照着放大了的图像，找到了父亲去照相时戴的领带；和陈友庄一起，反反复复地辨认了好几次，确认就是这条。别忘了鞋，我又打开鞋柜，又有点儿犹豫了，近年来总看到父亲穿中国式的黑布鞋，皮鞋该穿哪双呢？目光投向那双一年多前我和父母一起乘游轮旅行时，我在长崎的一家鞋店精心地为父亲选的那双我喜欢的牌子的运动型皮鞋。父亲当时就穿上了，好高兴地在鞋店门口翘着脚，让我给他照了一张相。我拿出这双鞋，虽然知道咖啡色的不太合适，但还是问陈友庄行吗，她却不置可否，那么一定是不行了，于是又选了一双黑色的皮鞋。陈友庄提醒我还要拿铺的和盖的，我便又回到父亲的房间，打开装床上用品的柜子，一眼看到了我好几年前给父母在美国买的绒布床单，记忆中北京的冬天总是那么冷，可能是后来中科院的暖气烧得越来越热，我买的绒布床单没有派上用场，看起来仍然和新的一样。我又看到妈妈做的一床绒布被套，妈妈没得阿尔茨海默病的时候，会把家里的一切安排得好好的。床上用品也好，窗帘也好，各式各样的，春夏秋冬，按着季节，不停地换着样式。铺的盖的就是这两条了，一条是我买的，一条是妈妈做的；都是绒布的，能让爸爸暖和。啊，差点儿忘了枕头，我又打开柜门，找到了爸爸喜欢的荞麦皮的枕头。都齐了，爸爸可以睡好了。

我和陈友庄又回到了北医三院，那里还聚集着好几个人。一定是有人通知了中国科学院，杨晓光副所长又回到了三院。和孙长鸣叔叔走在去太平间的路上，孙叔叔提起了父亲自传中的《我的小女》一篇。我伤心地对他说："要是在日本的话，我这时是该带爸爸回家的。"孙叔叔叹了口气，说："在这儿没有条件呀。"

到了太平间，只听殡仪馆的人吆喝着这吆喝着那。"酒呢，净身酒呢？"从来没听说过的词，我傻傻地站在那里。幸好从青岛来的堂哥小杰，像是明白了需要的是什么，立即出去买。他又指着我给父亲带来的衣服，像是质问似地问我："这些都是新的吗？"听我说"是"后，又指着铺盖吆喝着说："这些不行，必须铺金盖银。"我只是淡淡地、一字一句地说："我带来的这些东西都是对父亲有意义的。"奇怪，他立即不再吭声了。

今晚把父亲一个人留在这儿，让我好难过。我环视了一下太平间，好像是我能开口问问可不可以在这为父亲守夜的氛围都没有。看着父亲被推进冒着寒气的冰柜后，我们离开了北医三院。

不记得我和姐姐是怎么回到家的。到生命的最后，父亲还是那样地疼爱我，没让我在医院的走廊为他熬夜，早早地让我回了家。后来我看到父亲死亡证明书上记载的死亡时间是2014年4月3日晚间8点30分，是在被送进医院48小时后，也是我从美国赶回到他身边3个小时后。

我走进没有父亲的书房，书桌上放着几摞他自己印好的自传稿；还有一个文件袋，上面贴着他3月28日给秘书魏蕾留的便条，请她把自己写的文章输入硬盘。书桌上还放着他常戴的眼镜、看东西时要用的放大镜，还有那张我两个多月前临回美国的前一天，堂妹夫杜刚请我们吃饭时一起照的相片，也放在他书柜的架子上。

第二天，我向小时工晓燕询问了4月1日父亲倒下那天的情形，根据晓燕提供的情况和我对父亲生活习惯的了解，我推断当时的情况是这样的：早上8点左右，父亲起床，梳洗后去厨房准备早点；将两袋牛奶倒在一个锅里，一罐八宝粥和麦片放在另一个锅里，把两个锅分放在两个灶眼上后，没有点火，拿着八宝粥的空罐子和牛奶空口袋走到与客厅相邻的阳台上。家里存放可回收物品的纸箱是放在阳台的地上的，爸爸一定是弯腰将手里的东西放进箱内，在起身的瞬间发生了脑血管破裂。我一直以为父亲是倒在客厅靠着阳台的沙发上，那是他常常坐着看电视的地方。可晓燕说不是，父亲是倒在书房他专用的椅子上。我又详细地问了椅子的方位，转椅是朝着书房门的，不是朝着书桌上的电脑的，说明父亲刚坐下就昏迷过去了，而且持续了近 12 个小时才被人发现。而妈妈，在这 12 个小时里，又是怎样地在屋里晃来晃去的呢？我不得而知。

我仔细地观察着家里的一切，想找到能够让我触摸到的父亲最后的分分秒秒的痕迹。我看到了他卧室门口墙上的日历，那是我 3 个月前回家时给他带来的，我用 2012 年我和父母乘游轮旅行的照片专门在美国订做了年历，取名“2014 LOVE”。我吃惊地发现，日历已翻到了 4 月。我急忙转身问赶来照顾母亲的我的舅舅和舅妈：“日历是你们翻的吗？”“我们没动。”舅舅和舅妈答道。

那么是爸爸翻的了。是 4 月 1 日一早起床后翻的吗？是想起今天是我的生日了吗？脑血管破裂后，爸爸是以怎样的毅力，硬撑着走回了自己的书房，那个门口上挂着 20 多年前我亲手给他做的写着“MY ROOM”的木牌的房间。

哎，爸爸，你怎么到最后还是这么让我揪心！

多亏了中国科学院的治丧办公室，一切该操办的事情都按程序井井有条地进行着。父亲所里的工会主席刘建忠老师亲自开车，第二天就带着我和父亲的秘书申玫玫去八宝山安排 4 月 9 日的父亲告别仪式。仪式的种种安排，包括鲜花、棺材、骨灰盒等等，我都像产品检验似地反反复复地审视，刘建忠老师和申玫玫在一旁耐心地陪伴着。占用了他们太多的时间真让我过意不去，但想到为父亲就这么一回了，一定不能留下遗憾。对我过意不去的歉意，刘建忠老师和申玫玫都说：“不要紧，你慢慢挑。”

最后来到挑选骨灰盒的大厅，种类之多，让我吃惊。我按着价格从低到高的顺序，开始一个一个地审视——风格、式样、颜色、做工、材料、产地。在一个淡驼色的原木的骨灰盒前我停住了脚步，式样大方、没有过多的装饰；标签上写着材料是四川桢楠木的，产地还是北京。我又往前看去，发现自己已经走到了货架的尽头。我对柜台工作人员说，能不能把这个骨灰盒拿出来给我看看；工作人员从柜里取出骨灰盒放在我面前的柜台上，当他打开盒盖时，一股楠木的香气扑鼻而来，啊，就是它，爸爸会满意的。我问柜台工作人员后面的货架上还有没有同样的骨灰盒，能不能都拿来让我挑一个；我边请求，边解释说：“父亲是搞质量的，我得给他选一个好的……”工作人员很能理解我的心情似地，转身就去拿来了 3 个同样的骨灰盒，还略有歉意地说：“我们这儿就有这 4 个了，要不要我联系仓库，让他们再拿几个过来？”我说不必了，这几个就够了。从这 4 个中，我如愿以偿地选出了一个质量完美的。工作人员像是为了让我放心，拿出一张小纸，请我在上面写上父亲的名字，然后将纸条小心地贴在我精心选择的骨灰盒上，十分认真地对我说："我替你保管好。"刘建忠老师和申玫玫自始至终都在耐心地等着我，刘建忠老师怕我忙了一下午会口渴，还给我买来了瓶装水。想起殡仪馆的人对我的训斥，只得请刘建忠老师和申玫玫再陪我去丧葬用品店，按照中国的传统习惯，为父亲挑选了一套斯文的、带着隐约图案的"金被银被"。

从八宝山回到家，看见楼下站了一群人，走近一看原来是父亲90年代初在中国科学院的学生佟仁城叔叔、他的太太王大明阿姨，还有好几位我不认识的人。佟叔叔安慰着我，还说他们刚从楼上下来，家里来了好多前来慰问母亲的人，坐不下了。其中一位先生大概是看见我魂不守舍的样子，要送我上楼，抢着要帮我拿手上拎着的"金被银被"。他这样地热心，我却想不起他是谁，后来才知道他就是多年来给父母很多关心和照顾的佟叔叔的学生马振洲总经理。

进了家，看到客厅里坐满了人，有中国质量协会的焦根强秘书长和段一泓副秘书长，有上海质量科学院的金国强秘书长、谢佐屏主任、潘峰老师，金秘书长还转达了正在加拿大访问的唐晓芬会长的慰问。之后的几天，家里来人不断，中国机械工业质量管理学会、国家标准化管理委员会、国家质量监督检验局和中国标准化研究院都有代表来家看望，中科院系统所质量中心的白爱竹老师、于丹老师、胡庆培老师，还有60年代父亲所里的"年青人"王淑君"小阿姨"和所里现在的年青人唐锡晋老师，上海大学的于丽英老师也从上海赶来了，连"文化大革命"中挤在44楼一个单元里"共同生活"了8年、自1976年初以来就再也没见过的小韩叔叔（韩峰）和小董阿姨也来了，还有"文化大革命"期间中关村派出所的警察、同情我们一家处境的庞叔叔也来看望母亲，遗憾的是妈妈谁也不记得了。

还接到了无数的电话，其中有那些年总陪我在上海讲课的上海朱兰质量研究院的邓绩院长打来的，还有50年代和父亲同期回国与父亲同在中国科学院数学所工作、这么多年来我只知道姓名却从未见过面的桂湘云阿姨打来的。44楼的老邻居郑妈妈，在父亲告别仪式的时间，费力爬上家里的4层楼，坐在母亲身边陪着她一起为父亲送行。

之后就要开始准备为在告别仪式门口大厅的大显示屏上播放的视频，我和女儿敦子立即投入了紧张的工作。在不到两天的时间内，为父亲选出了300多张照片，做了长达30分钟的视频。亲切的面孔，有亲人、有学友、有同事；熟悉的场景，展现着父亲遍布大江南北的足迹；难得的情谊，种种聚会和探望所流露出的大家对父亲的爱戴和关怀。

为了确保告别仪式的万无一失，刘建忠老师和申玫玫在告别仪式的前一天，又陪我和敦子去八宝山作最后的核查。幸亏我们来了，敦子做的视频的制式和显示屏的制式不一样，图像放出来的效果不佳。影音工作室的伟总和高鑫老师忙着调试，都忘记了下班的时间。最后伟总还为我选了一首叫《雨的印记》的曲子，配在视频上。

4 月 9 日，星期三，天气晴朗，北京少见的风和日丽。我们去北医三院的太平间接父亲，我精心为父亲挑选的棺材到了，我手里捧着为父亲准备的“金被银被”，遵守了中国的规矩，我放心了。只是当我看到那么昂贵的棺材，棺盖上却是一层厚厚的灰尘时，我很不满意，立即用手挡住了棺盖，不让它靠近父亲的身体。堂妹夫杜刚见此状，立即找来一块布，帮我把棺盖给父亲擦干净了。

载着父亲的灵车缓缓地向八宝山驶去。汽车仪表盘上方放着一个苹果，司机说，这是祈求平安的意思。到了八宝山公墓东礼堂时，见人们陆陆续续地来了。我站在东礼堂的石阶下，一一问候着来给父亲送行的人们。忽见一轮雪白的花圈飘到我的眼底，花圈的左右是两位穿黑色制服的工作人员的身影。顿时，周围的一切像是凝固了一样的静寂，我呆呆地望着这一片雪白，突然发现从一片白色中耀出的黑体字：“心心相印，再会天国　小女儿明儿　泣挽”。啊，这不是我献给父亲的吗。我像在梦中似地、不知不觉地跟在我的花圈后面，走进东礼堂的尽头，静默在父亲的遗像前。

大厅里突然响起了贝多芬的钢琴奏鸣曲《月光》的第一乐章，这是我为父亲准备的。我小时候在家学钢琴时，父亲说他年青时也学过钢琴。我问他学到了什么程度，父亲说：“弹了《月光》奏鸣曲的第一乐章，第二乐章就弹不了了。”这首听过无数遍的钢琴曲，记忆中是一段似月光般清澈而明亮的旋律，可是此时耳边的《月光》，每一个音符，都透着徐缓的压抑，载着一种难舍难分的滞重。

我让国强哥哥站在我和姐姐身旁，因为我知道父亲是多看重他这个干儿子。1975 年父亲从秦城监狱被释放出来后不久，父亲的高中挚友“唐大哥”，也就是国强哥哥的父亲，立即给父亲寄来了 200 元，说是让父亲好好补补身体。200 元在当时可是个大数目，父亲那时在中国科学院每月的工资是 149 元零 5 角。那年夏天“唐大哥”邀请我们一家去青岛疗养，作为时隔多年以后的“见面礼”，父亲把他 1956 年从日本回国时带回来的一块“精工”牌手表送给了国强哥哥。父亲自从回国以后，不是去农村“四清”劳动，就是坐监狱，几乎没有机会戴这块表，所以看上去像是块新表。父亲一辈子好像没戴过好表，戴的都是不知名的“杂牌”表；把唯一的一块像样的表送给了国强哥哥，让我从小就知道了唐家一家人对父亲的意义。

透过被泪水模糊的视线，我看到了父亲几十年前在中国科学院数学所和系统所的老同事、老学生，清河毛纺厂曾一同大搞质量工作的老同志，中国质量协会、上海质量研究院、还有北京和浙江质量协会的和父亲志同道合的同志们，父亲的学生、学友，姐姐的同学，我在北京的好友，还有44楼和808楼的老邻居们，还有那么多我不曾相识、不知姓名的人们。

最后分别的时刻到了。我将从家里给父亲带来的物品一件件地小心地放在了父亲的枕头上——有父亲放在书桌上的看小体字时用的放大镜、老花镜（父亲常戴的近视眼镜我没舍得带来，要留给自己作纪念），父母1981年在枫叶掩映的京都清水寺中的照片，在父母家的客厅柜子里摆放了25年的父母与我和达夫在东京的婚礼上的照片，姐姐和我2011年5月带着三个孩子在西雅图的照片，还有1996年我们从美国又回到日本、父母来东京和敦子在都立大学草坪上的照片。姐姐把放在父亲书桌上的一小本英文版圣经放在了父亲的胸前。我将对父亲有特别意义的一张光盘也带来了，这是他整理好的放在书房里私人信件的架子上的一张五轮真弓的光盘，里面的第一首“突然，你”曾经留给了父亲难忘的记忆。此时把光盘放在父亲身旁，虽然远离亲人们的照片，但也算是让父亲如意了吧。

回　家

父亲去世后的第二天，父亲的学友郎志正教授又特地来看望母亲，提醒我和姐姐以父亲的身份应该可以申请八宝山的革命公墓，让我们赶快请求中国科学院办理申请手续。多年来一直关心和照顾父亲的汪寿阳书记很快答应了我和姐姐的请求，父亲生前的秘书魏蕾便忙上忙下地四处盖章办手续。被告知申请材料递交到八宝山的革命公墓后，还得等一个多月才能进公墓。我说那正好让我把父亲接回家来，把他一个人放在八宝山骨灰临时安置所，我回美国也放心不下。于是父亲生前的秘书申玫玫带着我又去了八宝山，办完革命公墓的申请手续后，正要去领取父亲的骨灰，申玫玫突然说：“拿着骨灰盒，好叫出租车吗？”是啊，我还没想到过这个问题。正在这时，堂妹夫杜刚打来了电话，问我需要不需要帮忙。我告诉他我们这时的苦恼，杜刚马上说：“姐，我这就去接你们。”不一会儿，杜刚开着车来了，像那天一样，车上放着苹果，还不是一个苹果，杜刚放了四个苹果，说是不仅祈求平安，还要四平八稳。

杜刚带着我们回到了808楼。我双手紧紧地抱着父亲的骨灰盒，一级一级地踏着楼梯的台阶往上走，心里反复地对父亲说着：“爸爸，我带你回家了，不用你自己爬这个4层楼了，我抱着你回来了。”

后　记

2008年，在我的人大附中的同学们建立的班级论坛上，我曾写下了这样一段话：

"……只是当时我不曾想过，十几年后的我不仅天天挂念远隔万里的孤零零的父母，而且更加担心的是孤零零的我自己——当父母离开我的那一天，我能趴在谁的怀里痛哭，谁又能拥有那样宽厚的胸怀、坚实的臂膀和无限的理解，承受得住我那岁岁年年的记忆……"

没想到这天真的来了，来得这么早、这么突然。

安息吧，爸爸，请在天国等我。

谢　词：

感谢中国工程院吴晓东处长给我这个机会，让我在父亲的自传，也是他最后的著作里写下了"为父亲送行"，以此寄托我对父亲的无限的热爱和无尽的怀想。

感谢中国工程院常军乾老师的封封邮件，若没有他的督促，恐怕我会错过这难得的机会，将我对父亲那岁岁年年的记忆、没来得及向父亲倾诉的千言万语、还有我那不能在父母身边伺奉的苦涩的心情，在此一并用言语来表达出来。

感谢中国科学院数学与系统科学研究院党委书记汪寿阳书记、中国科学院数学与系统科学研究院系统科学研究所杨晓光副所长和父亲生前的秘书、中国科学院数学与系统科学研究院魏蕾女士，不厌其烦地解答我在校对父亲自传手稿时的种种问题。

感谢科学出版社牛玲编辑，她的体贴、她的精心和她对我的耐心，使我能够反反复复地推敲和考证父亲的著作；让我，也是让父亲，如了"尽善尽美"的愿。

最后，感谢陪伴着我和姐姐为父亲送行的人们——有我在此文中提到的，也有众多我还没来得及获知姓名的人。在此一并感激您给父亲、给我们全家带来的慰籍。

刘　明

2014年5月3日